How's My Painting?
Paintings from the Falckenberg Collection

How's My Painting?
Paintings from the Falckenberg Collection

Herausgegeben von / Edited by
Dirk Luckow
Goesta Diercks

How's My Painting?

Malerei aus der Sammlung Falckenberg

DEICHTORHALLEN
**SAMMLUNG
FALCKENBERG**
HAMBURG

Snoeck

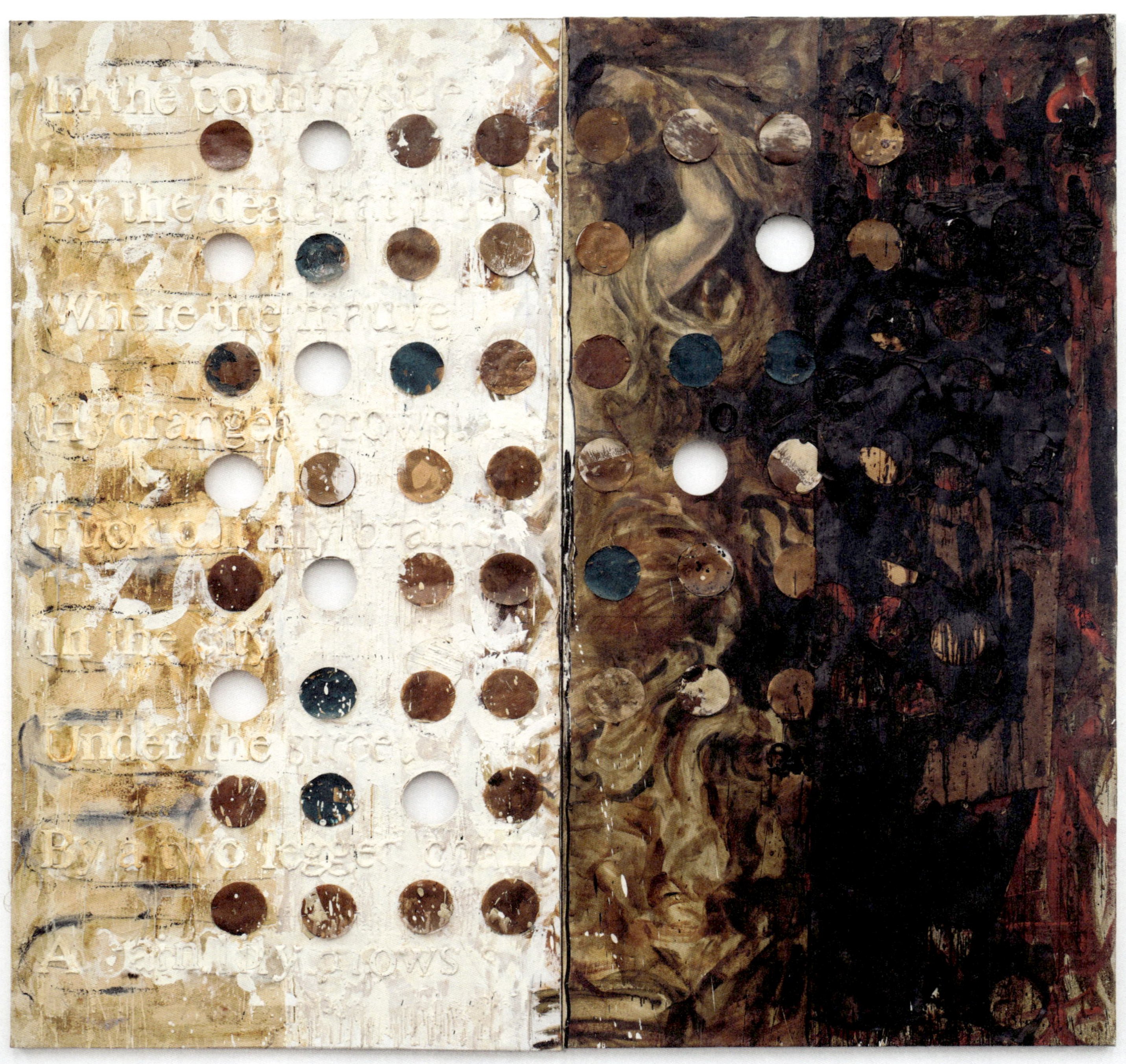
In the countryside
By the dead rat tree
Where the mauve
Hydrangea grows
Fuck out my brains
In the city
Under the street
By a two legged chair
A dainty ivy grows

How's My Painting?
Malerei aus der Sammlung Falckenberg

–

Nach der umfassenden Präsentation von Installationen und Objekten im Jahr 2019 unter dem Titel Counter Culture widmet sich dieser zweite Band einem weiteren zentralen Bereich der Sammlung Harald Falckenbergs: der Malerei. Der Titel How's My Painting? stammt aus einem Werk der New Yorker Künstlerin Nicole Eisenman, das Harald Falckenberg im Jahr 2006 erwarb – zu einer Zeit, als sie noch weitgehend unbekannt war (Abb. S. 69). Heute zählt Eisenman zu den bedeutendsten Künstler*innen unserer Zeit. Ihre frühe Aufnahme in die Sammlung zeugt von Falckenbergs außergewöhnlichem Gespür und seiner Leidenschaft für das Zeitgenössische in der Malerei.

Die Ausstellung versammelt rund 170 Werke aus sechs Jahrzehnten in den ehemaligen Phoenix-Hallen – ein imposanter Querschnitt durch die Sammlung. Sie dokumentiert Falckenbergs kontinuierliche Auseinandersetzung mit künstlerischen Positionen im Spannungsfeld gesellschaftspolitischer Diskurse und kunsttheoretischer Reflexionen. Das Genre der Malerei eignet sich hierfür in besonderer Hinsicht: Neben seiner Geschichte, Bedeutung und Rhetorik ermöglicht es die für die Sammlung Falckenberg charakteristische häufige Durchdringung von Schrift und Sprache in Verbindung mit bildnerischem Denken.

Die Präsentation entfaltet eine Art Genealogie der Sammlung im Medium der Malerei, die sich an vielen Stellen aus der Underground-Comic Bewegung speist: Beginnend mit frühen Werken aus den 1960er-Jahren von Philip Guston oder Öyvind Fahlström – der seine dichte, politisch aufgeladene Agitprop- und Welterklärungskunst einmal selbst als „(The) Comics as an Art" bezeichnete – bis hin zu zentralen Positionen wie Martin Kippenberger, Mike Kelley oder Monica Bonvicini.

Die malerischen Bestände der Sammlung sind um ein Vielfaches umfangreicher als es dieser Band abbilden kann. Dieser orientiert sich an der Präsentation auf den Ausstellungsflächen in den Phoenix-Hallen, die in vier Kapitel, je eines pro Etage, unterteilt ist. Sie verdeutlichen dabei thematische Schwerpunkte der Sammlung, wie Landschaft, Körperpolitik, interkulturelle Perspektiven oder, als bewusst gesetzter Kontra-

punkt zur überwiegend figurativen Malerei, minimalistische Positionen.

1994 begann der kunstbegeisterte Harald Falckenberg, zeitgenössische Kunst zu sammeln. Von Beginn an spielten persönliche Freundschaften mit Künstler*innen wie Sarah Lukas, Jonathan Meese oder Daniel Richter sowie mit Galerist*innen eine zentrale Rolle für den Aufbau seiner Sammlung. Das erste Werk der Sammlung war ein Bild des US-amerikanischen Konzeptkünstlers Bill Beckley, der Semiotik an der School of Visual Arts in New York unterrichtete und Lehrer Keith Harings war. Falckenberg, der sich im Jurastudium intensiv mit babylonischen und assyrischen Papyrus-Keilschriften beschäftigt hatte, schätzte Werke, die im wahrsten Sinne des Wortes entschlüsselt werden mussten. Beckleys Running from Spots (1982) – eine Collage aus Malerei, Wachs, Text und Papier – steht exemplarisch für dieses Interesse (Abb. S. 6).

Das Sammeln war für Harald Falckenberg, wie er in einem Interview mit Hans Ulrich Obrist anlässlich einer Präsentation seiner Sammlung im La Maison Rouge in Paris 2004 erläuterte, ein experimenteller und zugleich reflexiver Prozess, der aus Position und Gegenposition, Pointierung und Erweiterung, Irrtum und Fehler bestand. Selbstjustiz durch Fehleinkäufe von Martin Kippenberger aus der Serie der I.N.P. Bilder steht sinnbildlich dafür: Einfallsreich, bissig und selbstironisch geht das Werk auf kritische Distanz zum Kunstbetrieb oder gar zum Kunstsammeln selbst. Der Sammler Harald Falckenberg liebte dieses Werk (Abb. S. 60). Immer wieder unterziehen die Künstler*innen der Sammlung Falckenberg die Malerei einer selbstkritischen Befragung – oftmals im Kontrast zu etablierten klassischen Praktiken des Genres. Passend dazu trägt die Ausstellung den Titel How's My Painting?, entlehnt dem bereits erwähnten Werk von Nicole Eisenman. Die Frage – auf Deutsch: „Wie findest du meine Malerei?"– spielt ironisch auf die in den USA verbreiteten Autoaufkleber „How is my driving?" an, in denen Firmen zum Fahrstil ihrer Mitarbeitenden um Feedback bitten. Eisenmans Titel greift diese Rückversicherung auf und überträgt sie auf das künstlerische Schaffen sowohl in Bezug auf sich selbst als Malerin als auch auf das von ihr porträtierte Modell: einen erkälteten, unrasierten, melancholisch blickenden jungen Mann mit roter Nase. Sein zielloser Blick ins blaue Nichts über eine Gruppe zarter Pusteblumen verweist auf Zweifel und die Angst zu scheitern – mitunter auch ein Seitenhieb auf das schwächelnde männliche Künstlerbild. Das Scheitern wird nicht nur thematisiert, sondern zum künstlerischen Prinzip erhoben – eine Haltung, die für den Sammler Falckenberg eine zentrale, von ihm immer wieder hervorgehobene Ausgangslage kreativen Schaffens darstellte.

Mein erster Berührungspunkt mit Harald Falckenberg war 2003 die Ausstellung *Société Anonyme* von Bjarne Melgaard in der Kunsthalle Kiel. Ein wilder, chaotisch anmutender künstlerischer Rundumschlag, der aus dem Vollen von Melgaards persönlichen Gewalt-, Sucht-, Scham- und Angsterfahrungen schöpfte. Harald unterstützte die Schau mit großer Leidenschaft – nicht nur finanziell, sondern auch ideell. Melgaards *Son and Dad Exploring the Flower field of Selflove* (2005/6) ist heute ein wichtiges Werk der Sammlung: eine malerische Groteske mit einem provokanten Akt in stilistischer Anlehnung an Guston und De Kooning, ein Bild im Grenzbereich des Erträglichen (Abb. S. 10).

Doch öffnete sich Falckenbergs Sammlung im Lauf der Jahre auch anderen Ausprägungen des Mediums: etwa den minimalistischen Werken Charlotte Posenenskes, deren industrielle, unlimitierte Bausätze zur Herstellung ihrer Kunstobjekte mit klarer Botschaft versehen sind: Nur ein für alle zugängliches Werk ist glaubwürdig und befreit die Kunst von den Zwängen des Kunstmarktes (Abb. S. 142, 145).

Falckenberg interessierte sich für Künstler*innen, deren Vorliebe für das Subkulturelle, das Politische, das Gedanklich-Präzise und Humorvolle sie untereinander verbindet. Richard Prince, Protagonist der Pictures Generation und einer seiner Lieblingskünstler, erhob den Witz selbst zum Kunstobjekt. In my name (1991) heißt es: „I never had a penny to my name, so I changed my name" – ein Satz, den Falckenberg 1999 zum Titel seiner Ausstellung im Museum für Bildende Künste in Leipzig machte (Abb. S. 113).

Ebenso bedeutend: Werner Büttner, Mitstreiter und Gesprächspartner der ersten Stunde, dessen Bild *Angeschlagene Figur* (2004) mit ironischer Lakonie auf die Folterskandale von Abu Ghuraib reagiert (Abb. S. 49). Eine „misshandelte" Coca-Cola-Flasche und ein der Flasche übergestülpter Karton, der Amazon assoziieren lässt, sind sarkastische Allegorien auf Gewalt und die globale Einflussnahme von Konzernen. Falckenbergs Sammlung stand nie für Schöngeist, sondern für Gegenkultur. So ist auch die Malerei in seiner Sammlung von der Haltung des Widerspruchs und der Intervention geprägt.

Die Künstler*innen, die Harald Falckenberg sammelte, äußerten sich auf unterschiedliche Weise zur Malerei: Richard Artschwager, der mit seinen Arbeiten zwischen Skulptur und Malerei oszilliert, erklärte: „Bildhauerei ist zum Anfassen, Malerei fürs Auge. Ich wollte eine Skulptur fürs Auge und eine Malerei zum Anfassen machen." Der kalifornische Künstler John Baldessari, ein Pionier der Konzeptkunst, setzte 1970 mit seinem Cremation Project ein radikales Zeichen: Er verbrannte seine zwischen 1953 und 1966 entstandenen Gemälde und erklärte, er wolle „nie wieder langweilige Kunst machen". Das außergewöhnliche Bild *Falling Cloud* von 1965 überlebte nur, weil es bereits zuvor verkauft worden war (Abb. S. 30). Albert Oehlens Werk *Ohne Titel* von 1982 war, wie Harald Falckenberg selbst betonte, ein Protestbild gegen die Schönheit der traditionellen Malerei: Seerosen von Monet, die in einer Industriekloake ums Überleben kämpfen. Es ist das Marginalisierte und Verdrängte, das hier ins Blickfeld gerückt wird – im Widerstand gegen die störungsfreie Autonomie und Reinheit vorangegangener Avantgarden (Abb. S. 14/15).

Künstler*innen wie Monica Bonvicini oder Raymond Pettibon, die in der Sammlung Falckenberg prominent vertreten sind, setzen sich in ihren Werken ebenfalls mit den unangenehmen Wahrheiten unserer Zeit auseinander – mit gesellschaftlichen Missständen, dem Klimawandel oder der Ausbeutung natürlicher Ressourcen. Es sind jene „unterirdischen, dunklen Aspekte", wie der ebenfalls in der Sammlung vertretene Künstler John Miller sie einmal nannte, die die Menschen mühsam zu verbergen suchen und deren Aufdeckung vor allem von der Bourgeoisie als bedrohlich empfunden wird. Pettibons Darstellung einer von erodierendem Abbau gezeichneten Landschaft enthält in der oberen linken Ecke den bitter-zynischen Satz „The view well repaid us for our labor" (Abb. S. 23). In Bonvicinis Hurrikan-Bildern wiederum schlägt die Natur mit brutaler Wucht zurück wie eine gekränkte Liebhaberin. Begleitet wird das gezeigte Werk von einem Zitat aus dem Gedicht *Thursday* der US-amerikanischen Lyrikerin Edna St. Vincent Millay (Abb. S. 16/17). Ein anderes Beispiel ist Rodney McMillians Werk *Untitled (Flag)* von 2002: Auf einem abgewetzten Teppich entfaltet sich eine abstrakt-gestische Landschaft, die man nicht betreten möchte, die aber zugleich Erinnerungen an die verführerische Weite der heroischen Darstellungen der Hudson River School weckt.

Hier trifft idealisierende US-amerikanische Malertradition auf die Realität Schwarzer Lebenswelten, die von sozialer Vernachlässigung, Armut und Hoffnungslosigkeit geprägt sind (Abb. S. 34).

Die Sammlung Falckenberg stellt klassische Schönheitsideale infrage, wie der Sammler selbst stets betont hat. Dieter Roths Pseudo-Doesburg von 1994 etwa, mit seinem überbordenden Duktus, ironisiert das Ikonische und öffnet den Raum für ein Bildverständnis jenseits des Dekorativ-Abstrakten. Johannes Wohnseifers Colourfield Disaster (1998) zieht durch den klebrigen Film auf den farbigen Farbfeldern Dreck und Fliegen buchstäblich an (Abb. S. 144). Jessica Stockholders Sex in the Office (2007) lässt keine distanzierte Betrachtung zu – hier wird das Kunstwerk selbst zur Affäre, zum heimlichen Objekt der Begierde.[1] Falckenbergs Sammlung ist durchzogen von einem tiefen Misstrauen gegenüber der offiziellen, normativen Welt, die Guy Debord als „Gesellschaft des Spektakels" bezeichnete. Stattdessen bezieht sie sich auf Dada, Surrealismus, Situationismus, Psychedelia und Punk – eine rauschhafte Tour durch künstlerische Gegenmodelle. Das Werk Ghent Poodle Paintings (1984) der Künstlergruppe General Idea verwandelt das Genter Wappen des Löwen in eine Pudel-Insignie: der Pudel als Symbol des Wachseins im Unterschied zum schläfrigen Löwen. Die ironische Brechung kolonialer Machtsymbolik wird so zum ästhetischen Widerstandsmittel (Abb. S. 120/121).

Die Auswahl der Werke spiegelt Falckenbergs spezifischen Blick und eigenen Anspruch als Sammler wider: die Qualität eines Werkes jenseits kunsthistorischer Schubladen zu erfassen. Seine gesammelten Bilder sind grotesk, provokant, entlarvend – und immer wieder überraschend humorvoll. Seine Sammlung gehört in die Tradition der Groteske, ohne je ins Platt-Parodistische abzurutschen. Er erwarb dabei nicht nur Kunst, sondern auch Denkarchive – wie die Bibliotheken von Mike Kelley oder dem Kunsthistoriker Werner Hofmann. Damit erinnert sein Ansatz an die ikonografische Schule Hamburgs um Erwin Panofsky, Aby Warburg und Martin Warnke. Für Falckenberg war Kunst nie bloß Ästhetik. Sie war Witz, Erkenntnis, Widerstand – und erscheint in ihrer Bedeutung heute aktueller denn je.

1   Vgl. Dirk Luckow, Goesta Diercks (Hg.) (2020): *Counter Culture. 25 Years Sammlung Falckenberg – Objects and Installations*, Snoeck, Abb. S. 32.

Für die Realisierung des Katalogs gilt mein erster und aufrichtiger Dank der Familie Falckenberg – Dr. Larissa Falckenberg sowie Johann, Isa, Jenny und Robert Falckenberg. Ihre großzügige Unterstützung hat diesen Katalog ermöglicht.

Ein besonderer Dank geht an Goesta Diercks, den Leiter der Sammlung Falckenberg, dessen Ideen den konzeptuellen Grundstein für die Ausstellung legten. Es war mir eine große Freude, gemeinsam mit ihm und Clara Brandt, Projektmanagerin der Sammlung, die Werkauswahl zu treffen und die Präsentation in den Phoenix-Hallen zu realisieren. Die Präsentation der Sammlungsbestände zeigt eindrucksvoll, wie vielschichtig und bedeutungsvoll zeitgenössische Malerei heute sein kann. Ihnen beiden, wie auch Juliane Mehlan als Projektassistentin, danke ich ebenfalls für die exzellente redaktionelle Umsetzung des Katalogs.

Mein großer Dank gilt darüber hinaus den beiden Autor*innen Isabelle Graw und Kenny Schachter. Ihre fundierten Beiträge zur Bedeutung der Malerei in der Sammlung Falckenberg, zur Sammlerpersönlichkeit sowie zum internationalen Profil der Sammlung verleihen dem Katalog nicht nur neue Erkenntnisse, sondern auch persönliche Perspektiven auf Harald Falckenberg und seine sammlerische Vorgehensweise. Gestaltet wurde der Katalog von Sarah Lamparter und Nastia Protsenko vom Büro Otto Sauhaus Berlin. Ihnen gilt mein Dank ebenso wie Andreas Balze und dem Snoeck Verlag für die hervorragende Zusammenarbeit. Henning Rogge danke ich für die Installationsfotografien in diesem Katalog. Stellvertretend für das gesamte Team der Deichtorhallen Hamburg, das erneut mit großem Engagement zur Realisierung dieser Ausstellung beigetragen hat und im Katalog-Impressum namentlich gewürdigt wird, danke ich meinem Geschäftsführungskollegen Bert Antonius Kaufmann herzlich für seine Unterstützung in allen Projektphasen. Mein besonderer Dank gilt zudem dem Aufbauteam, das die Ausstellung mit großer Sorgfalt installiert hat, sowie Michael Pfisterer für die gelungene Gestaltung der Ausstellungsgrafik. Ebenso danke ich dem Team um Aika Schnacke für die konservatorische Betreuung der Werke in der Sammlung Falckenberg.

Nicht zuletzt danken wir unseren langjährigen Partnern – der Hapag Lloyd Stiftung und WhiteWall – für die wertvolle und vertrauensvolle Zusammenarbeit.

Dirk Luckow
Intendant der Deichtorhallen Hamburg

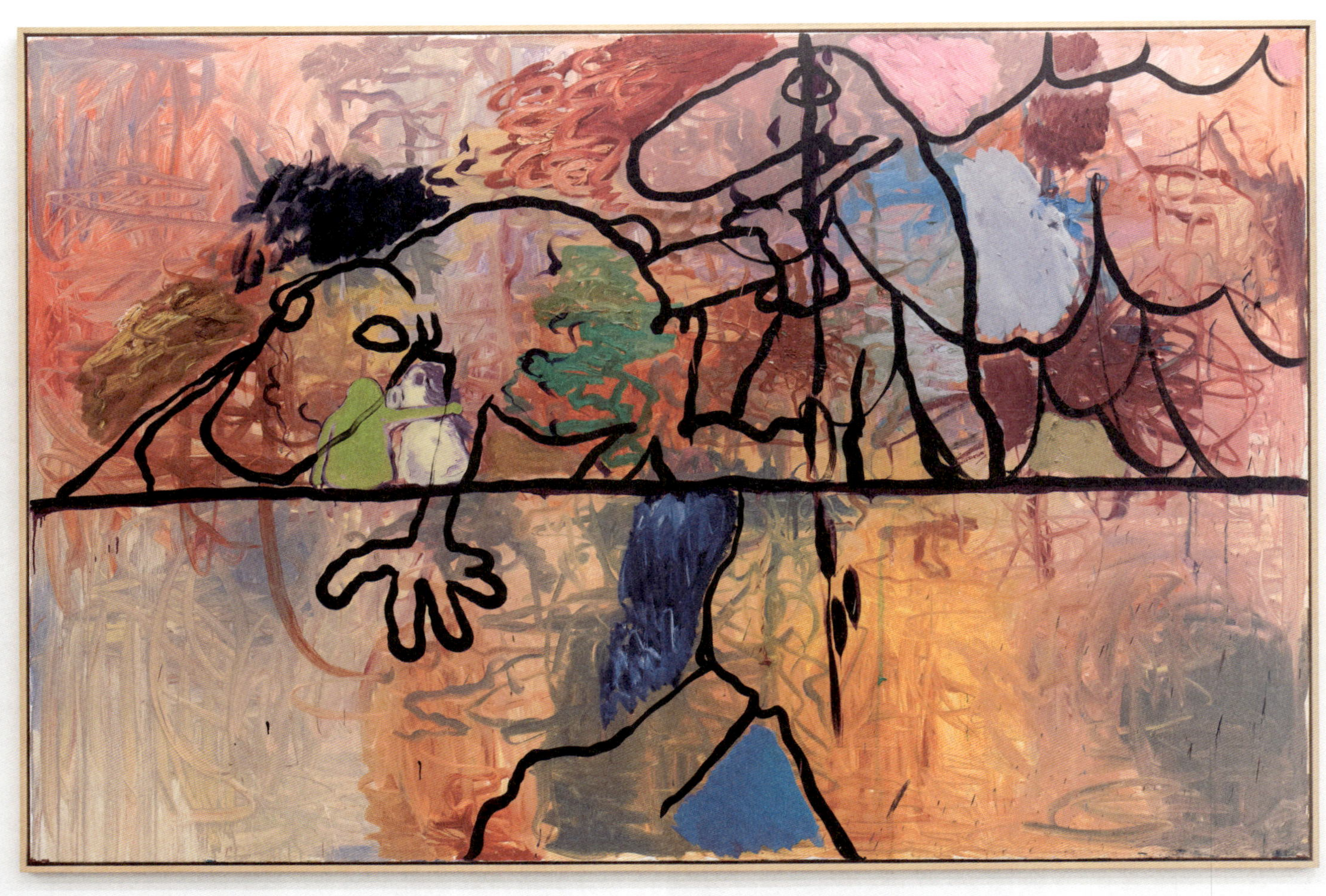

How's My Painting? Paintings from the Falckenberg Collection

–

Following the comprehensive presentation of installations and objects in 2019 under the title Counter Culture, the first volume of the exhibition series, this second volume turns to another key area of Harald Falckenberg's collection: paintings. The title How's My Painting? is taken from a work by New York artist Nicole Eisenman, which Falckenberg acquired in 2006—at a time when she was still largely unknown (fig. p. 69). Today, Eisenman ranks among the most important artists of our time. Her early inclusion in the collection attests to Falckenberg's remarkable instinct and his passion for the contemporary in painting.

The exhibition brings together around 170 works from six decades in the former Phoenix factory halls, offering an impressive cross-section of the collection. It documents Falckenberg's sustained engagement with artistic practices at the intersection of sociopolitical discourse and art-theoretical reflection. The medium of painting is particularly well suited to this purpose: in addition to its long history, significance, and rhetoric, it also allows for the characteristic interplay of text and language with visual thought that defines the Falckenberg Collection. The presentation unfolds a kind of genealogy of the collection through the medium of painting, which in many instances draws on the underground comic movement: starting with early works from the 1960s by Philip Guston and Öyvind Fahlström—who once described his densely layered, politically charged agitprop and world-explaining art as "[The] Comics as an Art"—and extending to central figures such as Martin Kippenberger, Mike Kelley, and Monica Bonvicini.

The collection's holdings in painting are far more extensive than this volume can represent. It follows the presentation in the exhibition spaces of the Phoenix-Hallen, which is divided into four chapters, one per floor. Each floor emphasizes thematic focal points within the collection—such as landscape, body politics, intercultural perspectives, or—as a deliberate counterpoint to the predominantly figurative works—minimalist approaches.

In 1994, the art enthusiast Harald Falckenberg began collecting contemporary art. From the very beginning, personal friendships with artists such as Sarah Lucas, Jonathan Meese, and Daniel Richter, as well as with gallerists, played a central role in the development of his collection. The first work in the collection was a piece by American conceptual artist Bill Beckley, who taught semiotics at the School of Visual Arts in New York, where Keith Haring was one of his students. Falckenberg, lawyer and entrepreneur, who had studied Babylonian and Assyrian cuneiform on papyrus in law school, was drawn to works that quite literally needed to be deciphered. Beckley's Running from Spots (1982), a collage of painting, wax, text, and paper, exemplifies this interest (fig. p. 6).

In a 2004 interview with Hans Ulrich Obrist prompted by an exhibition of his collection at La Maison Rouge in Paris, Falckenberg explained that collecting for him was an experimental and at the same time reflective process, shaped by position and counter position, pointed emphasis and expansion, misjudgments and mistakes. His acquisition of Selbstjustiz durch Fehleinkäufe (Self-Inflicted Justice by Bad Shopping), one of Martin Kippenberger's I.N.P. paintings, is emblematic of this. Inventive, biting, and self-deprecating, the work maintains a critical distance from the art world and even from art collecting itself. Falckenberg loved this work (fig. p. 60).

The artists represented in the Falckenberg Collection frequently subject painting to a process of self-critical inquiry—often in contrast to the established classical practices of the genre. Fittingly, the exhibition is titled How's My Painting?, borrowing from the abovementioned work by Nicole Eisenman. The question playfully echoes the "How's my driving?" bumper stickers commonly seen in the U.S., where companies invite feedback on their employees' driving. Eisenman's title picks up on this appeal for reassurance and applies it to artistic creation—both in reference to herself as a painter and to the subject she portrays: a sniffly, unshaven young man with a red nose and a melancholic gaze. His vacant stare into the blue void above a cluster of delicate dandelions suggests doubt and fear of failure—perhaps also a jab at the waning myth of the heroic male artist. Failure is not only acknowledged here but elevated to a creative principle—a stance that, for Falckenberg as a collector, was a fundamental and repeatedly emphasized starting point for artistic creation.

The 2003 exhibition Société Anonyme by Bjarne Melgaard at Kunsthalle Kiel first exposed me to Harald Falckenberg. It was *a wild, seemingly chaotic artistic assault that drew deeply on Melgaard's personal experiences with violence, addiction, shame, and fear. Harald supported the show with great passion—not only financially, but also in non-material ways. Melgaard's* Son and Dad Exploring the Flowerfield of Selflove *(2005–06) is now a key work in the collection: a painterly grotesque featuring a provocative nude, rendered in a style reminiscent of Guston and de Kooning—an image teetering on the edge of the bearable (fig. p. 10).*

Over the years, however, Falckenberg's collection also opened up to other approaches within the medium—for example, the minimalist works of Charlotte Posenenske, whose industrial, modular construction kits for her art objects carry a clear message: only a work accessible to everyone is credible and frees art from the constraints of the art market (figs. pp. 142, 145).

Falckenberg was interested in artists with a shared affinity for the subcultural, the political, the intellectually precise, and the humorous. Richard Prince, a protagonist of the Pictures Generation and one of the collector's favorite artists, elevated jokes themselves to the status of artwork. In my name *(1991), we read: "I never had a penny to my name, so I changed my name"—a line Falckenberg used as the title of his 1999 exhibition at the Museum of Fine Arts Leipzig (fig. p. 113). Equally important: Werner Büttner, a close collaborator and early conversation partner, whose painting* Angeschlagene Figur *(Struck Figure, 2004) responds with laconic irony to the torture scandals of Abu Guhraib (fig. p. 49). A "battered" Coca-Cola bottle, topped with a cardboard box that evokes Amazon, becomes a sarcastic allegory of violence and the global influence of corporations. Falckenberg's collection was never about refined taste—it stood for counterculture. Accordingly, the paintings in it are shaped by a spirit of opposition and intervention. The artists collected by Harald Falckenberg articulated their views on painting in different ways. Richard Artschwager, whose work oscillates between sculpture and painting, stated: "Sculpture is for the touch, painting is for the eye. I wanted to make a sculpture for the eye and a painting for the touch." The Californian artist John Baldessari, a pioneer of Conceptual Art, made a radical gesture in 1970 with his* Cremation Project: *he burned all the paintings he had made between 1953 and 1966 and declared he would "not make any more boring art."*

His exceptional painting Falling Cloud *from 1965 only survived because it had already been sold (fig. p. 30). Albert Oehlen's* Ohne Titel *(Untitled) from 1982, as Falckenberg himself pointed out, was a protest painting against the beauty of traditional painting: Monet's water lilies struggling to survive in an industrial cesspool. What comes into view here is the marginalized and the repressed, positioned in opposition to the undisturbed autonomy and purity pursued by previous avant-gardes (fig. pp. 14/15). Artists such as Monica Bonvicini and Raymond Pettibon, both prominently represented in the Falckenberg Collection, also confront the uncomfortable truths of our time in their work—social injustices, climate change, or the exploitation of natural resources. These are the "underground, dark aspects"—as John Miller (also represented in the collection) once called them—that people labor to conceal, and whose exposure is perceived as threatening, particularly by the bourgeoisie. In one of Pettibon's images of a landscape scarred by erosive extraction, the upper left-hand corner contains the bitterly cynical phrase: "The view well repaid us for our labor (fig. p. 23)." In Bonvicini's hurricane paintings, nature strikes back with brutal force—like a scorned lover. The work is accompanied by a quote from* Thursday, *a poem by American lyrical poet Edna St. Vincent Millay (fig. pp. 16/17). Another example is Rodney McMillian's* Untitled (Flag) *from 2002: on a worn carpet, an abstract-gestural landscape unfolds—one the viewer would rather not step into, yet which evokes the seductive expanses of the heroic landscapes of the Hudson River School (fig. p. 34). Here, the idealizing tradition of American painting collides with the realities of Black life marked by social neglect, poverty, and hopelessness.*

The Falckenberg Collection challenges classical ideals of beauty—something the collector himself would often emphasize. Dieter Roth's Pseudo-Doesburg *(1994), with its excessive brushwork, parodies the iconic and opens the field for an understanding of painting that transcends the decoratively abstract. In Johannes Wohnseifer's* Colourfield Disaster *(1998), a sticky film on the colored fields literally attracts grime and flies (fig. p. 144). Jessica Stockholder's* Sex in the Office *(2007) resists detached contemplation—the artwork itself becomes an affair, a secret object of desire.[1]*

1   Cf. Dirk Luckow, Goesta Diercks (eds.) (2020): *Counter Culture. 25 Years Sammlung Falckenberg – Objects and Installations*, Snoeck, fig. p. 32.

Falckenberg's collection is permeated by a deep skepticism toward the official, normative world described as the "society of the spectacle" by Guy Debord. Instead, it refers to Dada, Surrealism, Situationism, psychedelia, and punk—a euphoric tour through artistic counter-models. In Ghent Poodle Paintings (1984), the artist collective General Idea transforms the lion from the coat of arms of Ghent into poodle insignias: the poodle as a symbol of wakefulness, in contrast to the drowsy lion (fig. pp. 120/121). In this way, the ironic subversion of colonial symbols of power becomes an aesthetic strategy of resistance.

The selection of works reflects Falckenberg's distinctive eye and his aspiration as a collector: to perceive the quality of a work beyond art-historical pigeonholing. The paintings he collected are grotesque, provocative, revealing—and often surprisingly humorous. His collection belongs to the tradition of the grotesque, without ever veering into crude parody. In acquiring art, he also acquired archives of thought, such as the libraries of Mike Kelley and of the art historian Werner Hofmann. In this sense, his approach recalls the iconographic school of Hamburg, with figures like Erwin Panofsky, Aby Warburg, and Martin Warnke. For Falckenberg, art was never merely about aesthetics. It was wit, insight, resistance—and today, its relevance feels more urgent than ever.

My deepest and most sincere thanks go to the Falckenberg family estate—Dr. Larissa Falckenberg, as well as Johann, Isa, Jenny, and Robert Falckenberg. Their generous support made this catalogue possible in the first place.

Special thanks are due to Goesta Diercks, Exhibition Manager of the Falckenberg Collection, whose ideas laid the conceptual foundation for the exhibition. It was a great pleasure to work alongside him and Clara Brandt, the Collection's Project Manager, in selecting the works and realizing the show in the Phoenix-Hallen. The presentation of works from the collection powerfully demonstrates just how complex and meaningful contemporary painting can be today. I am also deeply grateful to both—as well as to Juliane Mehlan, Project Assistant in the Falckenberg Collection—for their outstanding editorial work on this catalogue. The catalogue was designed by Sarah Lamparter and Nastia Protsenko of the Berlin-based studio Otto Sauhaus. My thanks go to them as well, along with Andreas Balze and Snoeck Publishers, for yet another excellent collaboration. I would also like to thank Henning Rogge for the installation photographs featured in this catalogue. I also owe a debt of sincere gratitude to the two authors, Isabelle Graw and Kenny Schachter. Their insightful and engaging contributions on the significance of painting in the Falckenberg Collection, on Harald Falckenberg's unique collector persona, and on the collection's international profile add important new perspectives and personal reflections on Falckenberg and his collecting practice to this catalogue.

On behalf of the entire team at Deichtorhallen Hamburg, whose dedicated efforts have once again been instrumental in realizing this exhibition and who are acknowledged by name in the catalog credits, I would like to extend my heartfelt thanks to my management colleague Bert Antonius Kaufmann for his support throughout all phases of the project. I would also like to thank the art handling team, who brought great care and professionalism to installing the exhibition, and Michael Pfisterer for the exhibition's graphic design. My thanks also go to Aika Schnacke and her team for their years of dedicated conservation work on the Falckenberg Collection.

Finally, we are grateful to our long-standing partners—the Hapag Lloyd Foundation and WhiteWall—for their trust and valuable collaboration.

Dirk Luckow
General Director of the
Deichtorhallen Hamburg

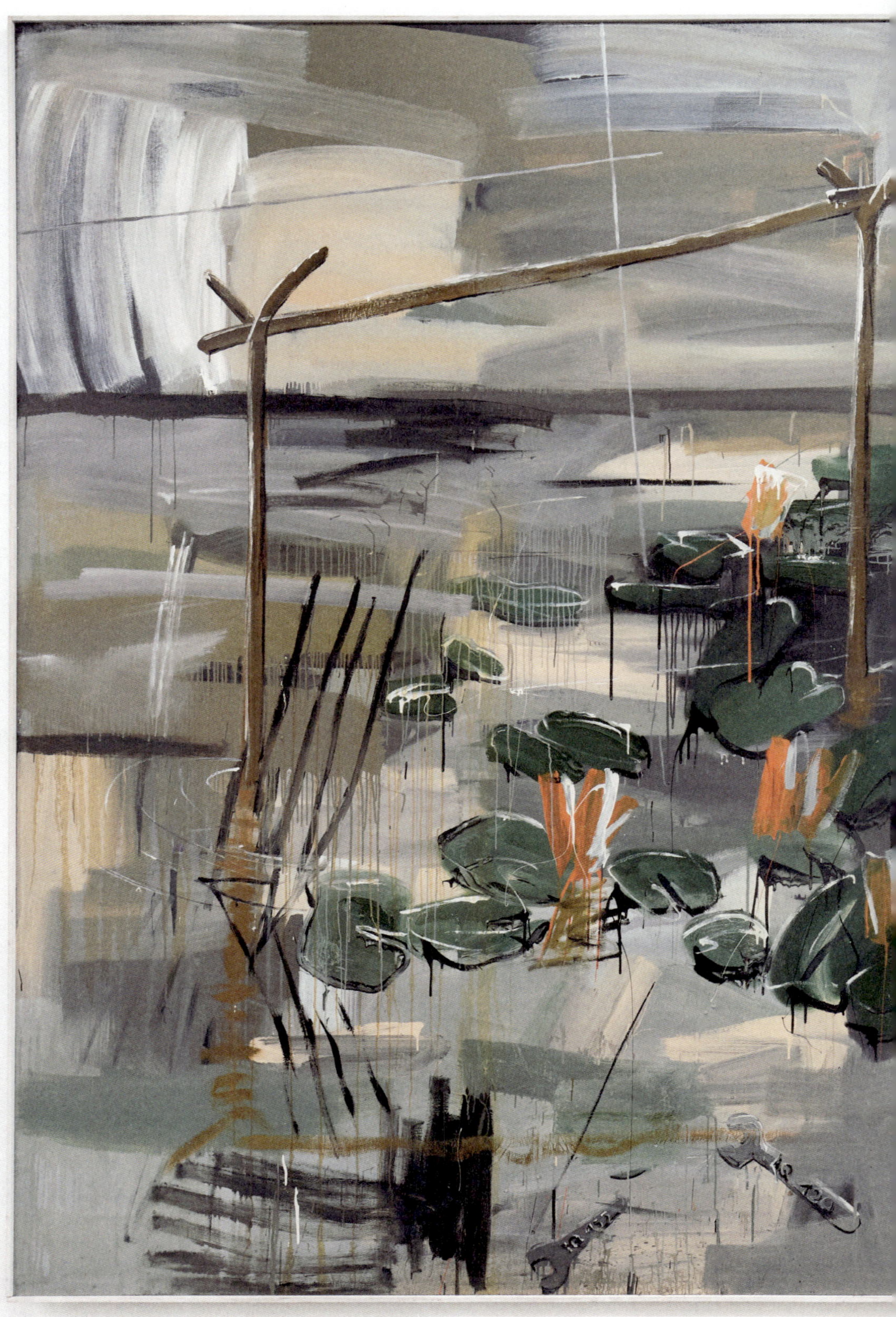

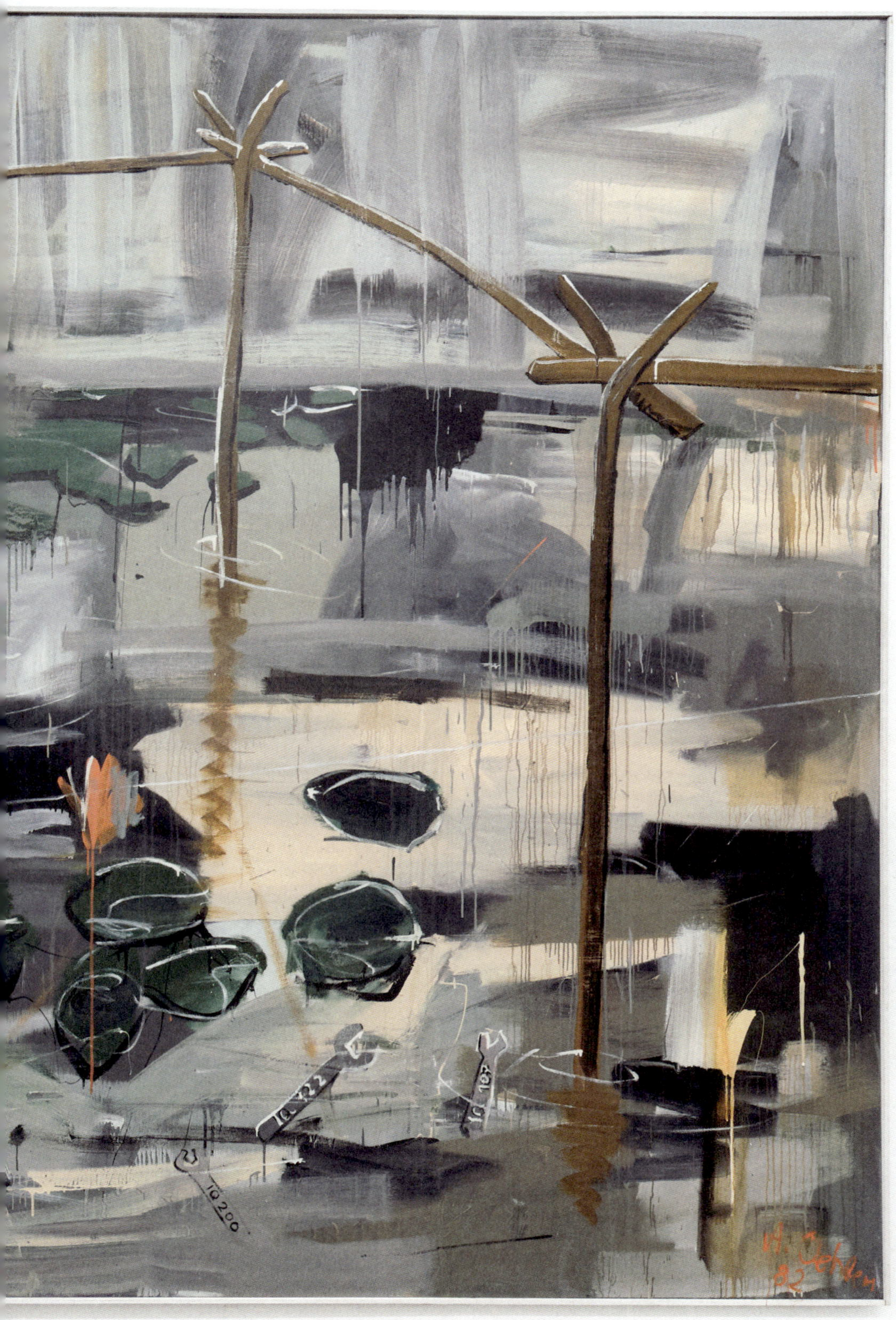

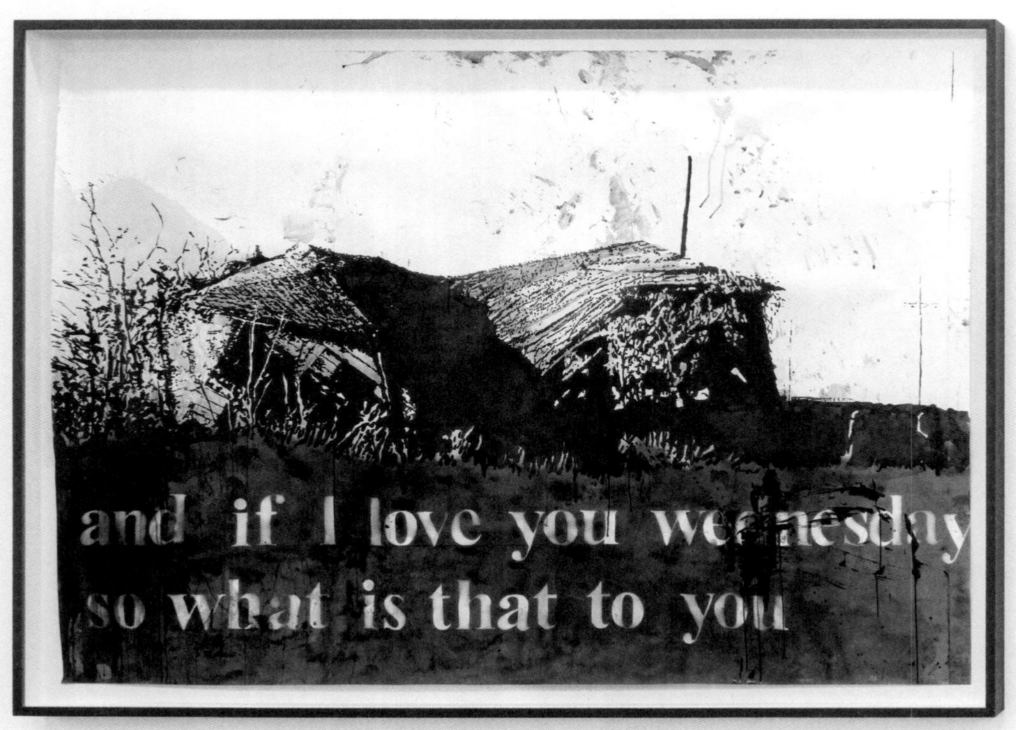

and if I love you wednesday
so what is that to you

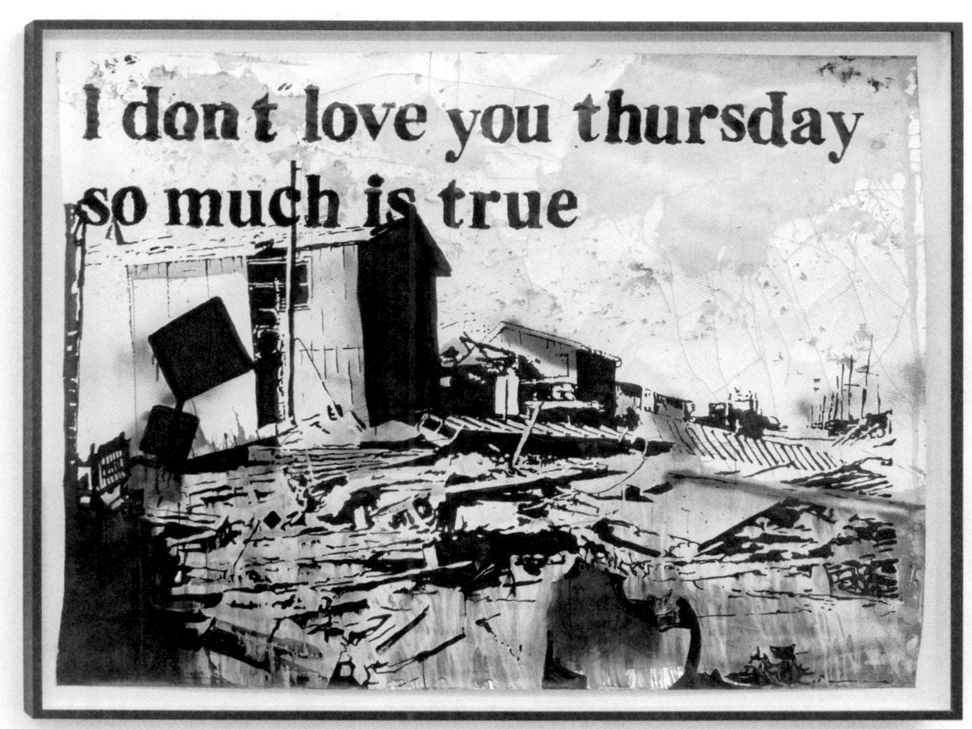

I don t love you thursday
so much is true

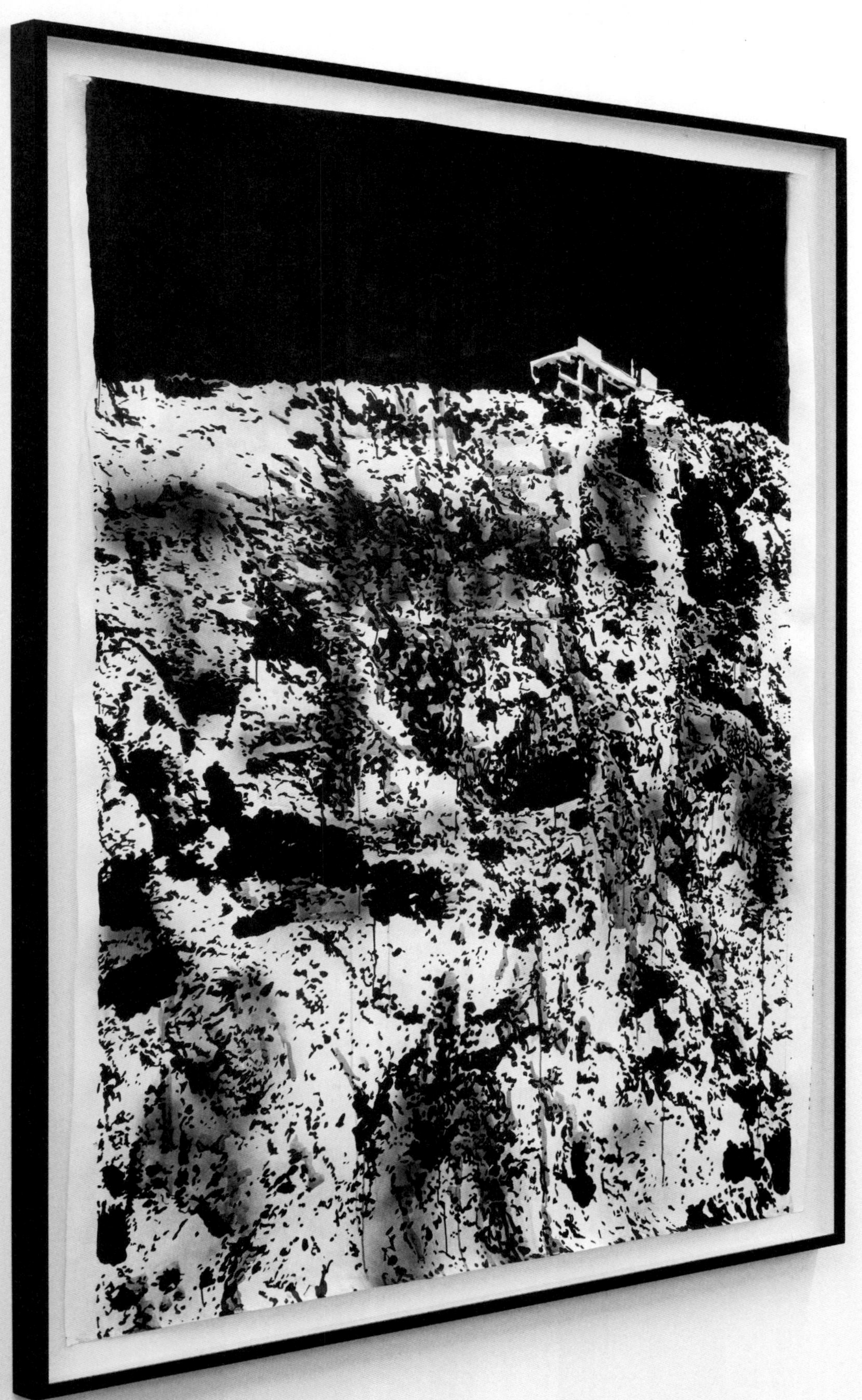

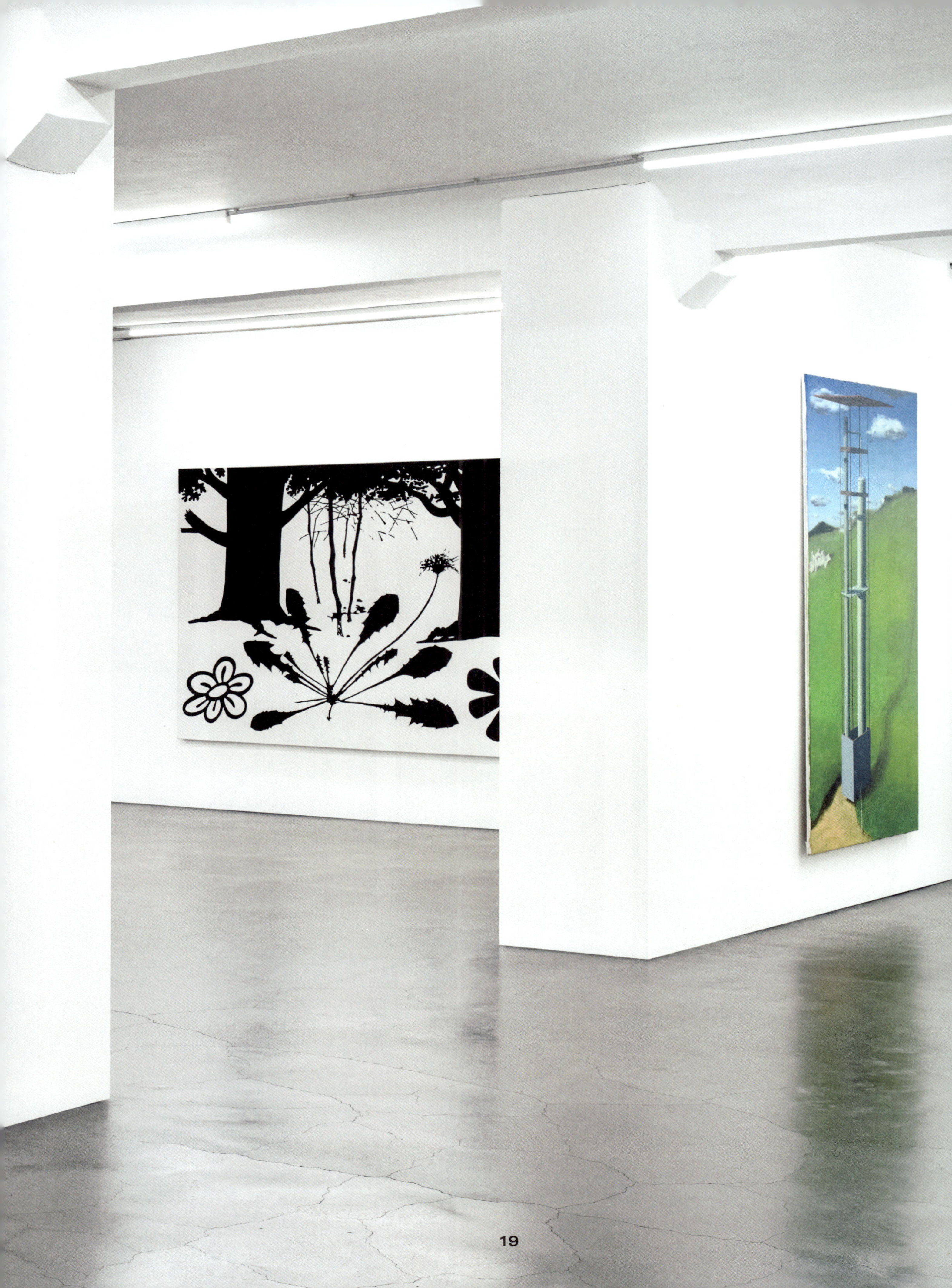

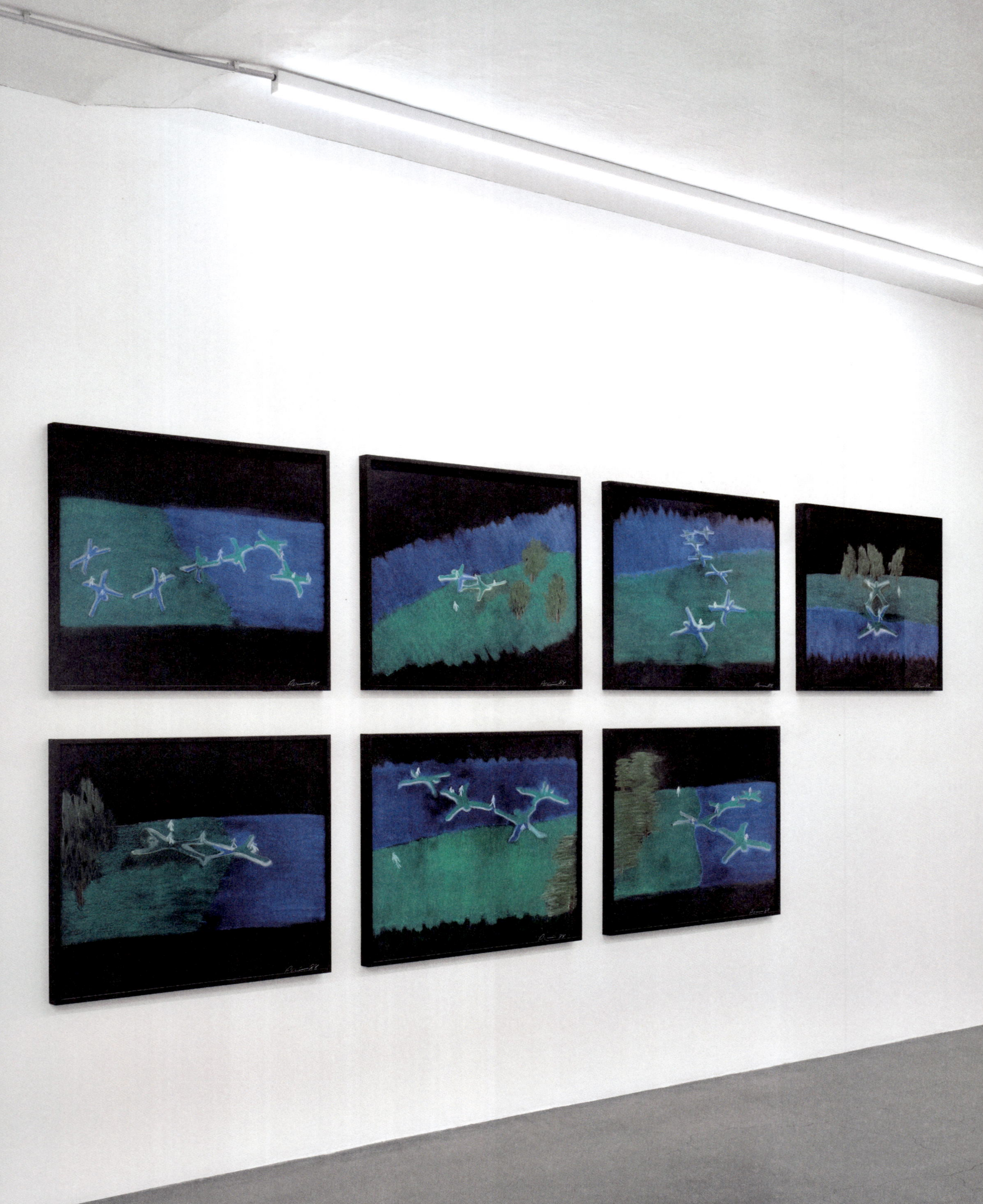

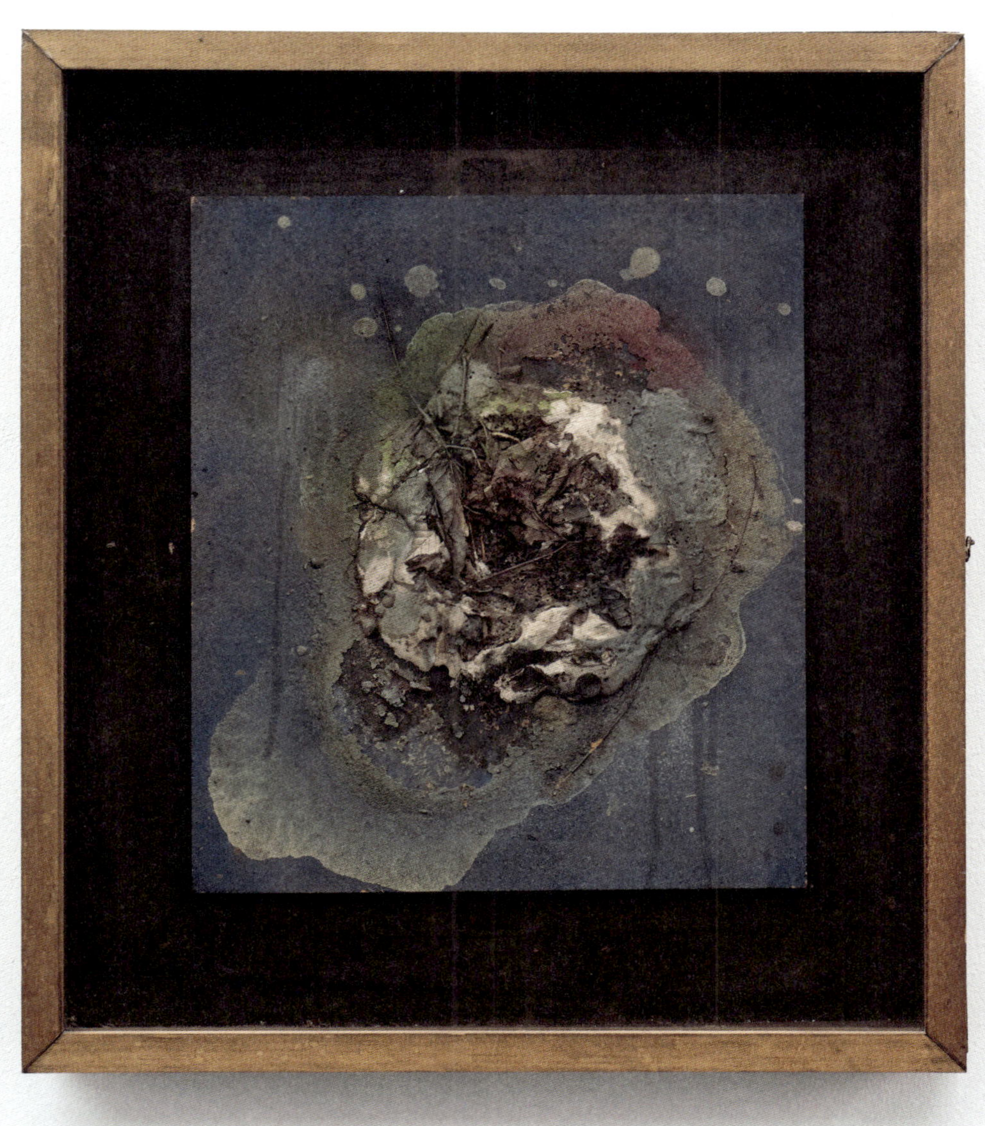

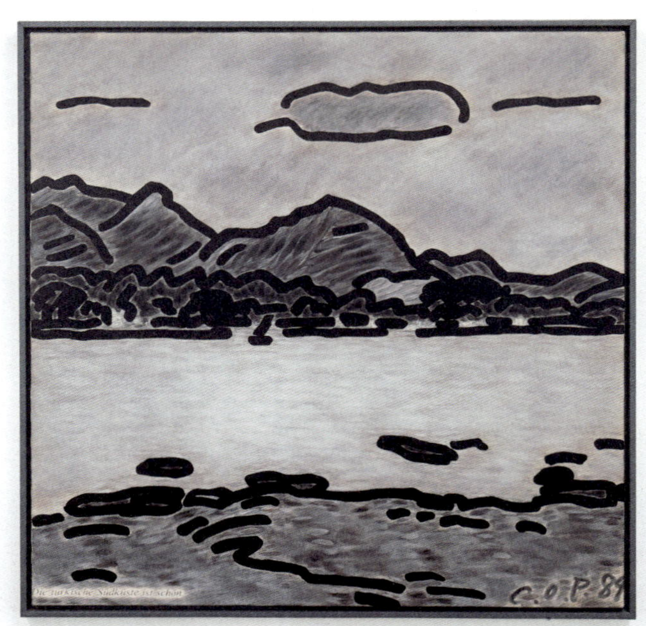
Die türkische Südküste ist schön
C.O.P. 89

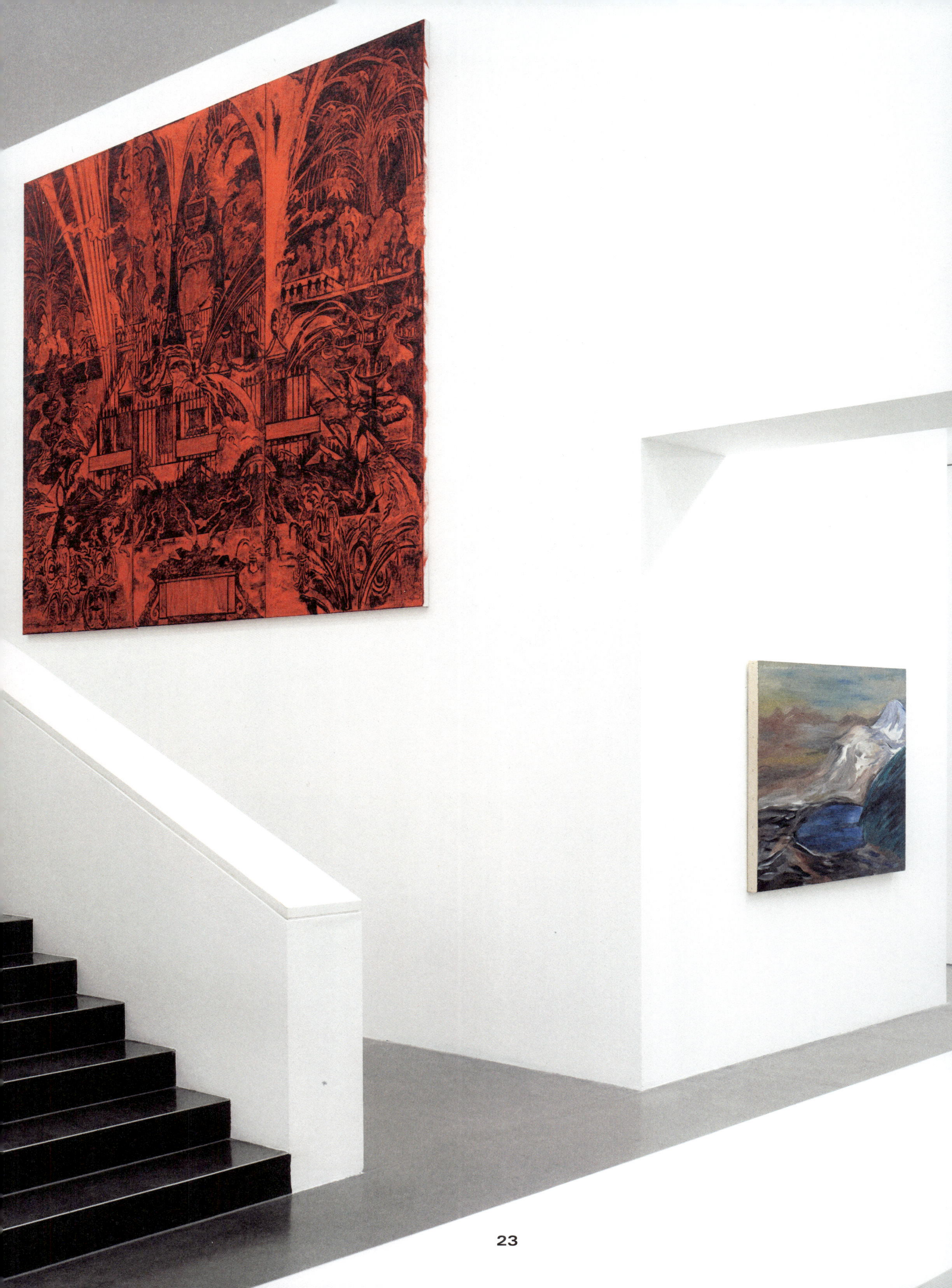

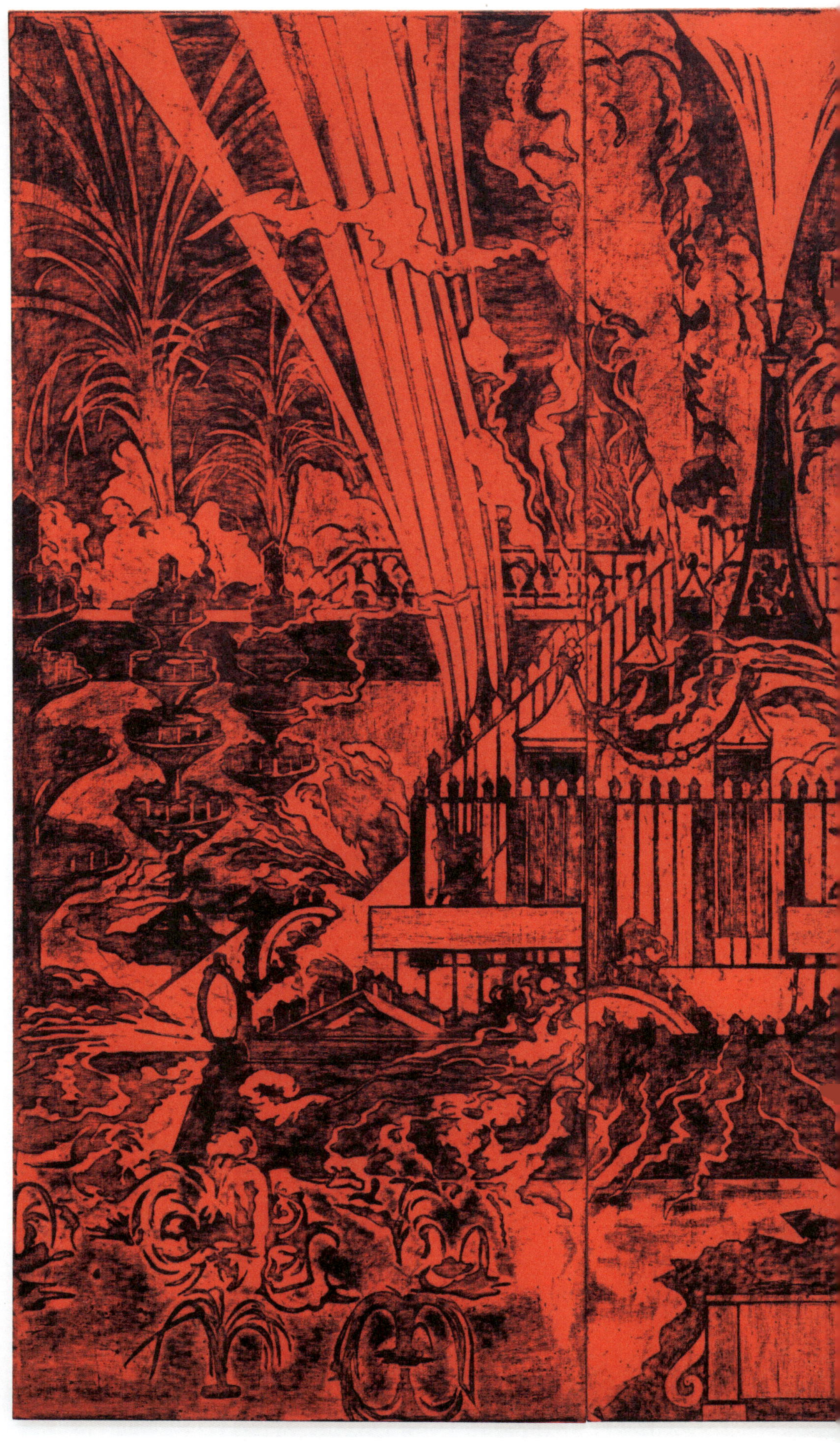

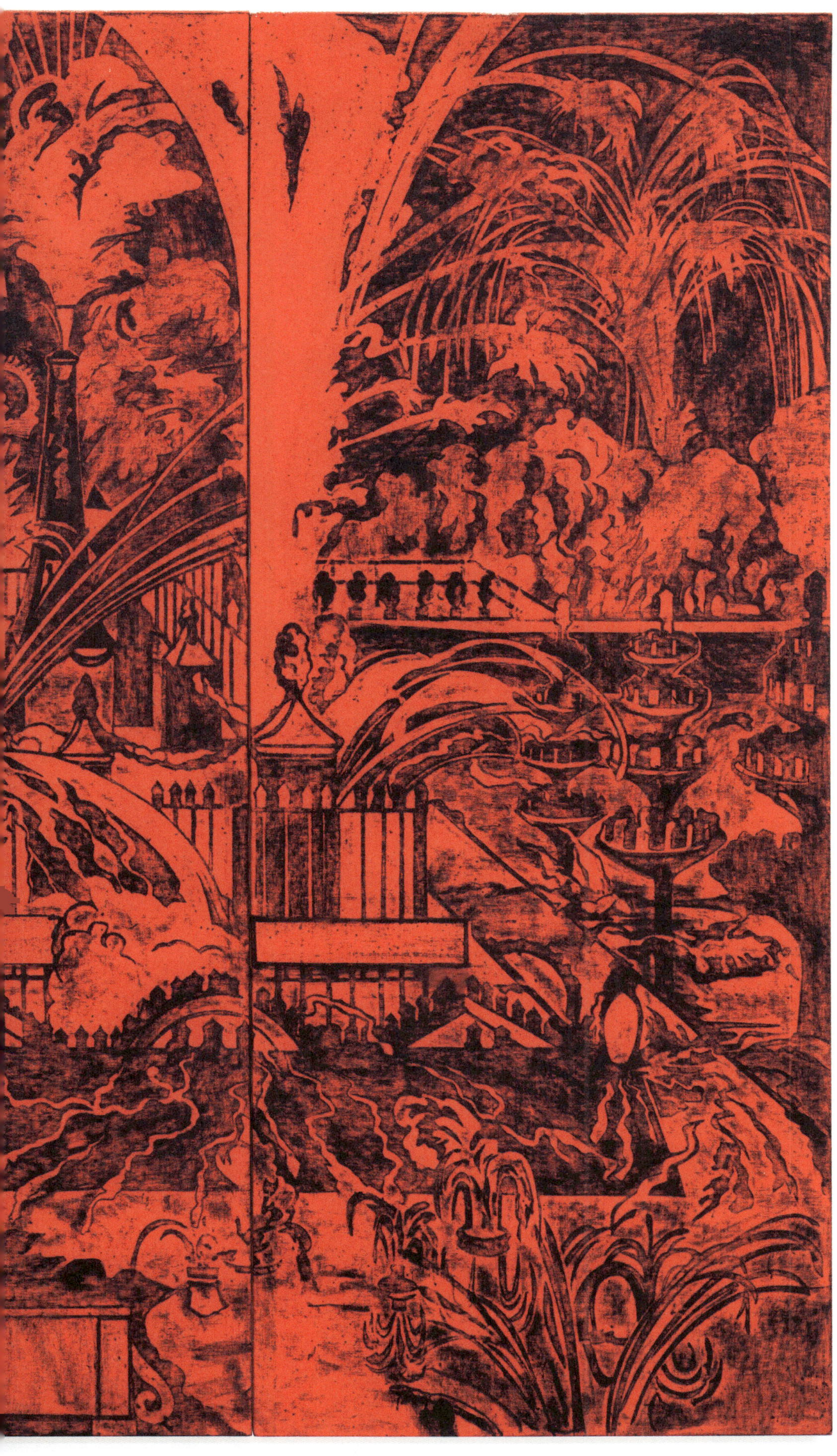

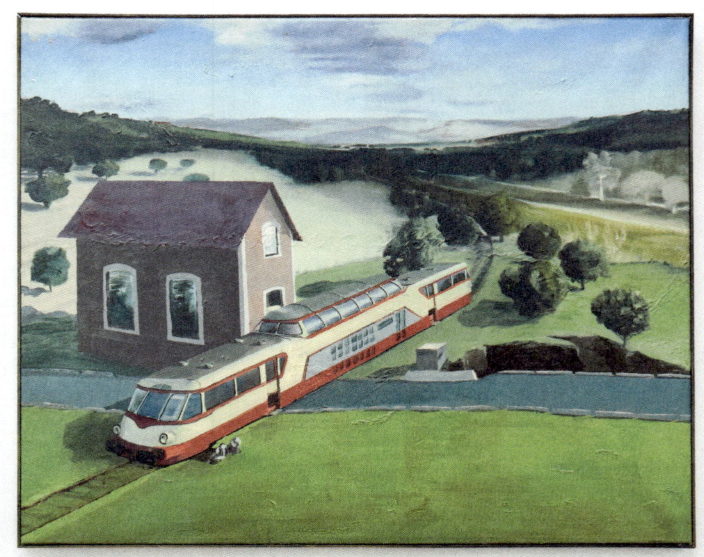

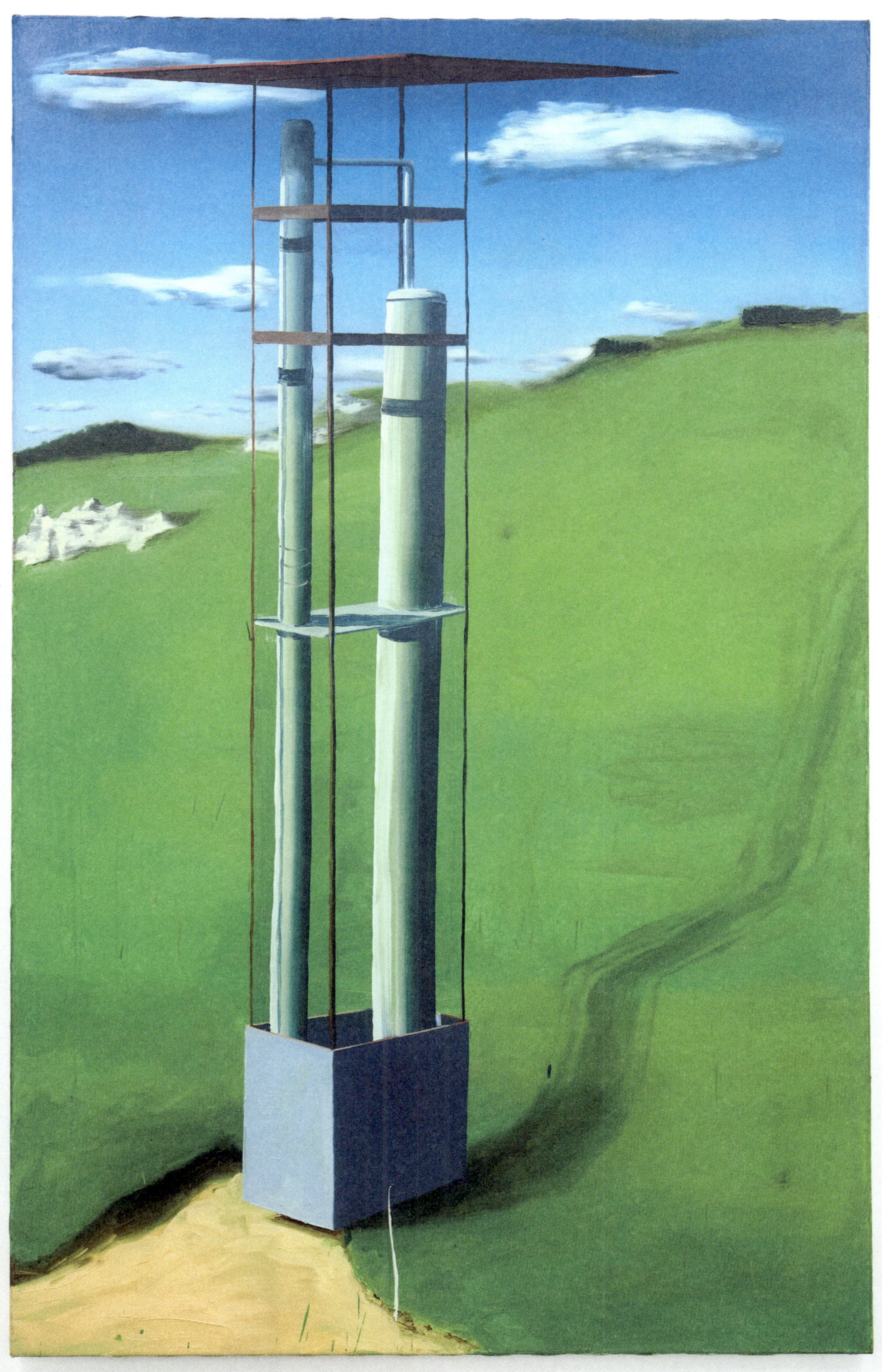

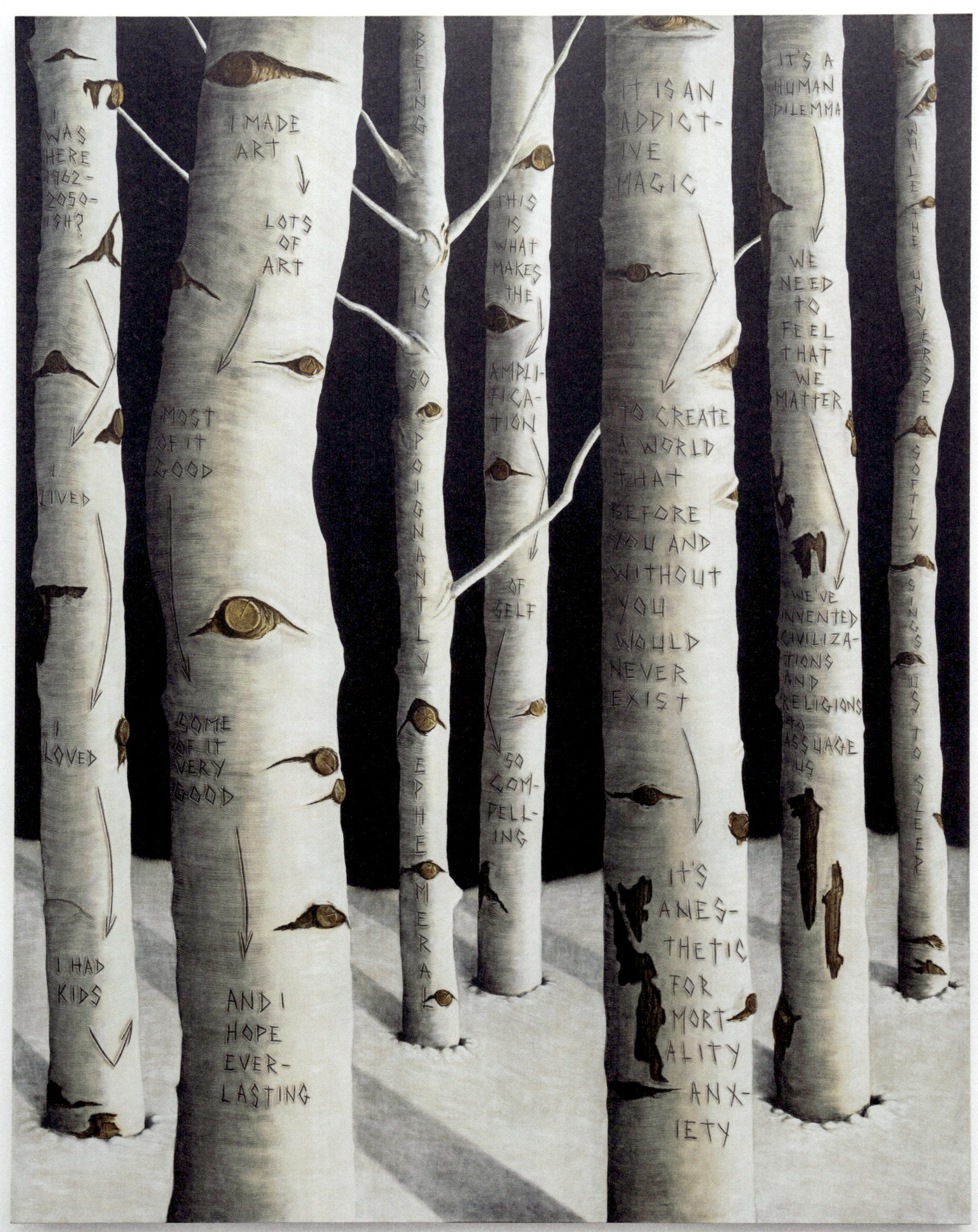

I WAS HERE 1962 — 2050 — ISH?
I LIVED
I LOVED
I HAD KIDS
I MADE ART
LOTS OF ART
MOST OF IT GOOD
SOME OF IT VERY GOOD
AND I HOPE EVER-LASTING
BEING
IS
SO POIGNANTLY EPHEMERAL
THIS IS WHAT MAKES THE AMPLIFICATION
OF SELF
SO COMPELLING
IT IS AN ADDICT-IVE MAGIC
TO CREATE A WORLD THAT BEFORE YOU AND WITHOUT YOU WOULD NEVER EXIST
IT'S ANES-THETIC FOR MORT-ALITY ANX-IETY
IT'S A HUMAN DILEMMA
WE NEED TO FEEL THAT WE MATTER
WE'VE INVENTED CIVILIZA-TIONS AND RELIGIONS TO ASSUAGE US
WHILE THE UNIVERSE SOFTLY SINGS US TO SLEEP

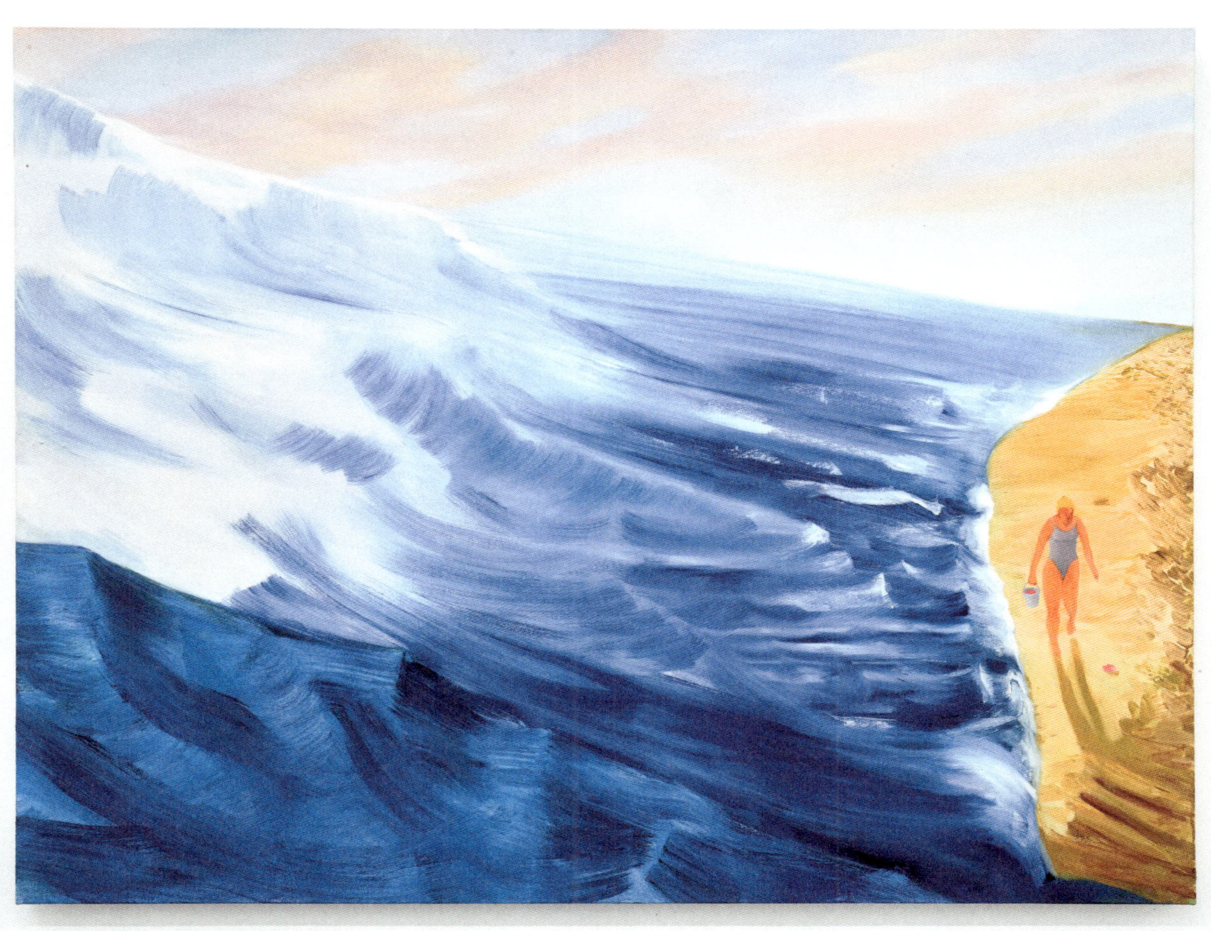

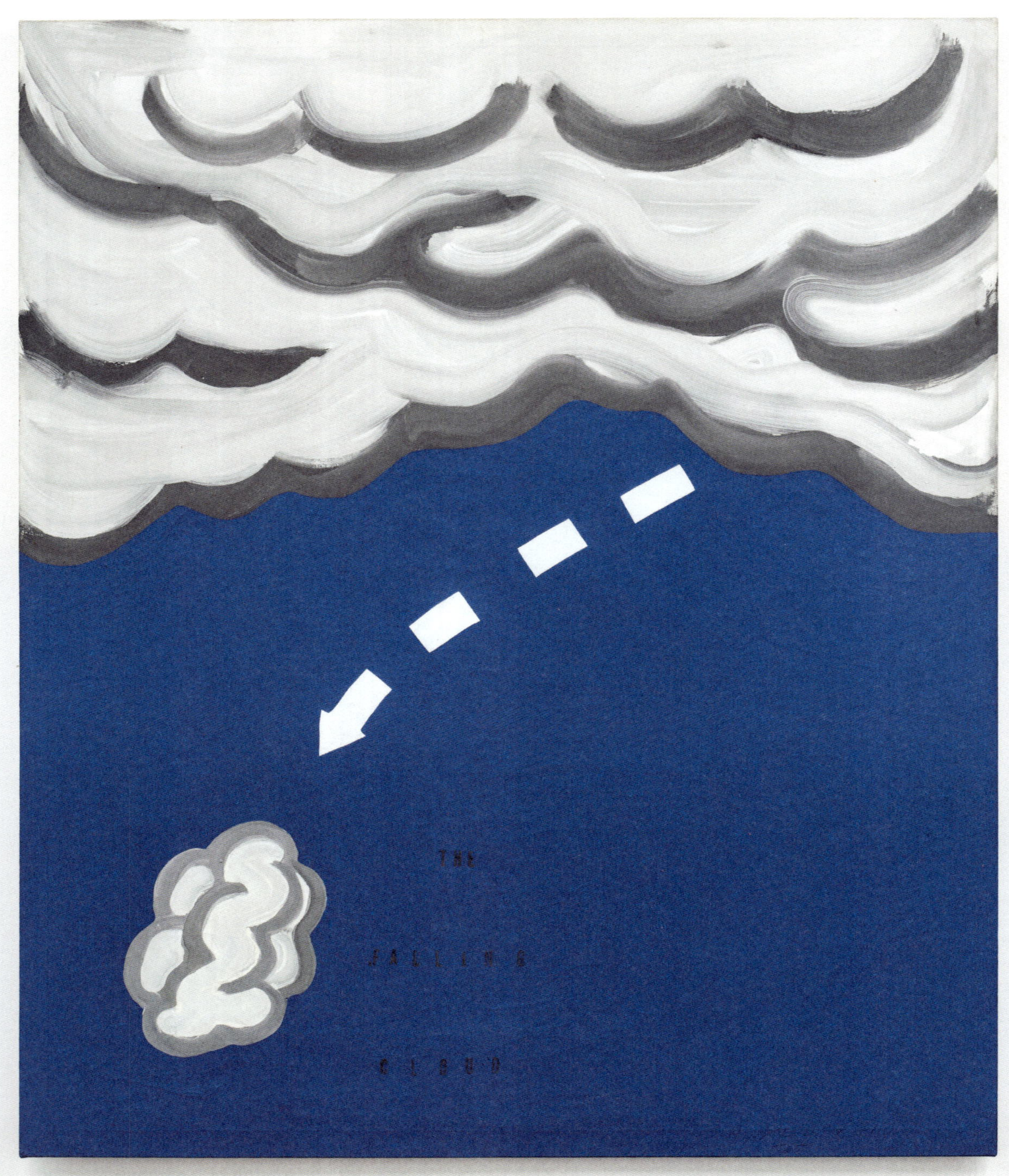
THE
FALLING
CLOUD

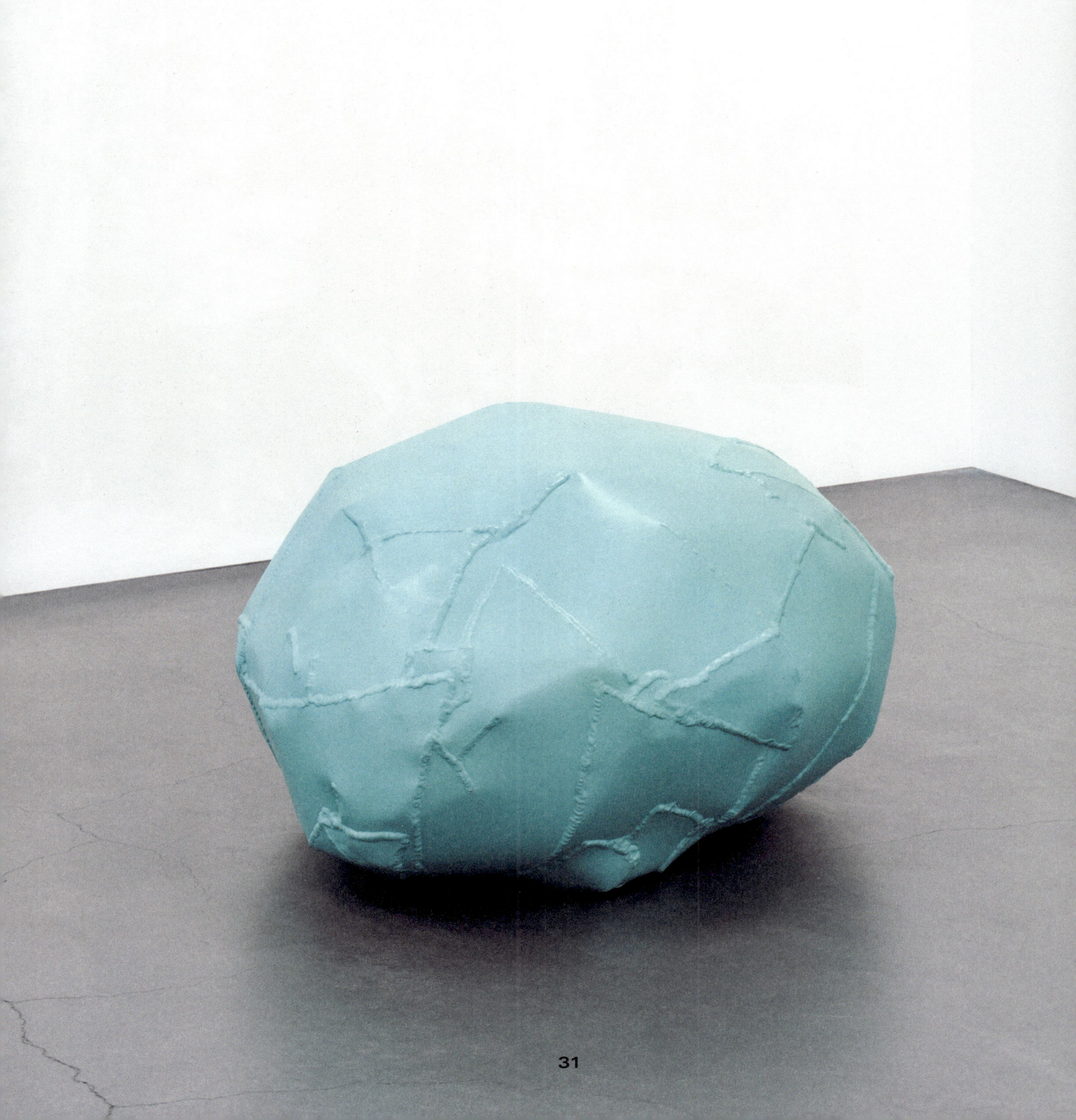

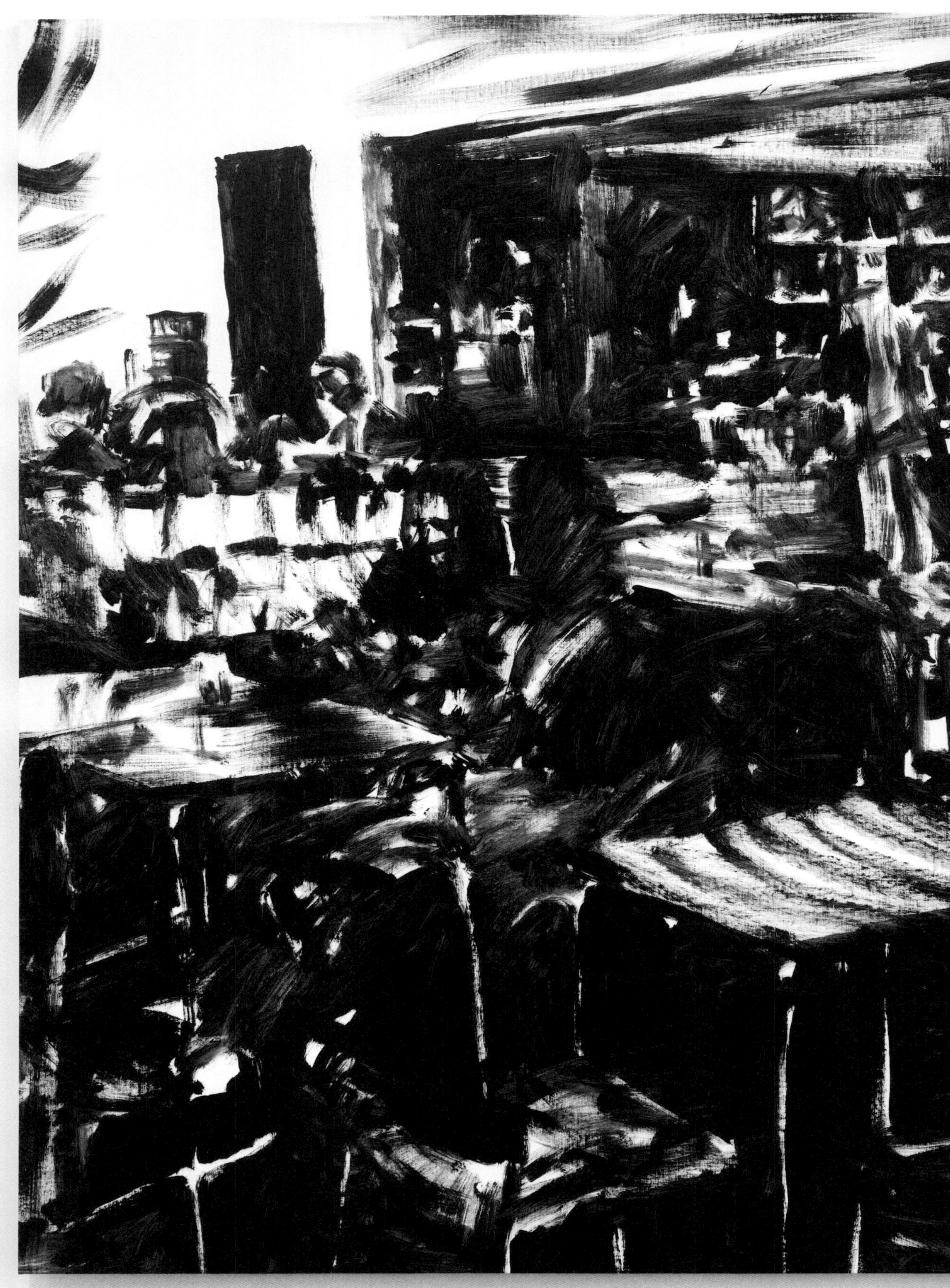

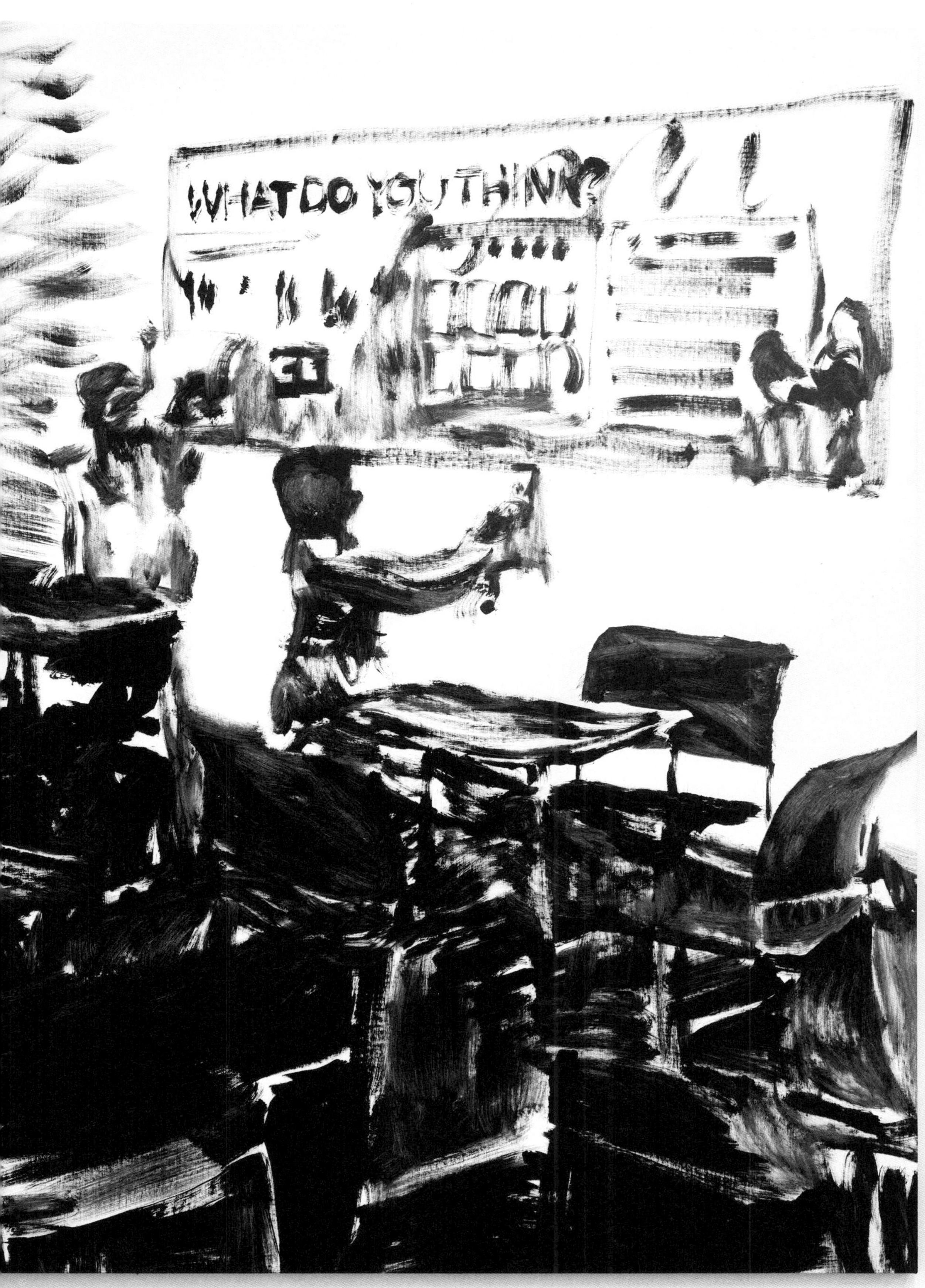

WHAT DO YOU THINK?

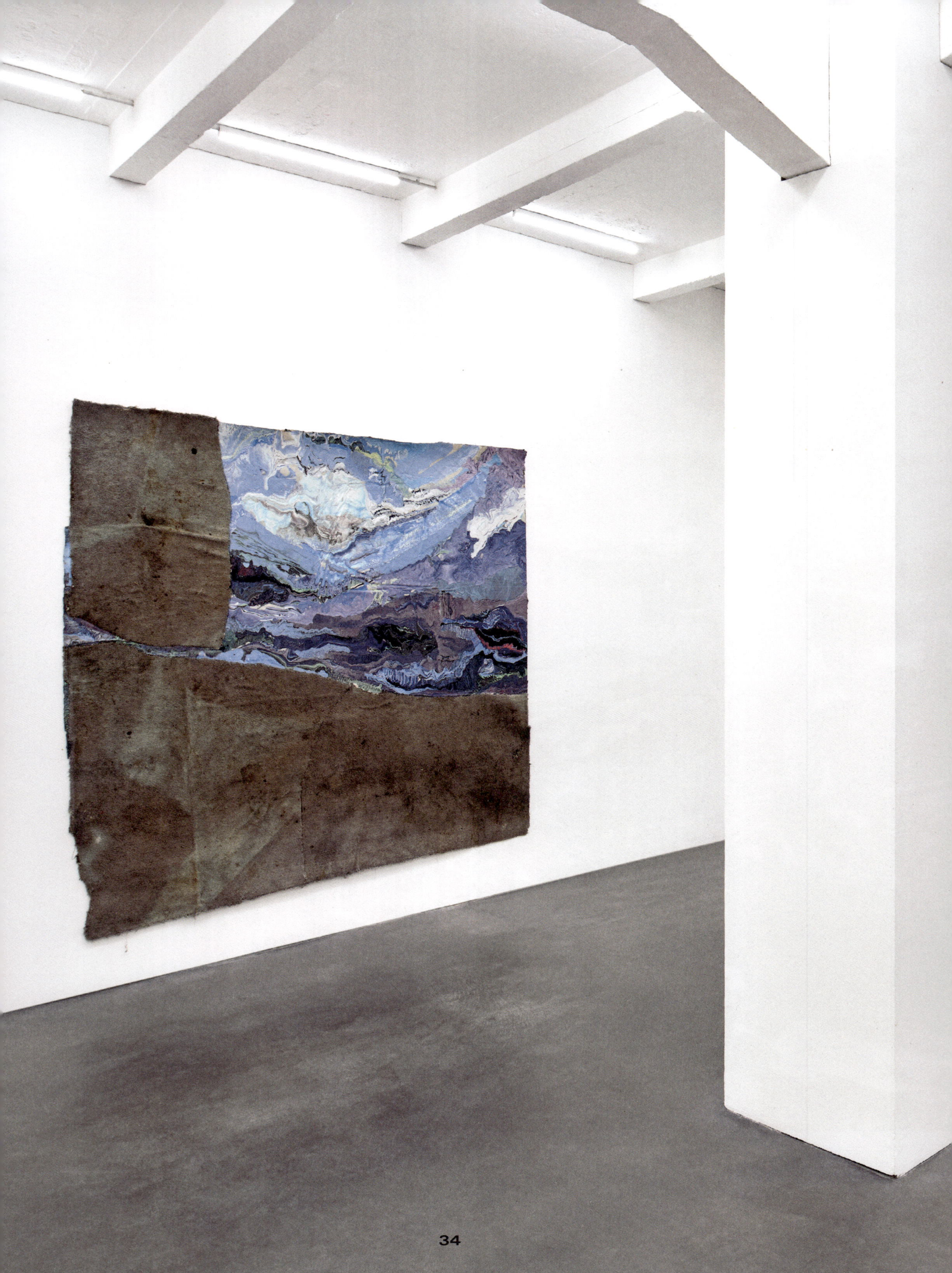

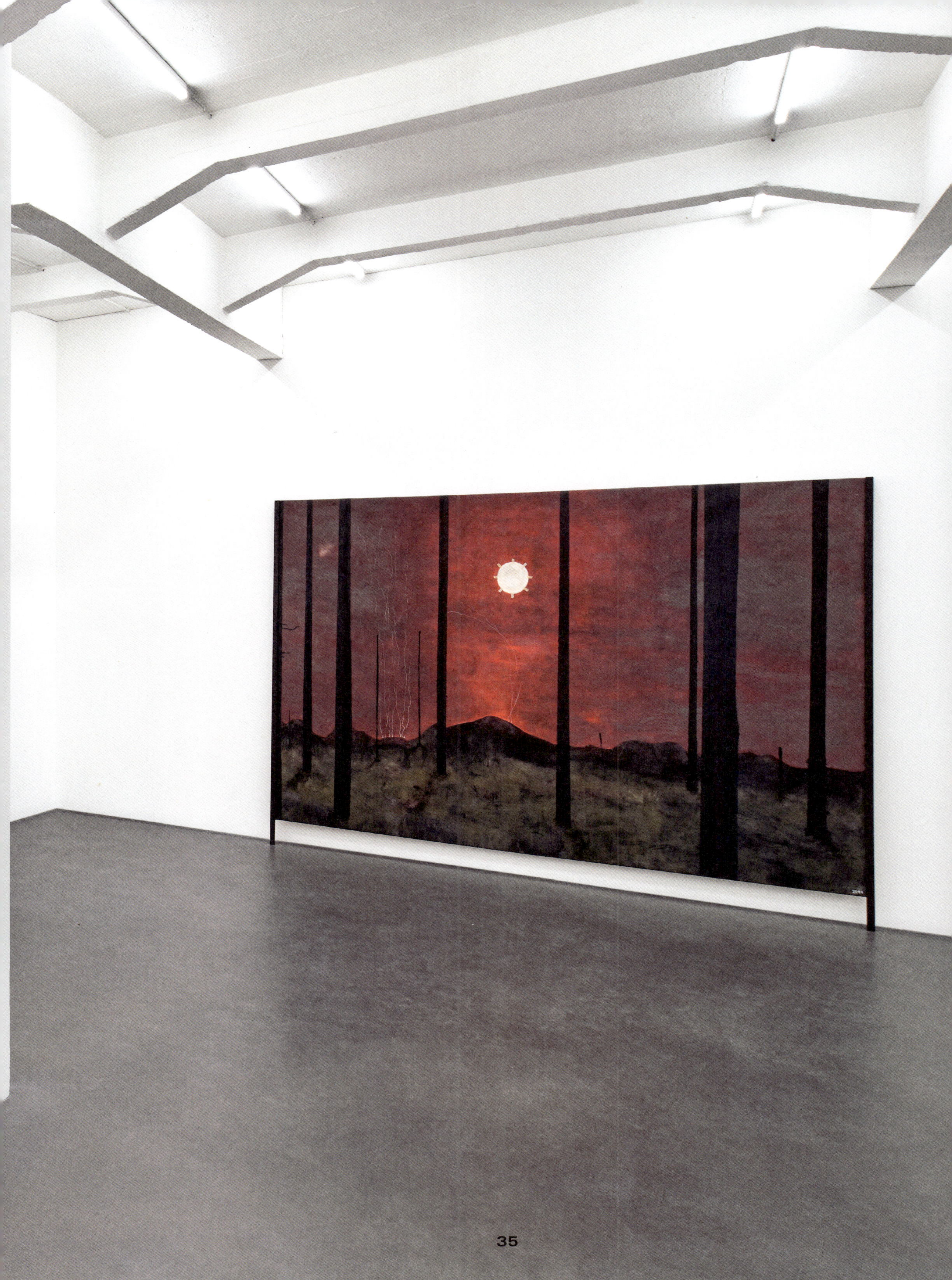

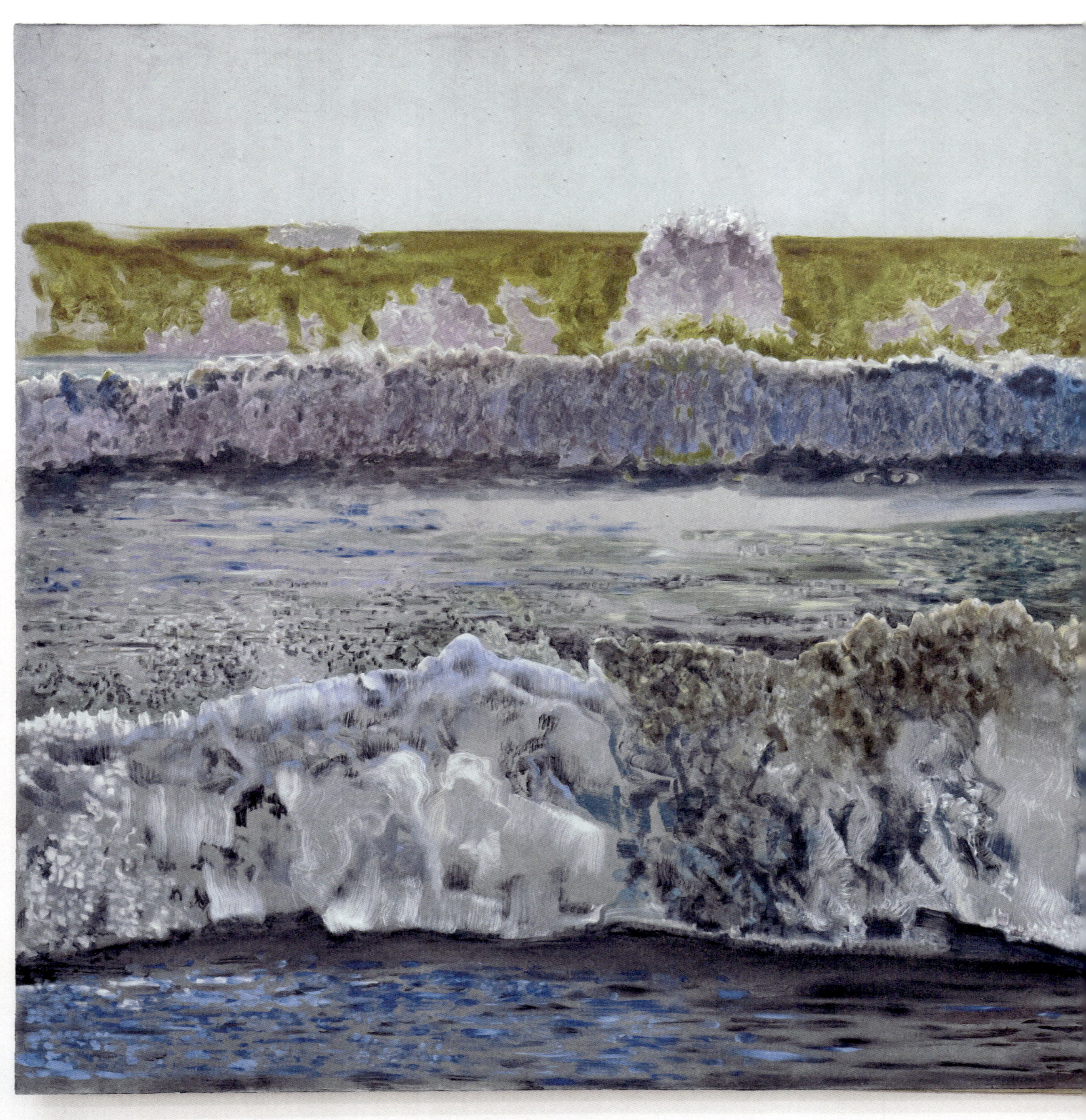

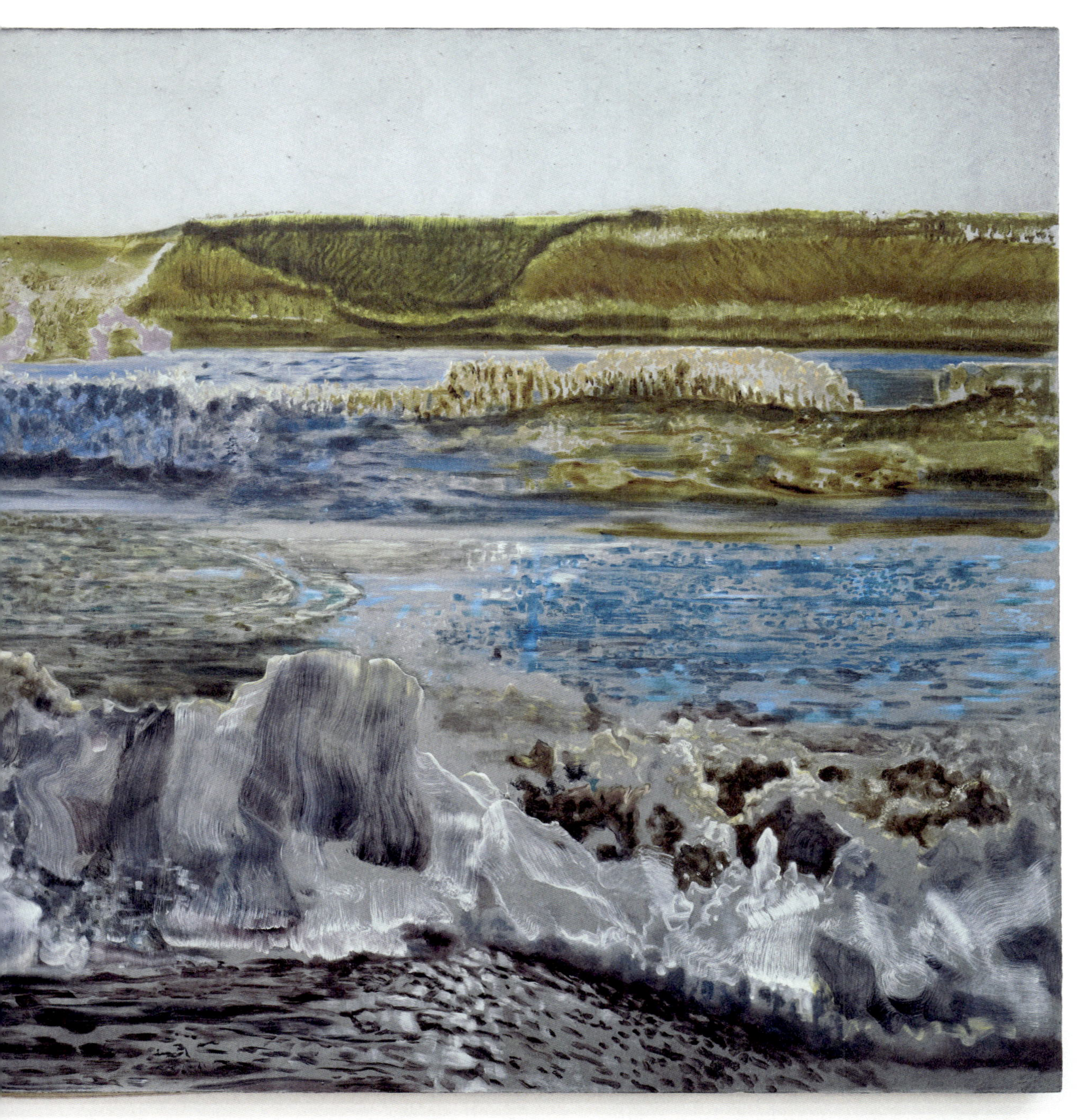

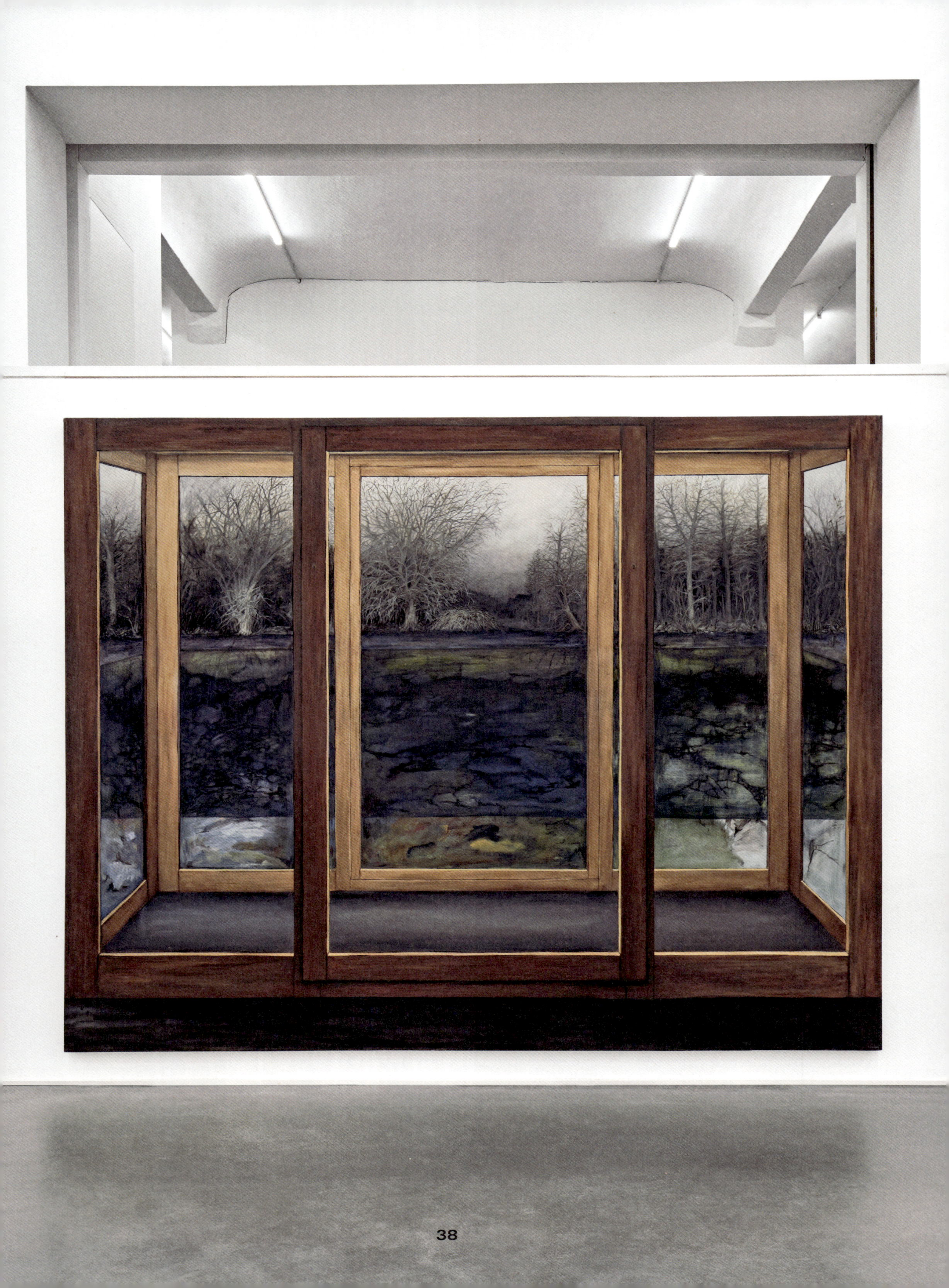

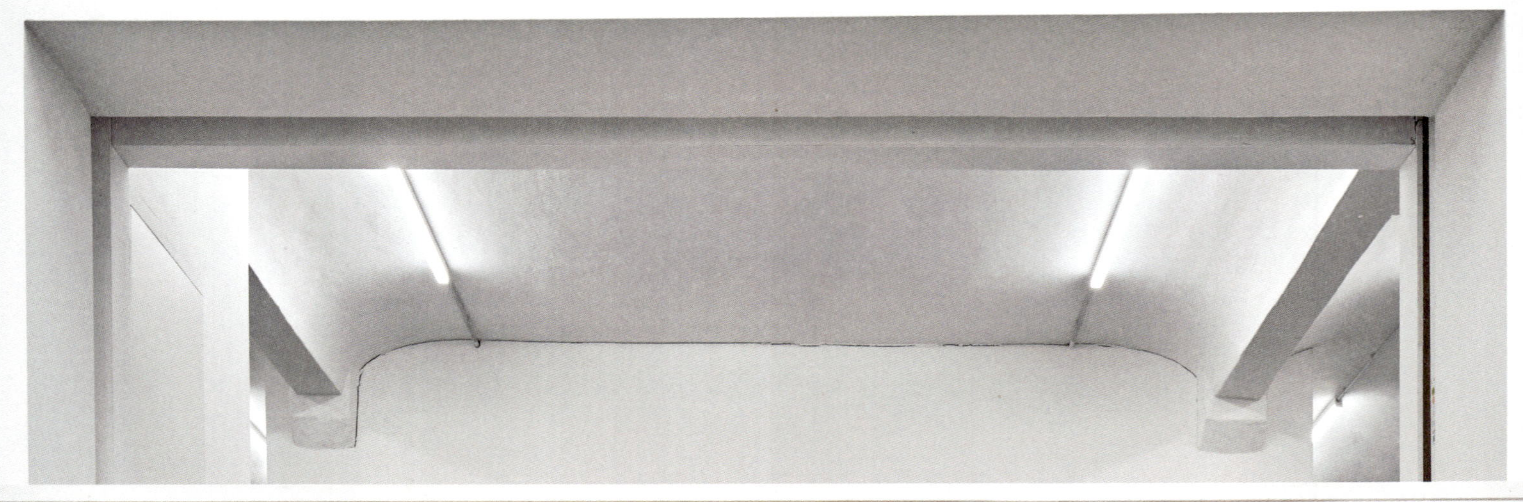

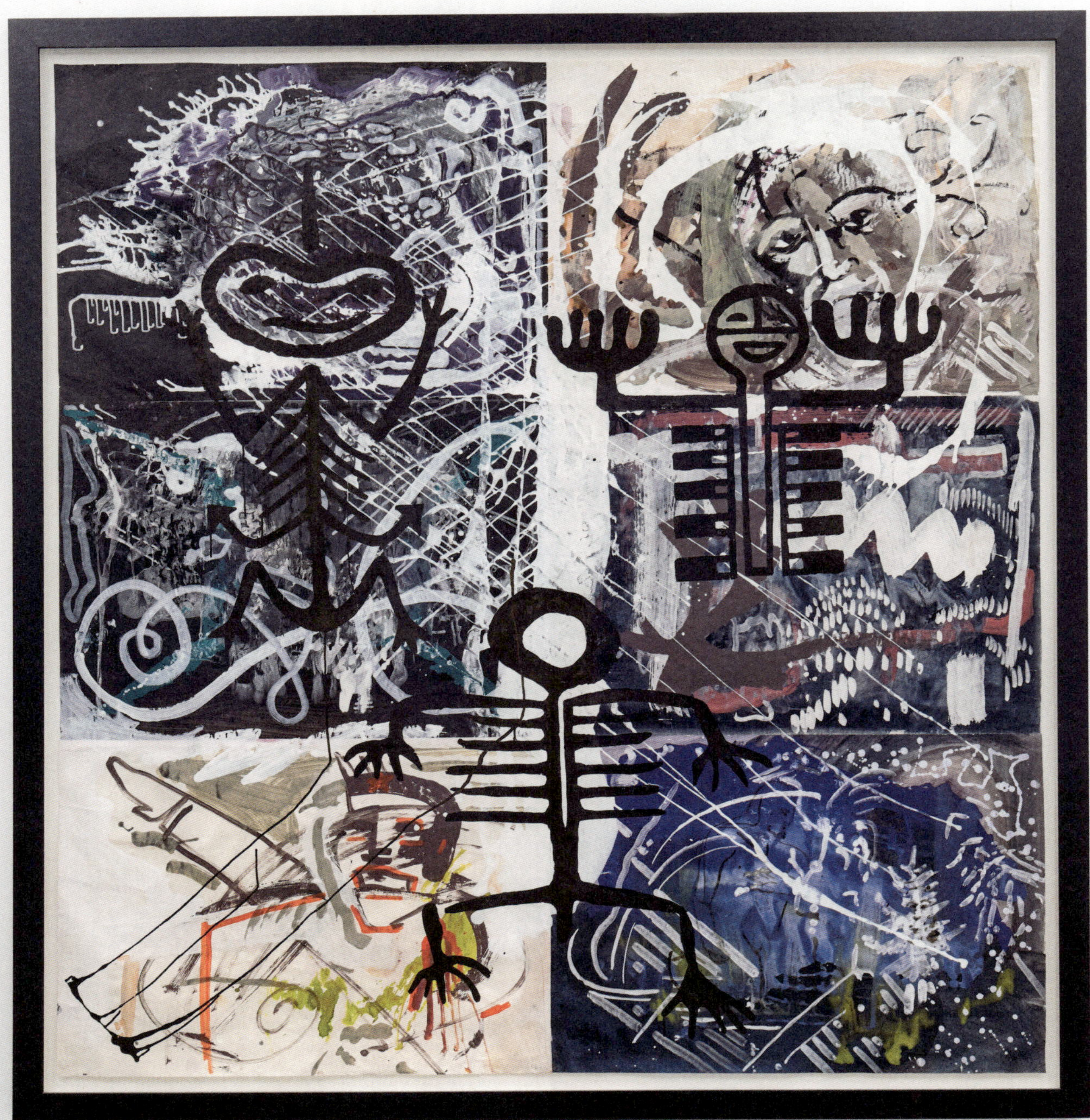

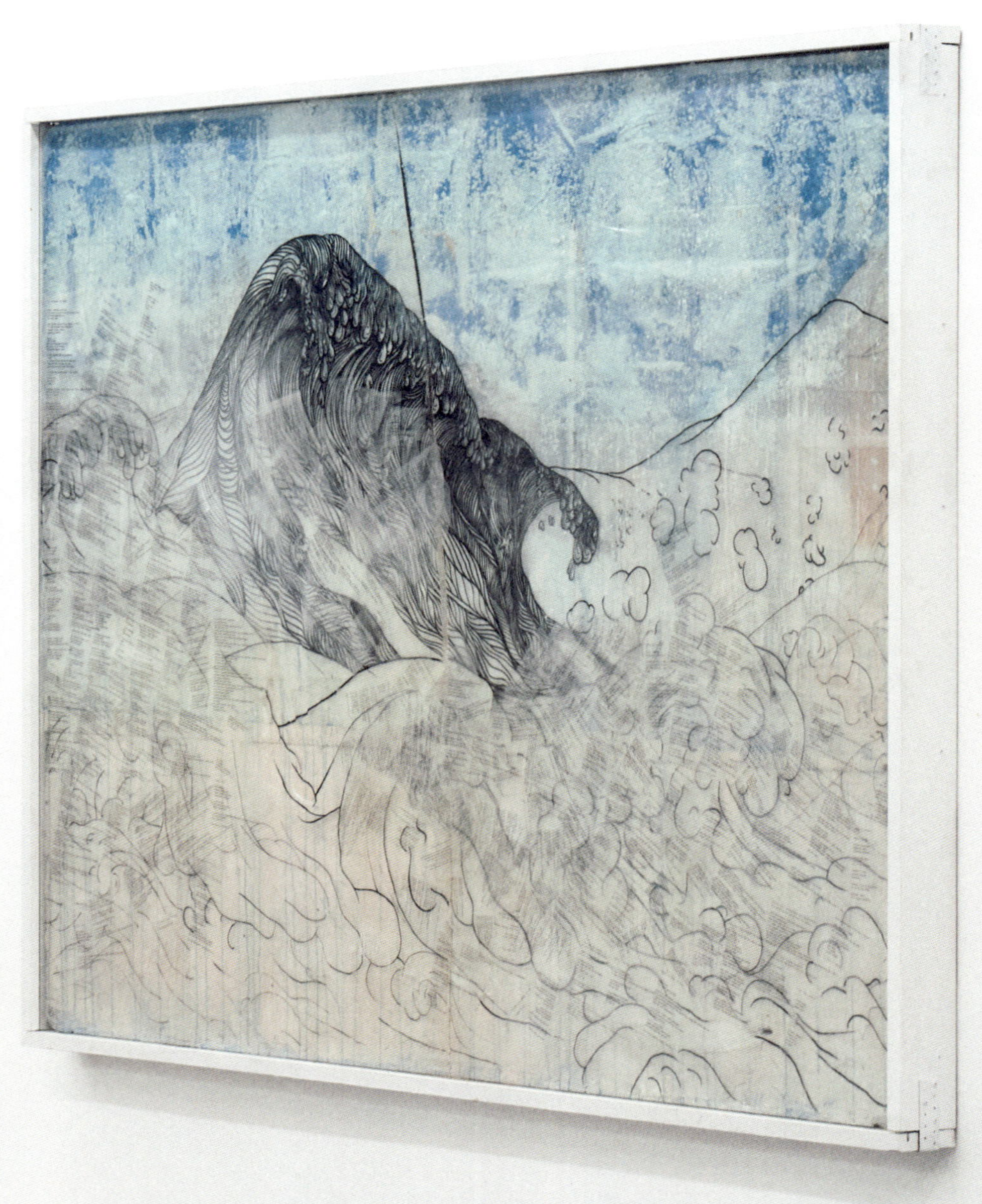

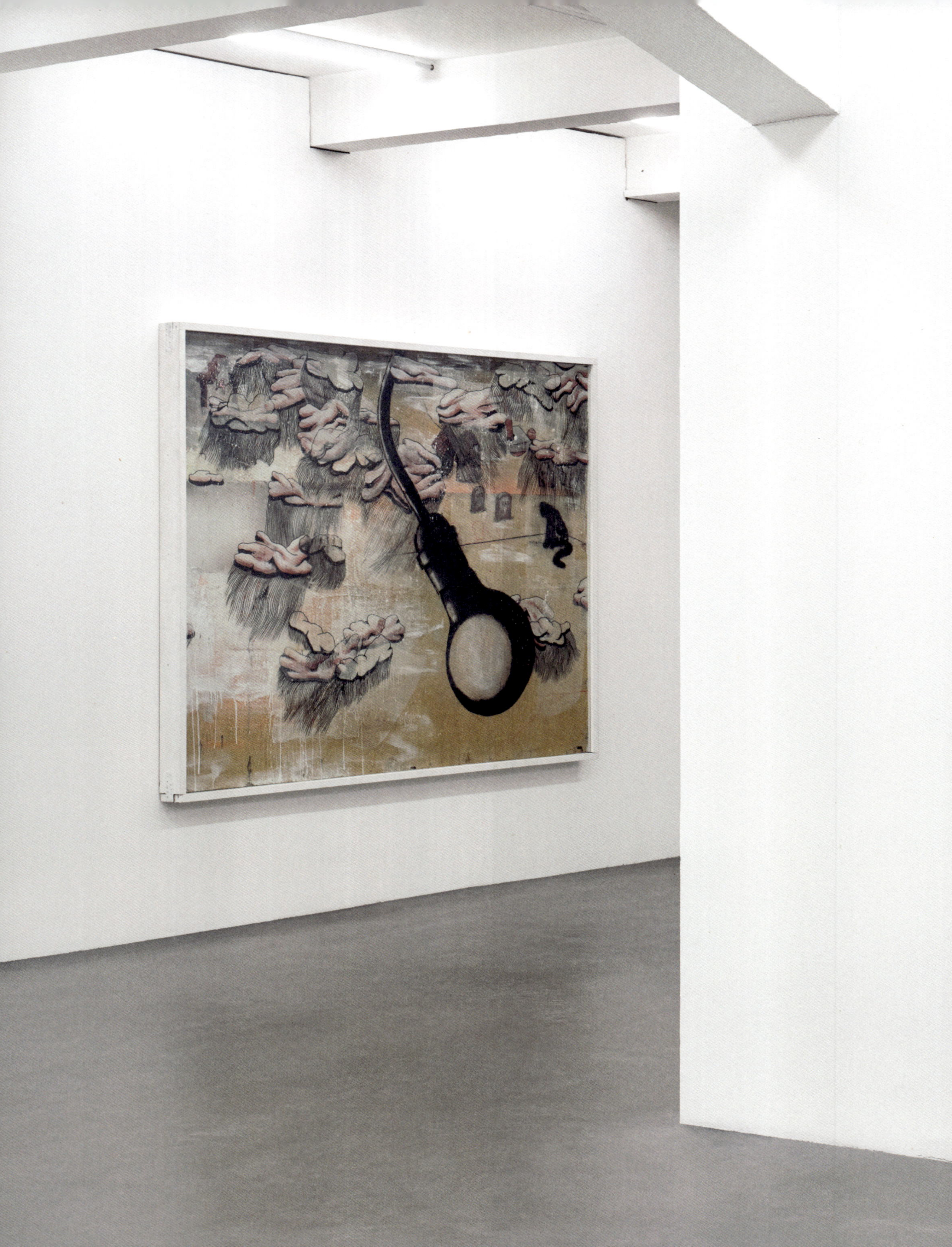

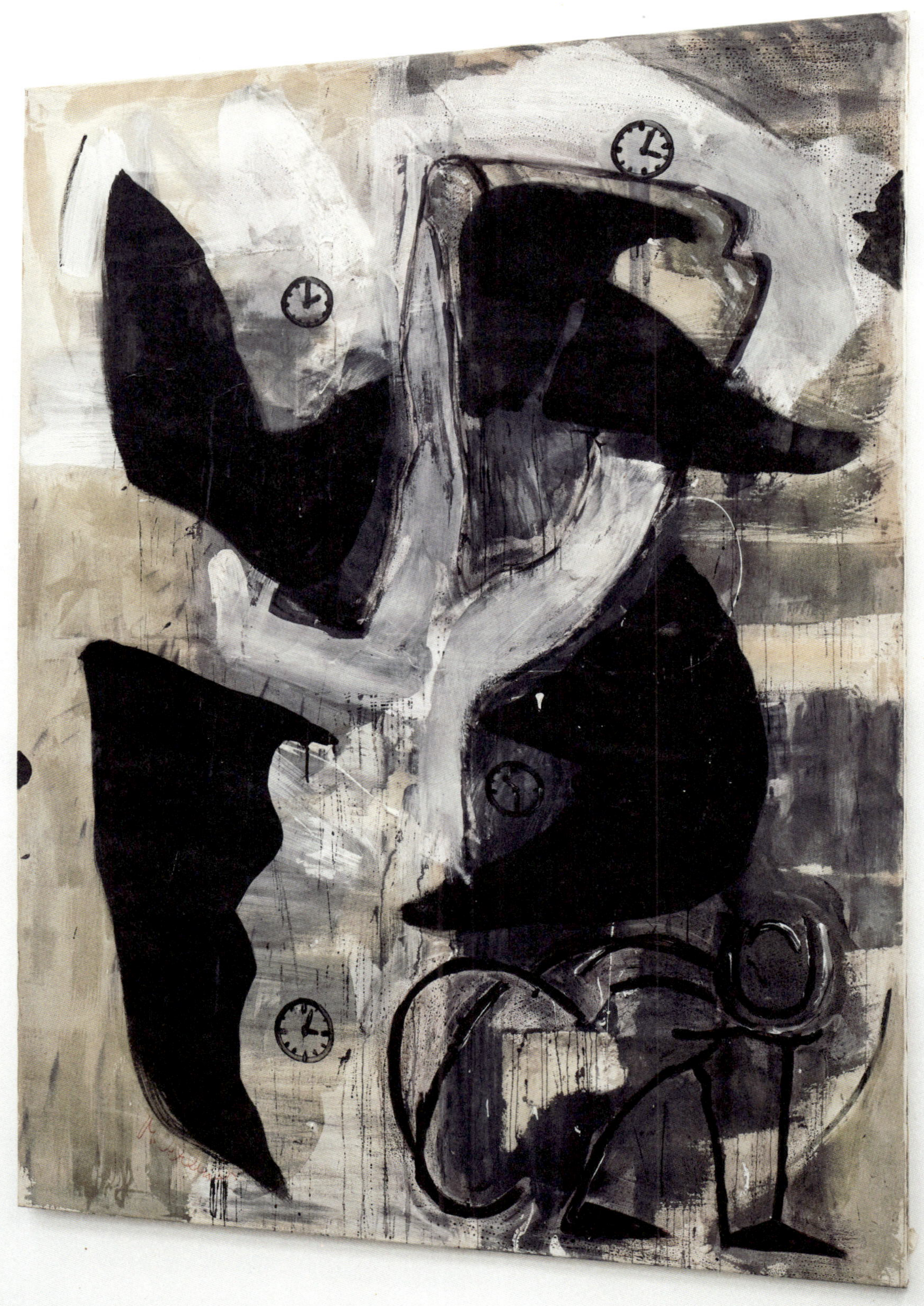

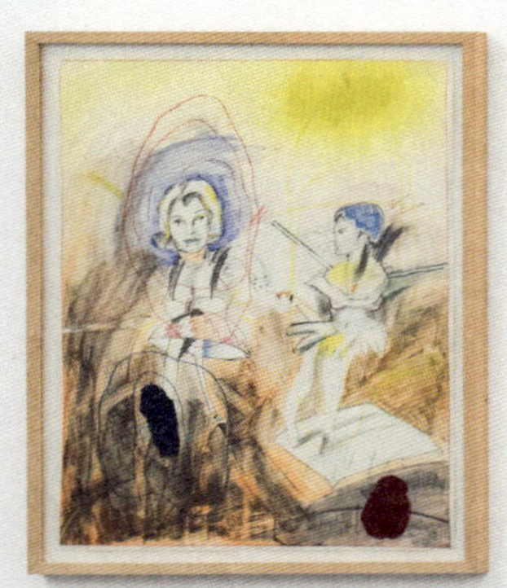 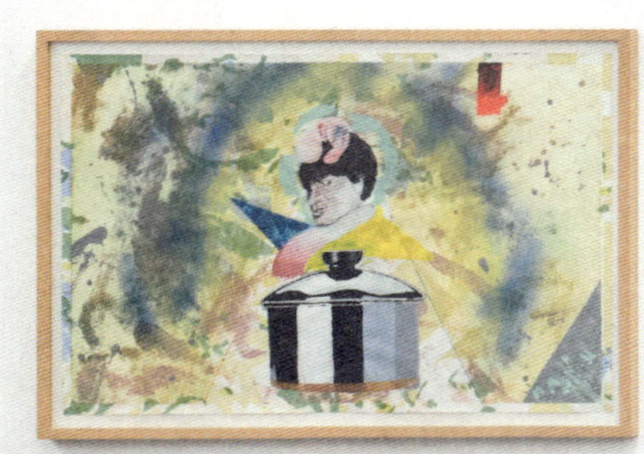 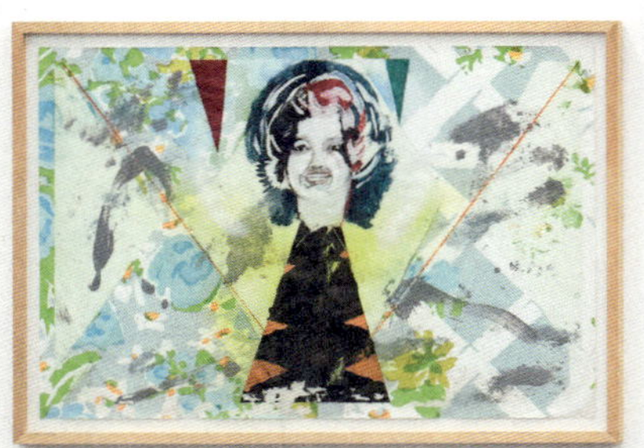

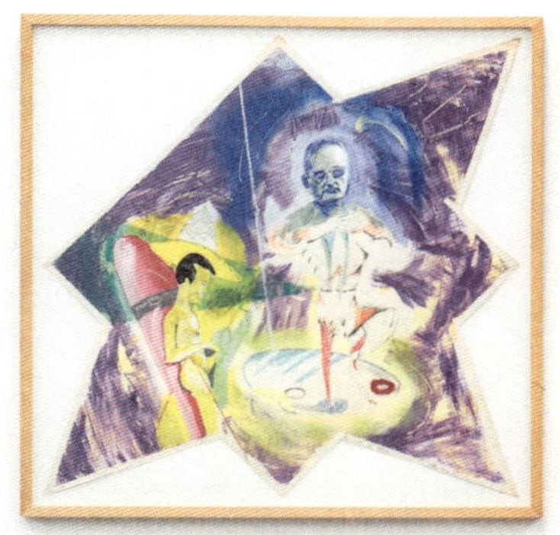 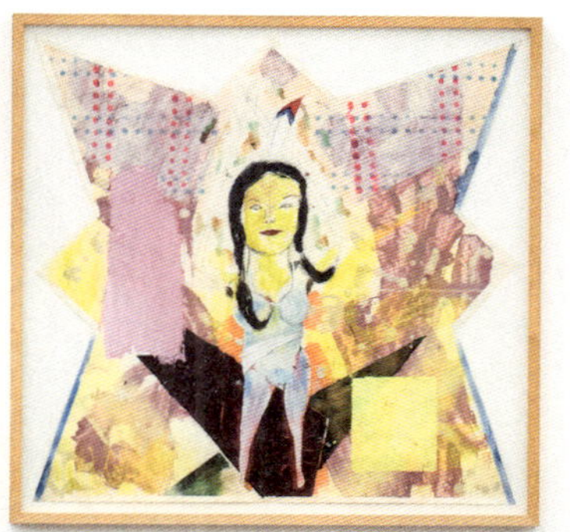 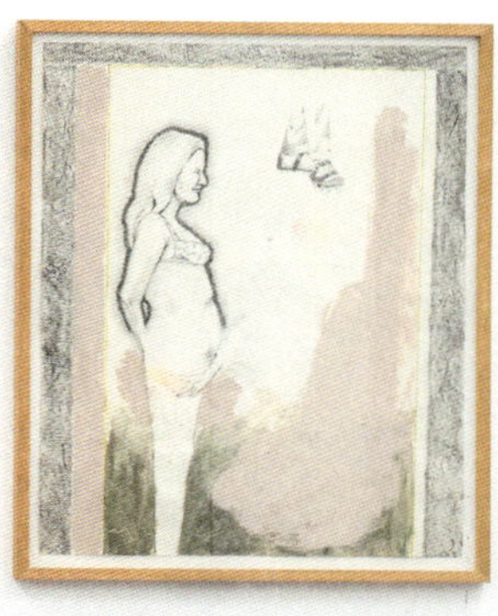

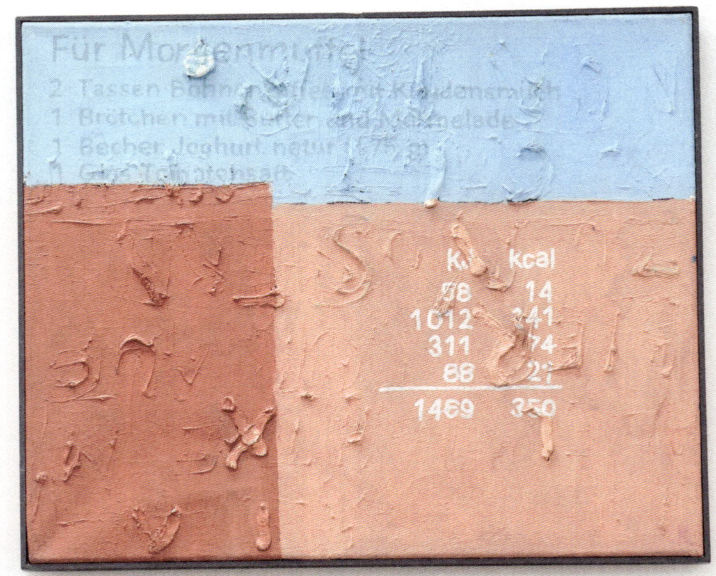
Für Morgenmuffel
2 Tassen Bohnenkaffee mit Kondensmilch
1 Brötchen mit Butter und Marmelade
1 Becher Joghurt natur (175 g)
kJ   kcal
58   14
1012   241
311   74
88   21
1469   350

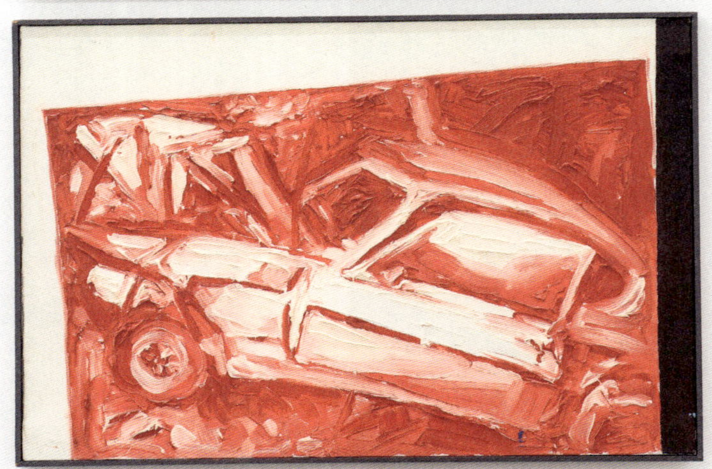

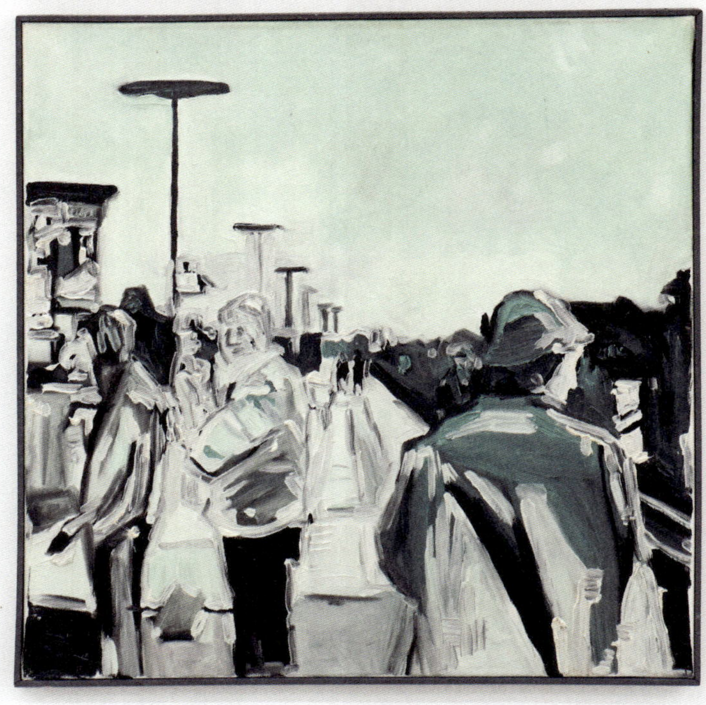

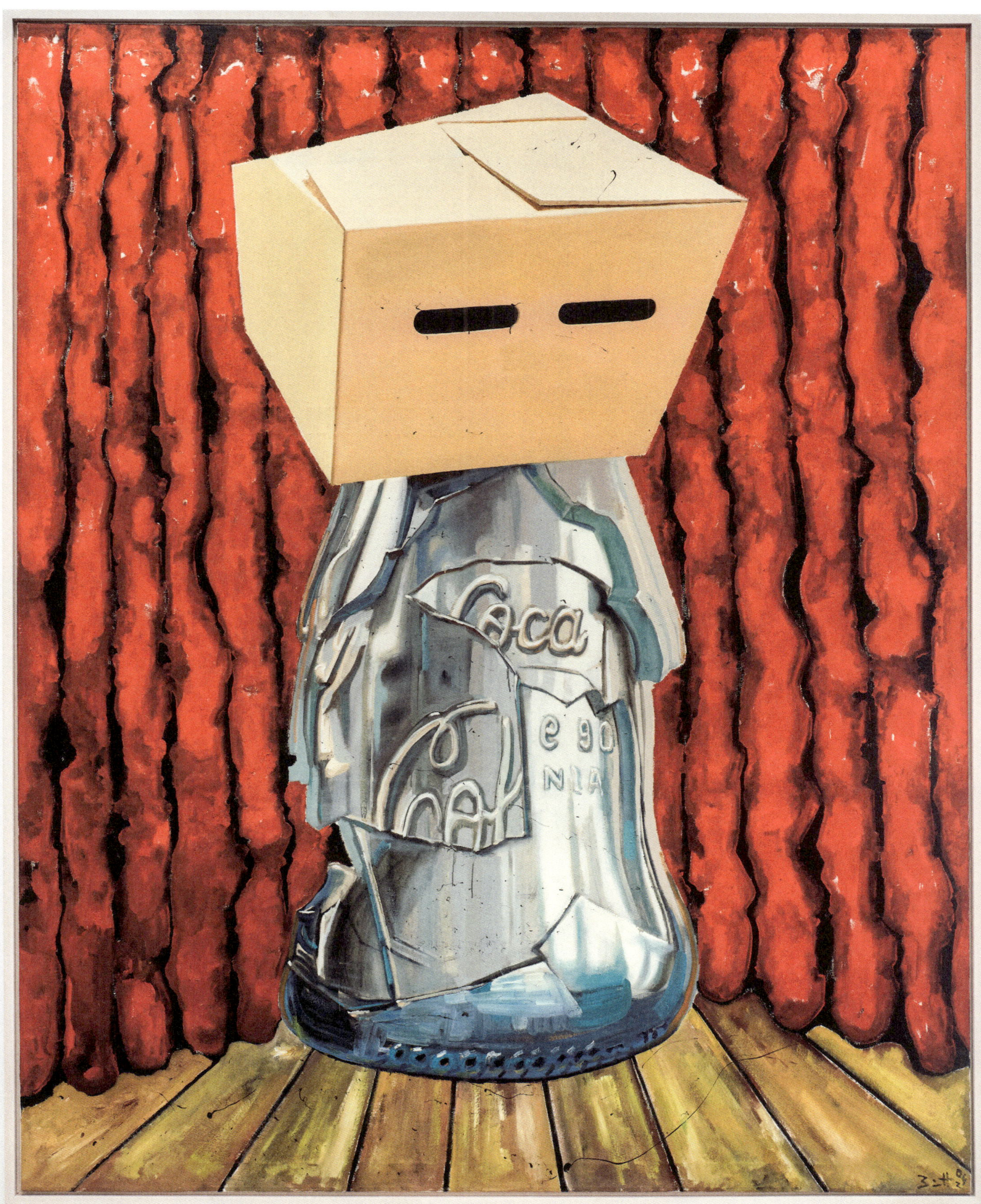
ca-ca
e 90
NIA

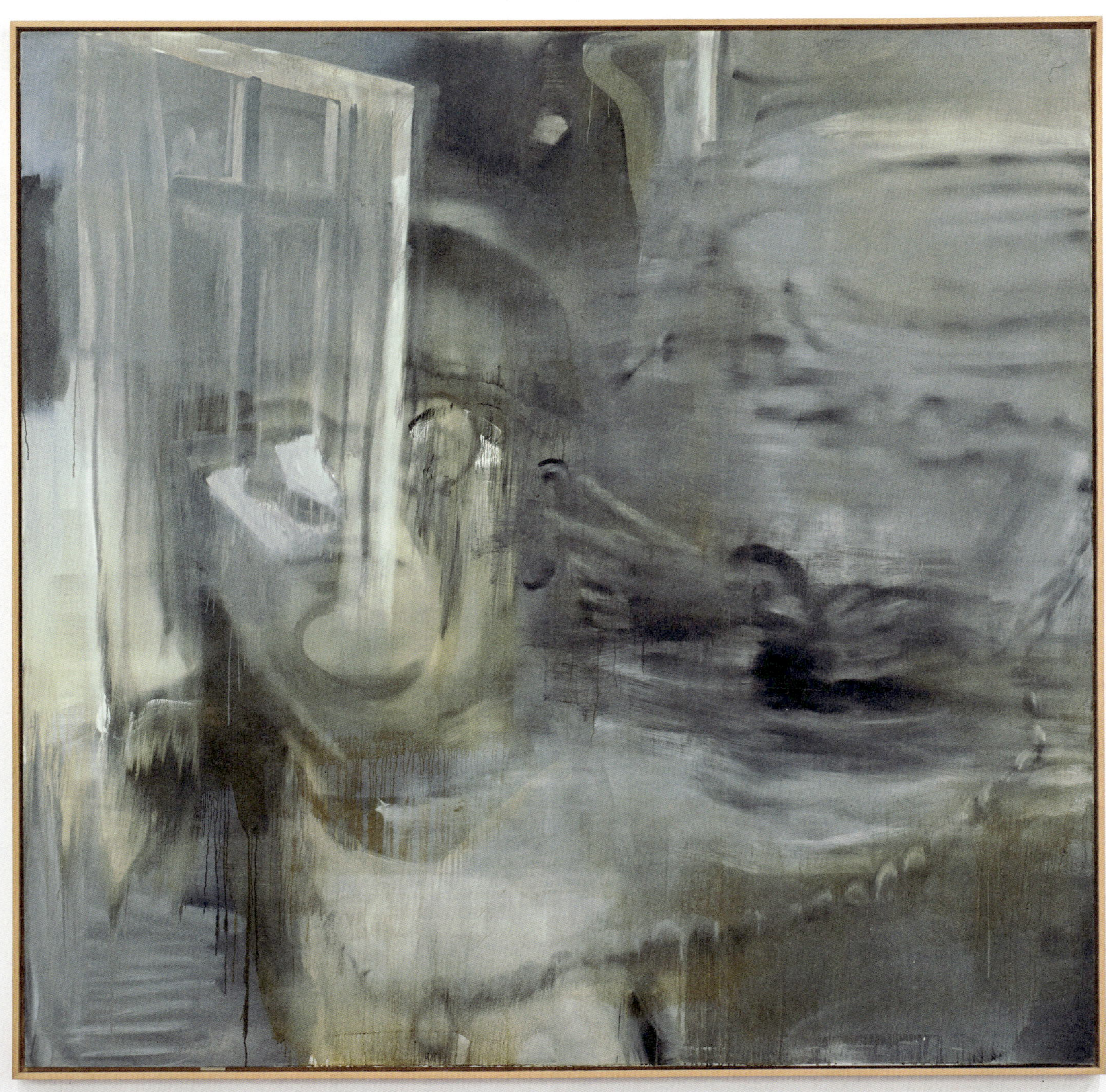

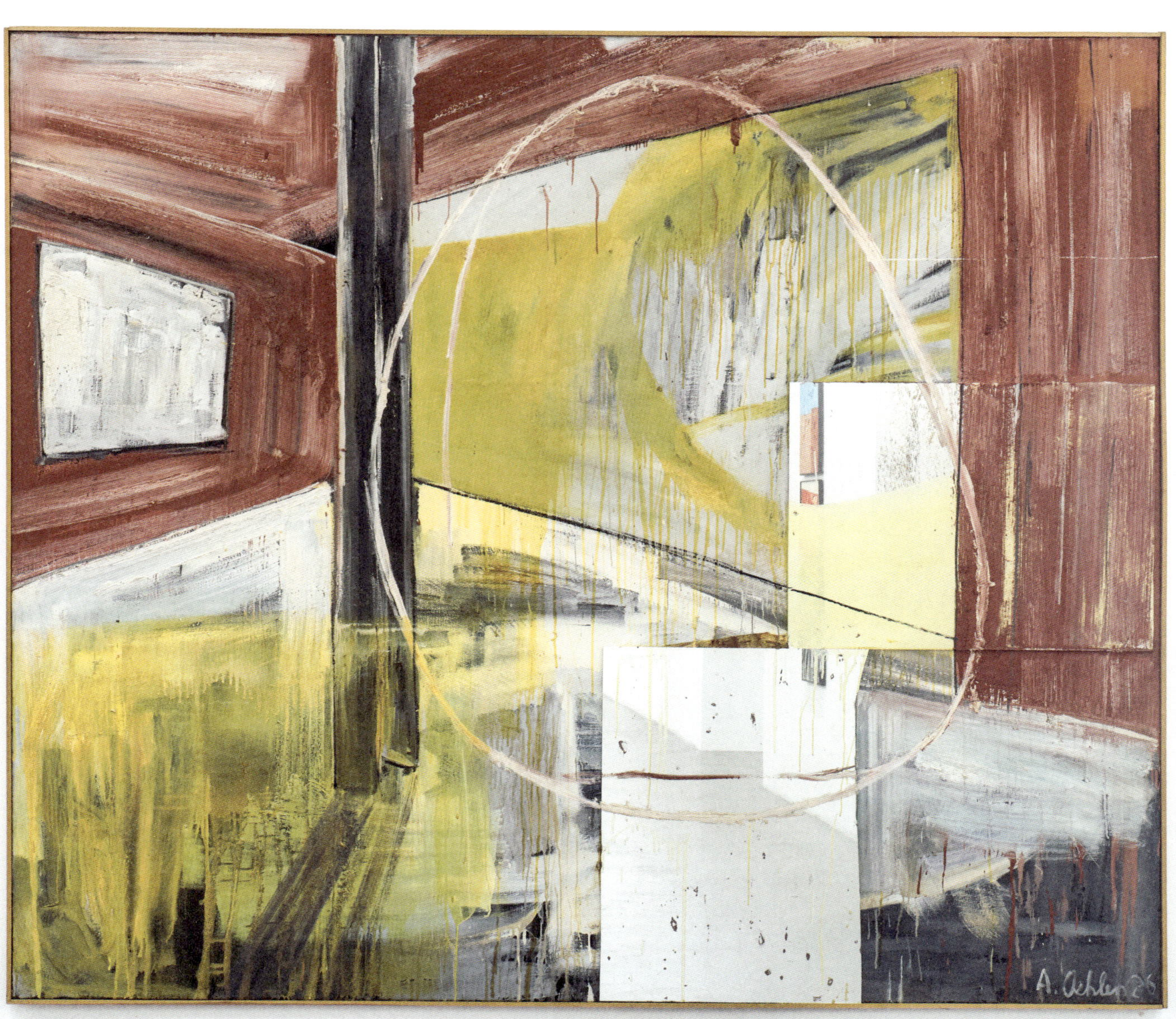

A. Oehlen 86

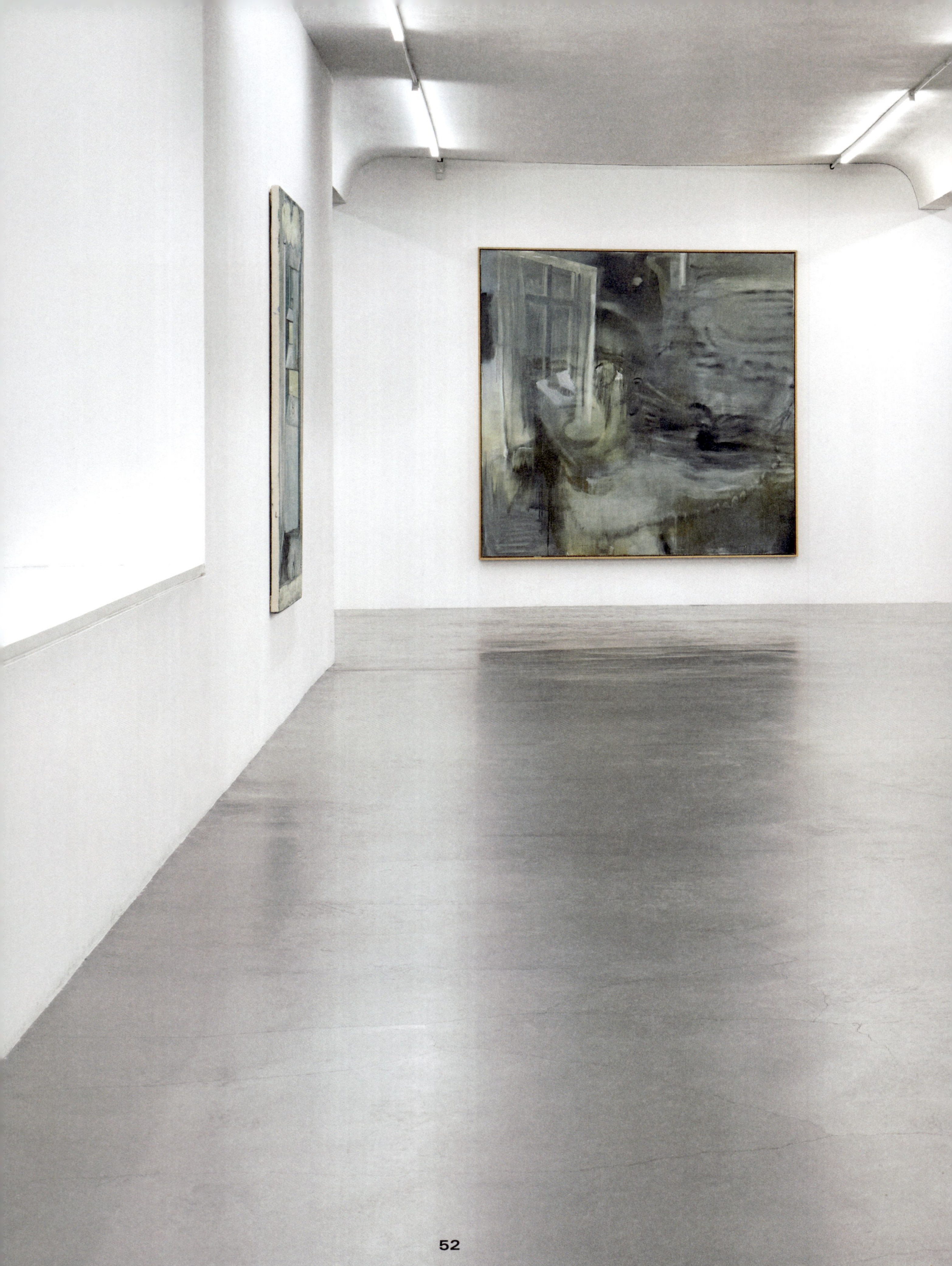

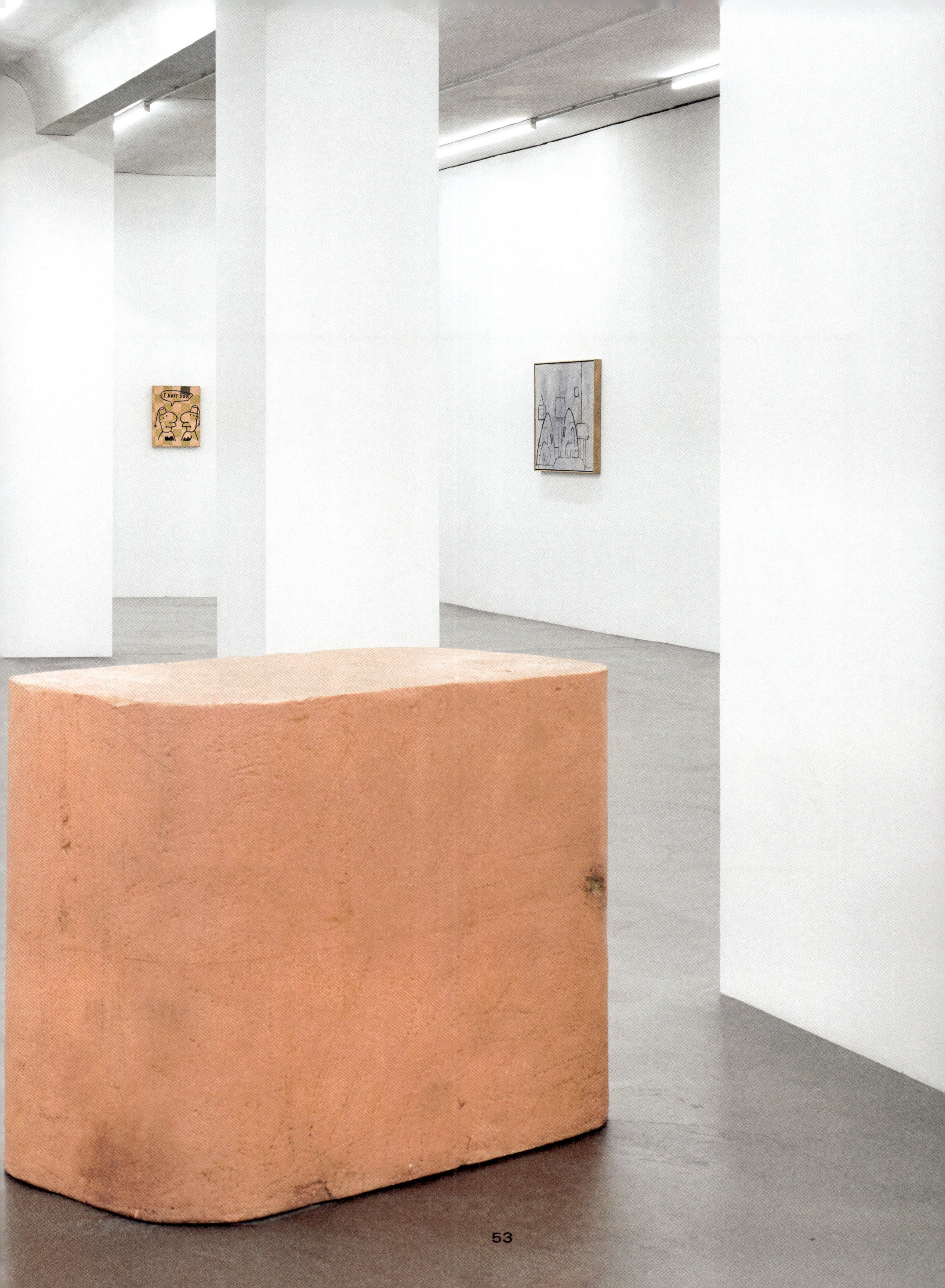

I HATE YOU?

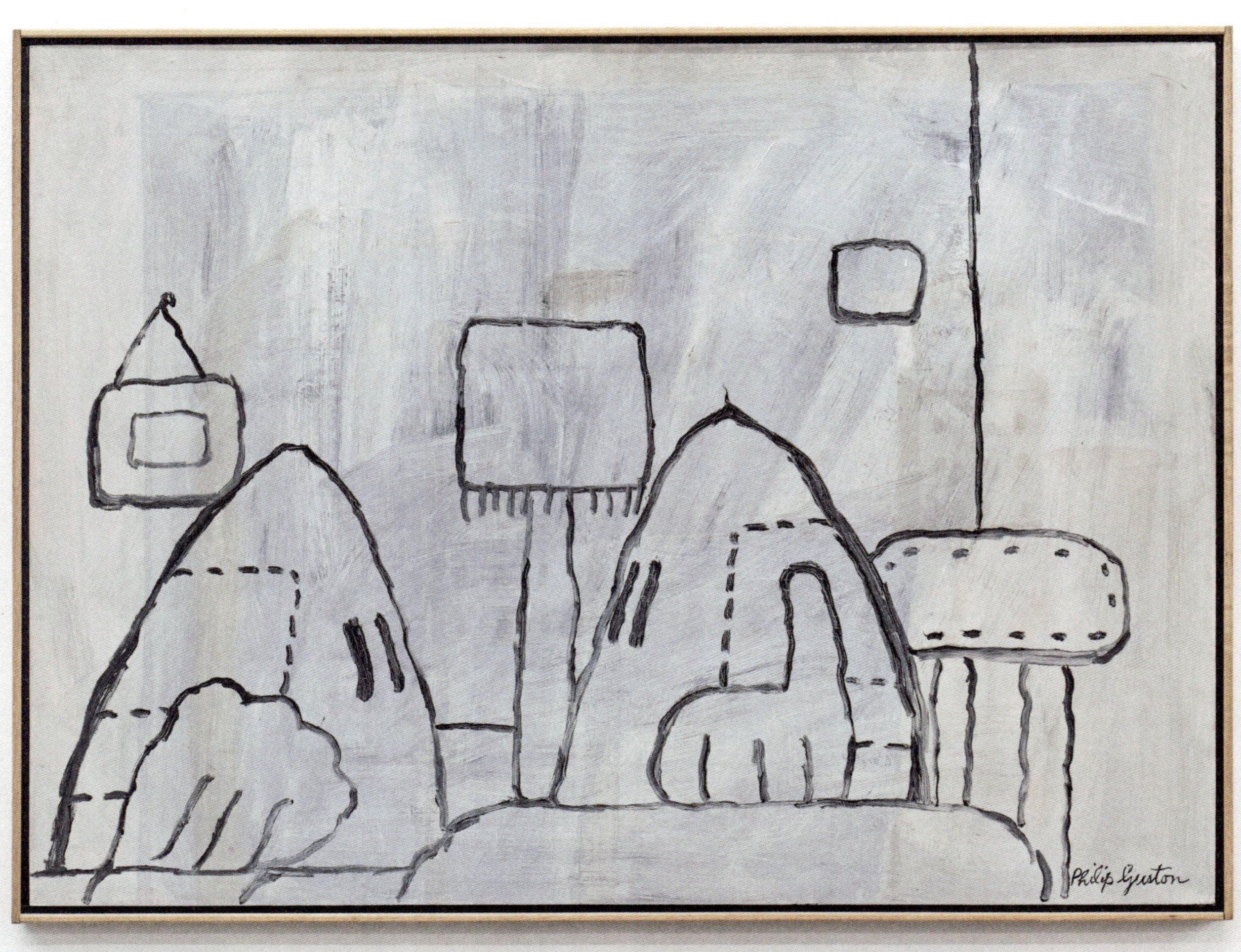

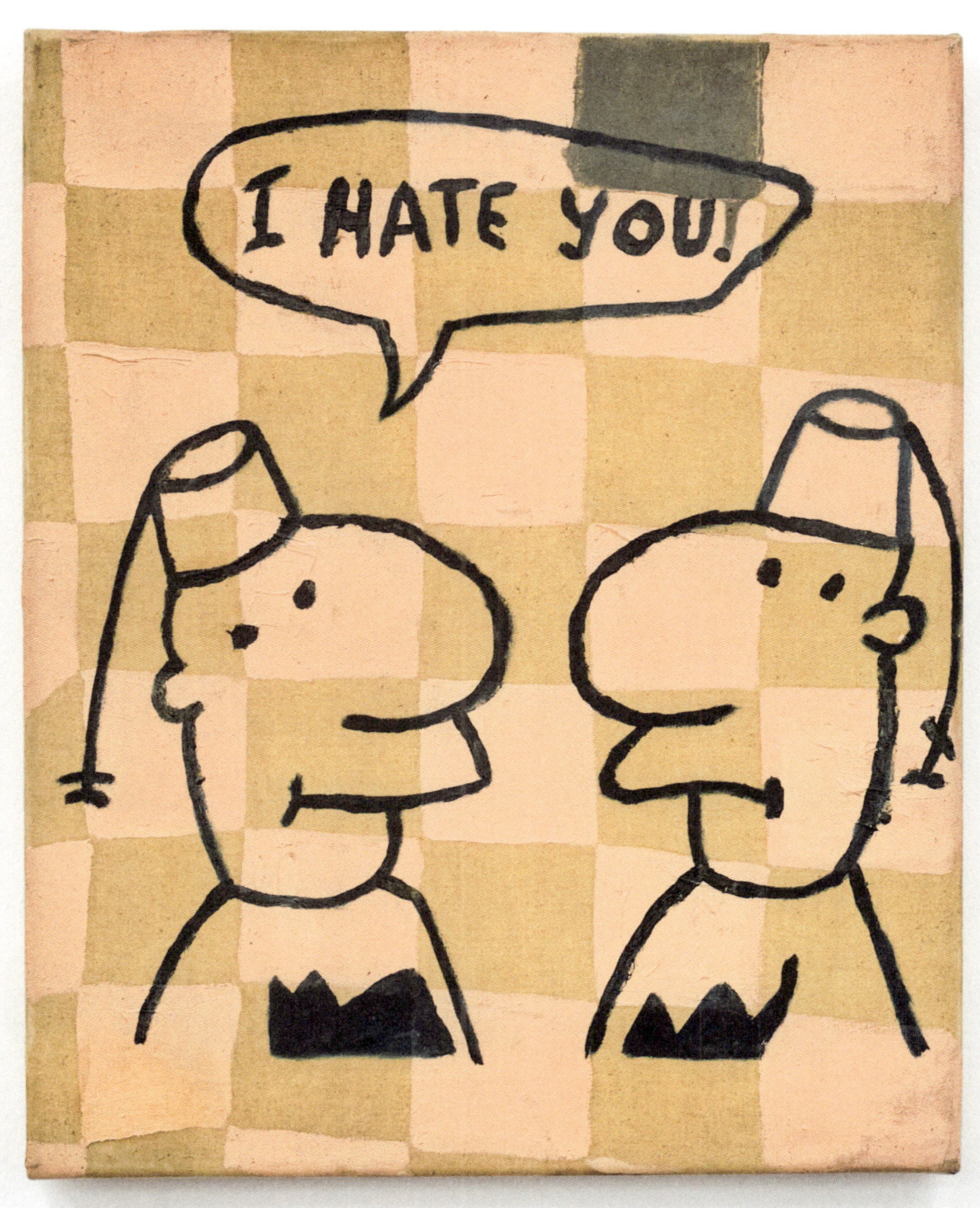
I HATE YOU!

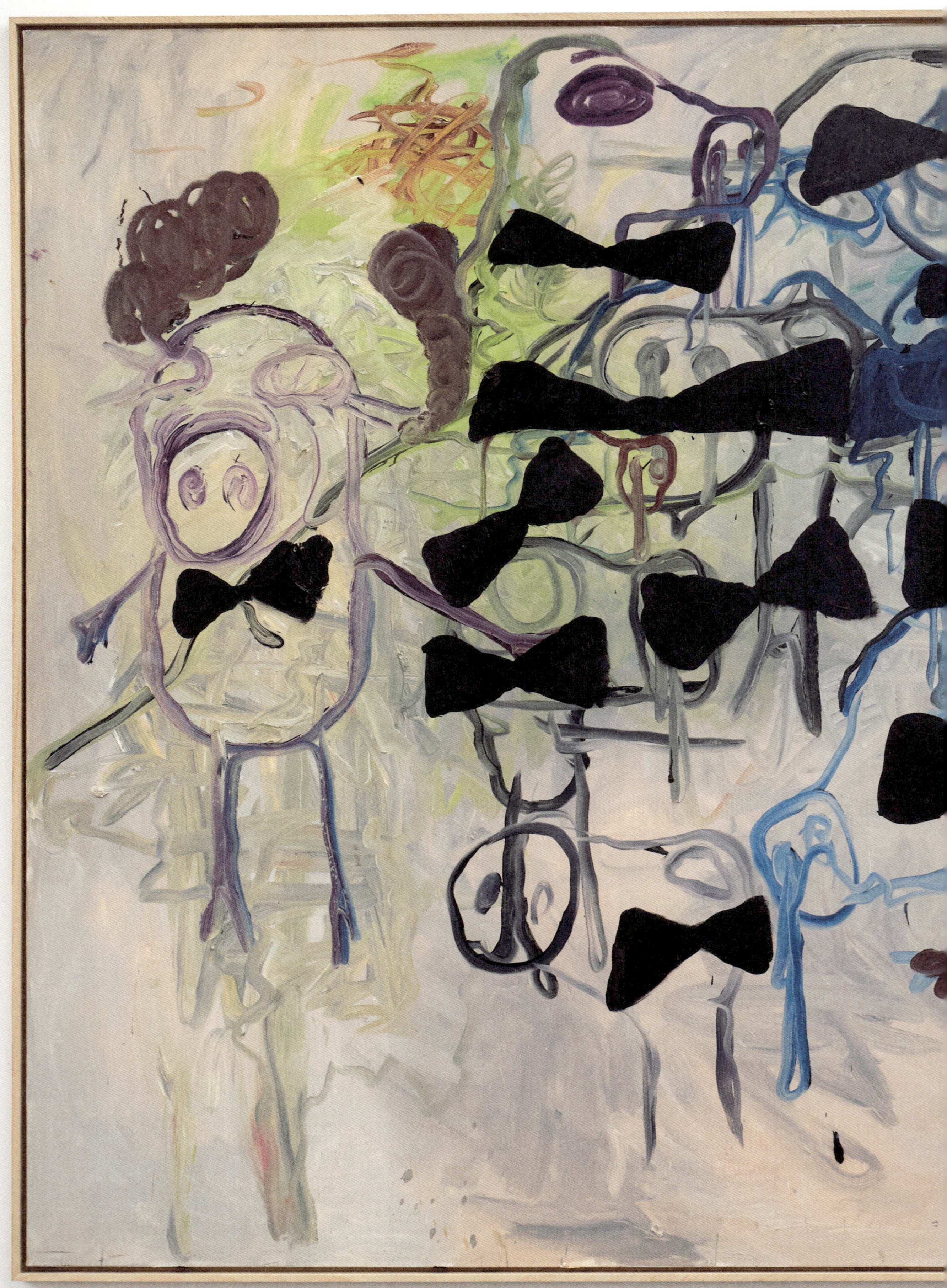

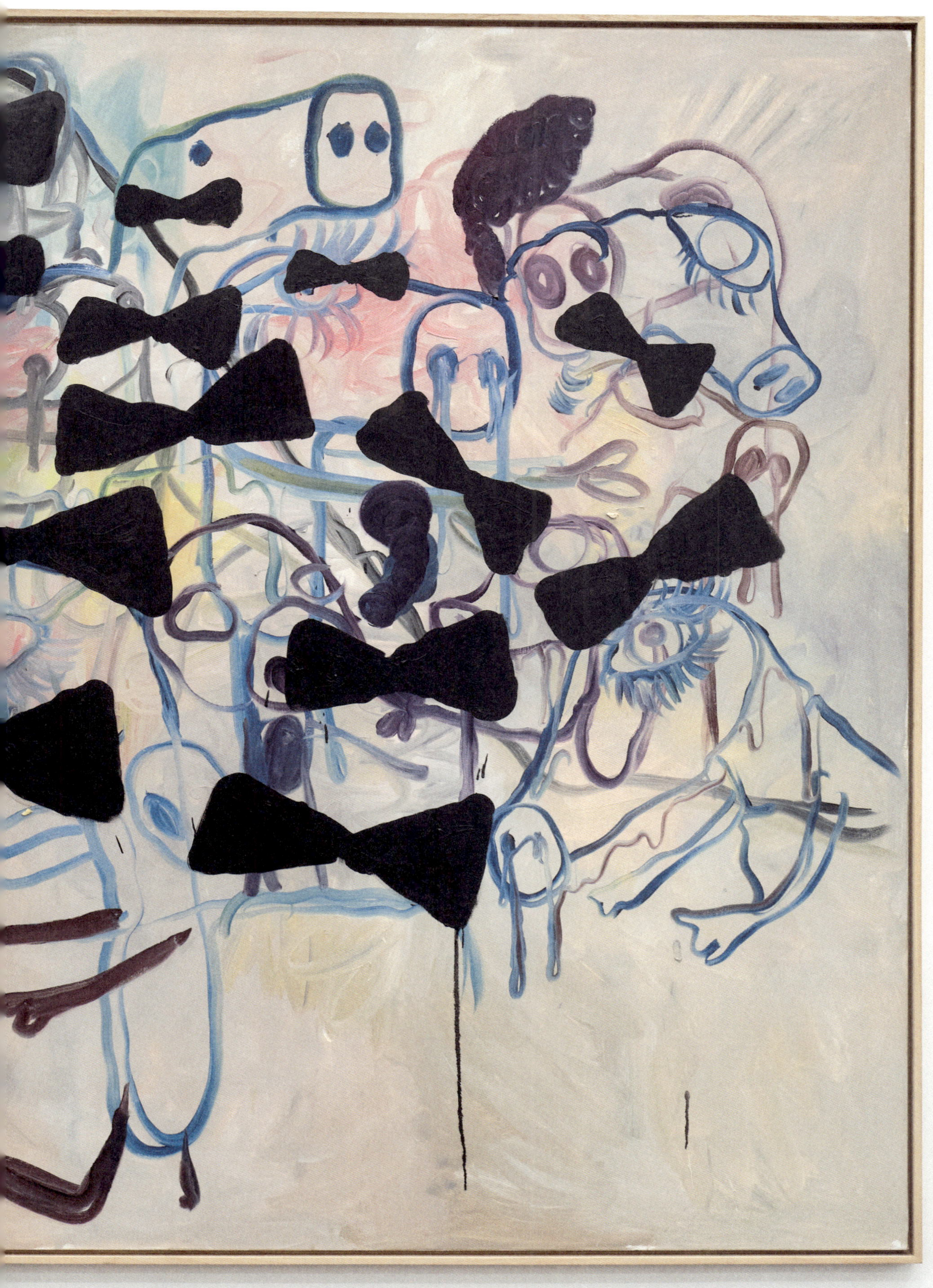

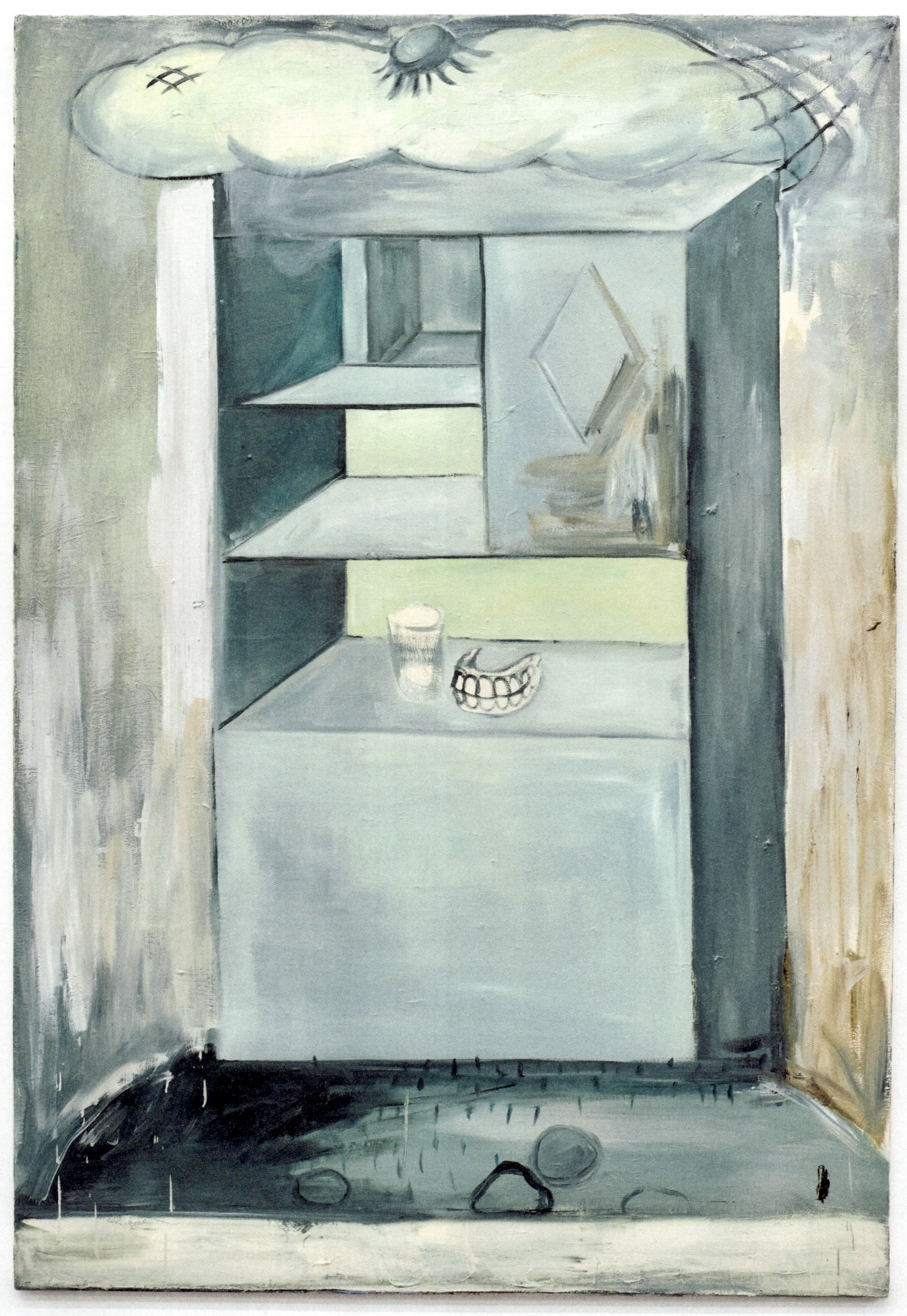

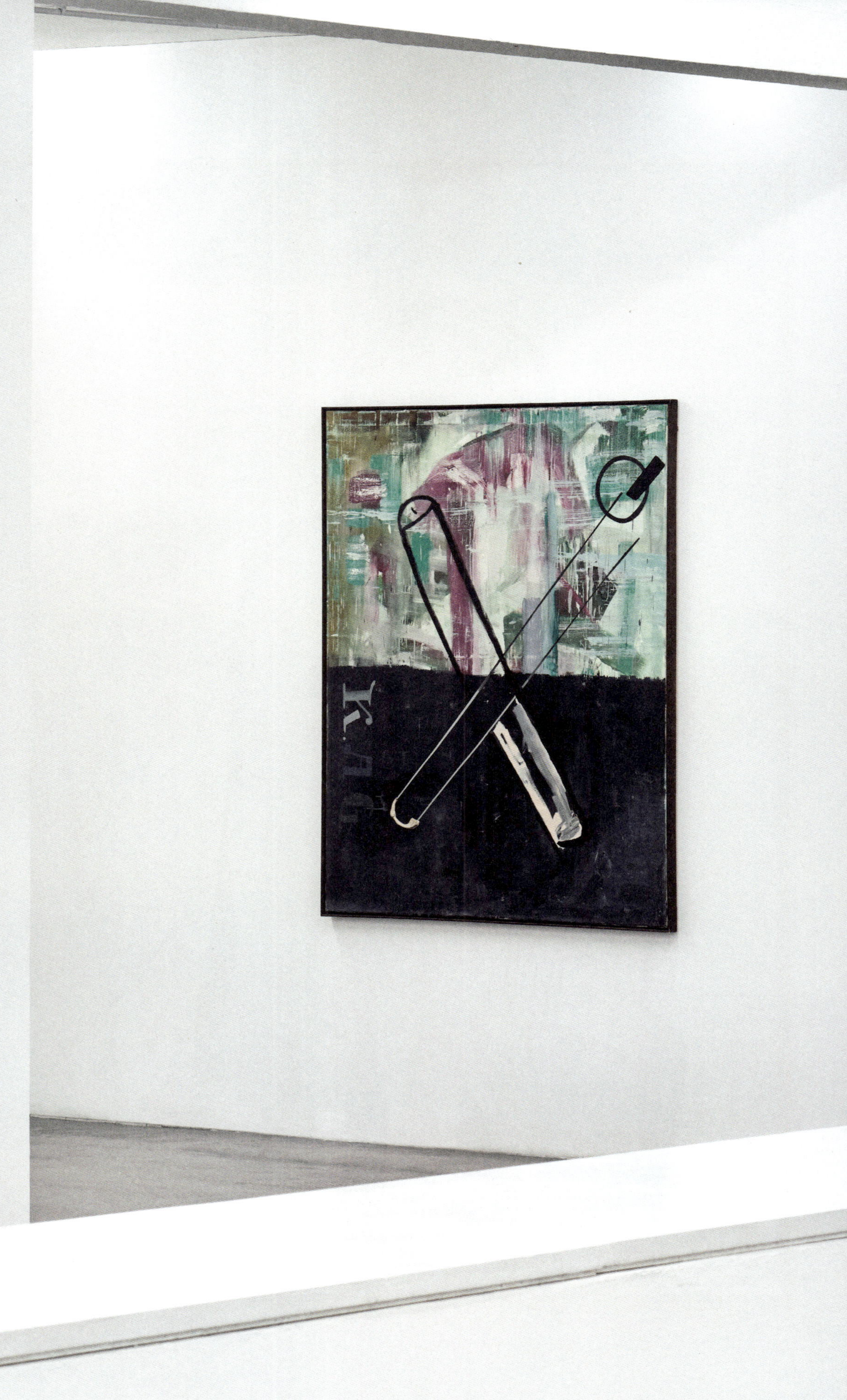

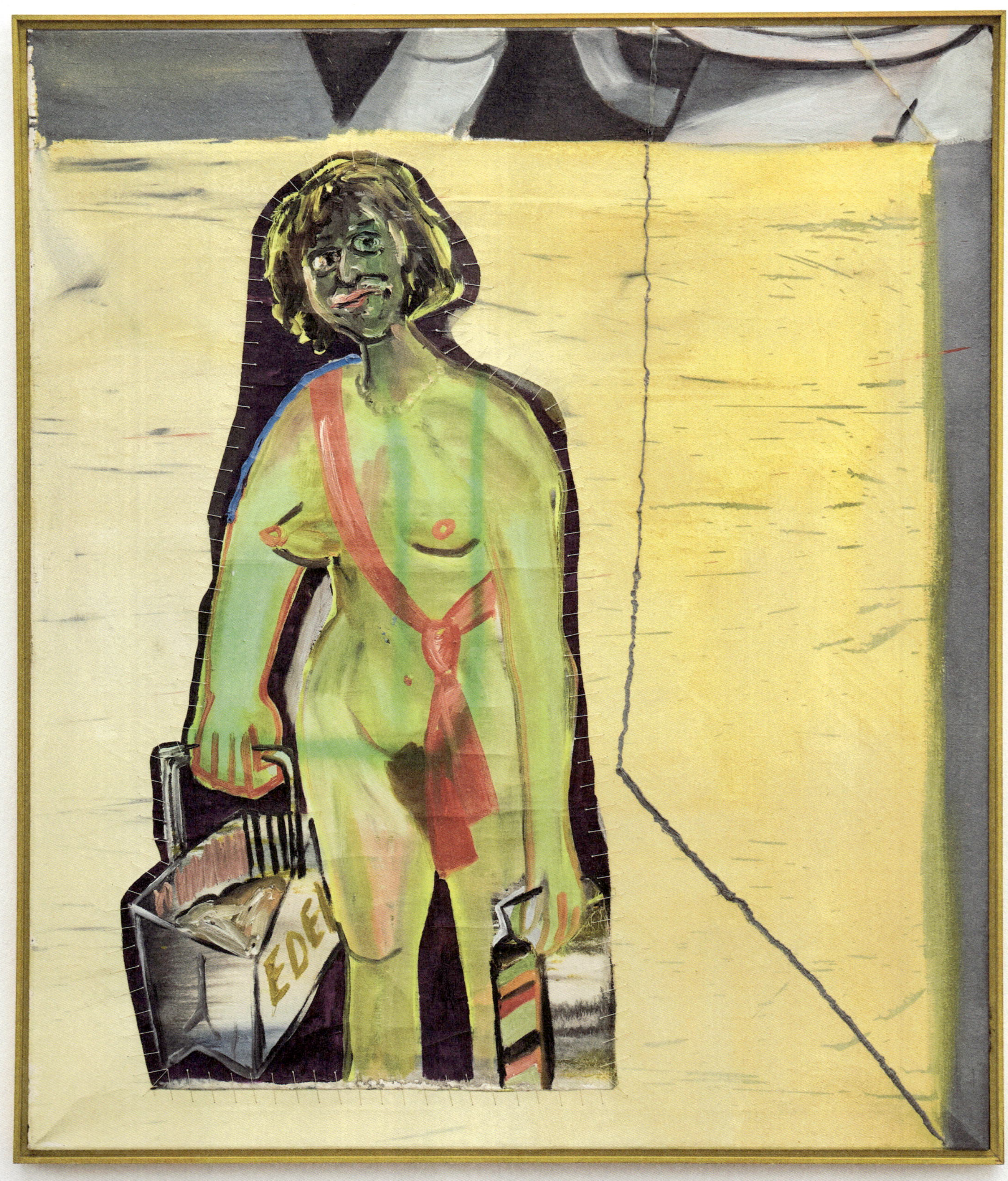
EDE

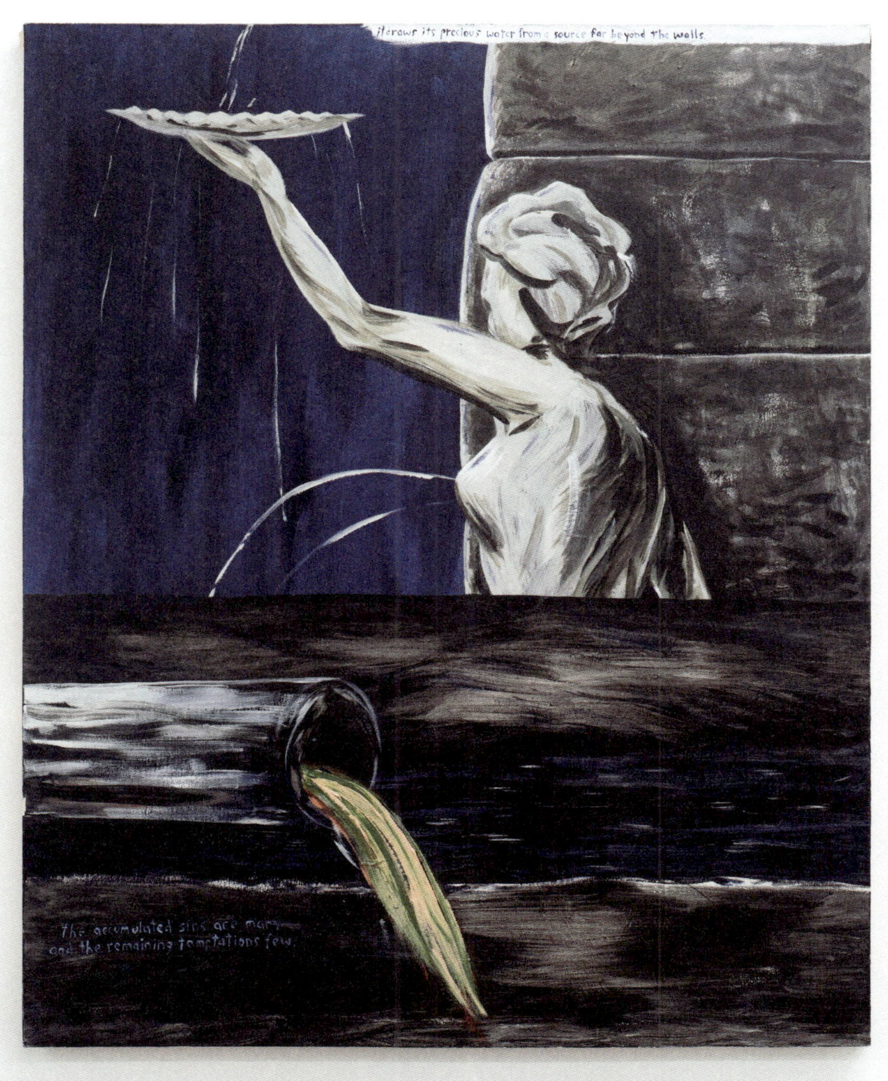
it draws its precious water from a source far beyond the walls.
The accumulated sins are many,
and the remaining temptations few.

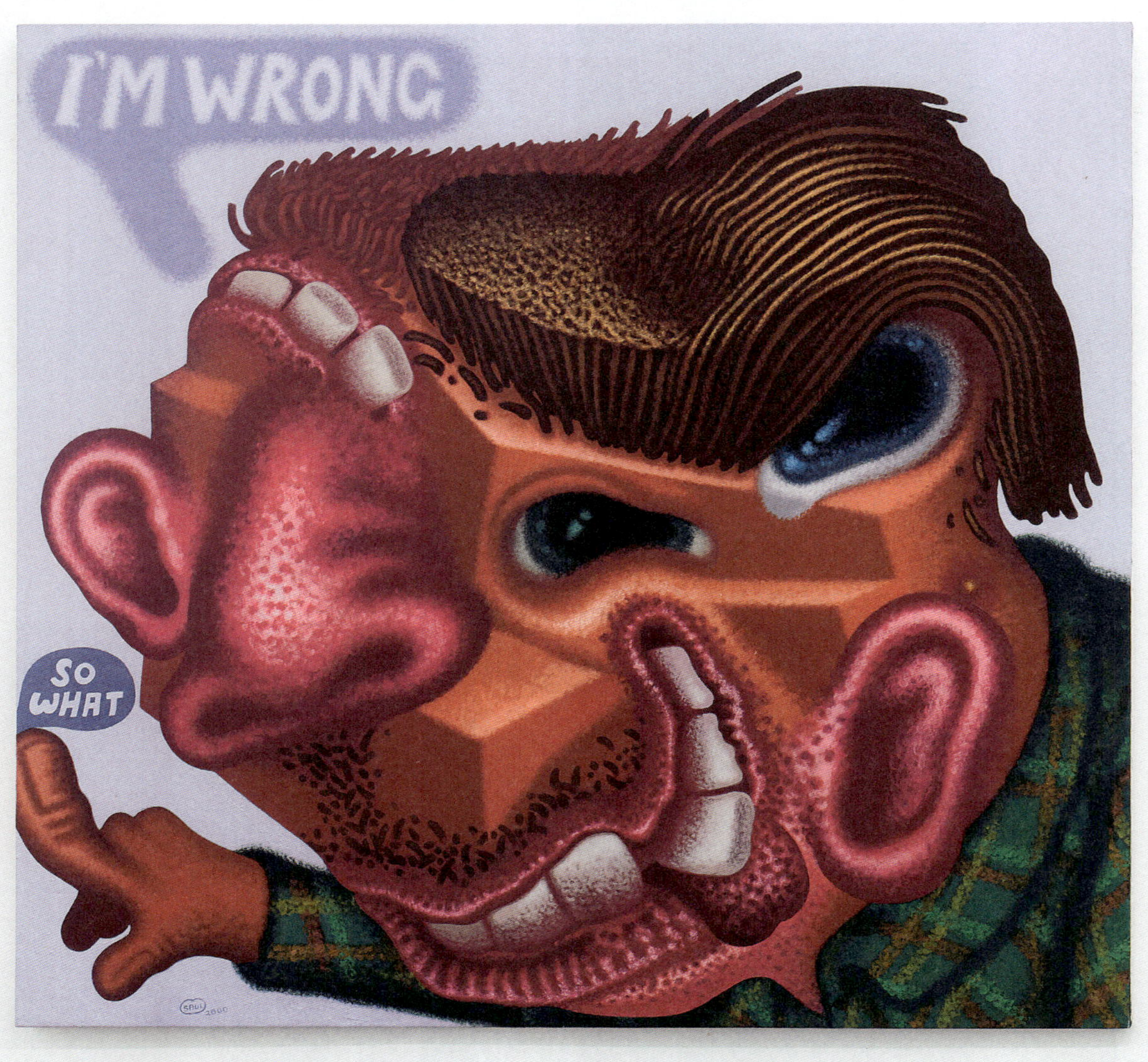

I'M WRONG
SO WHAT

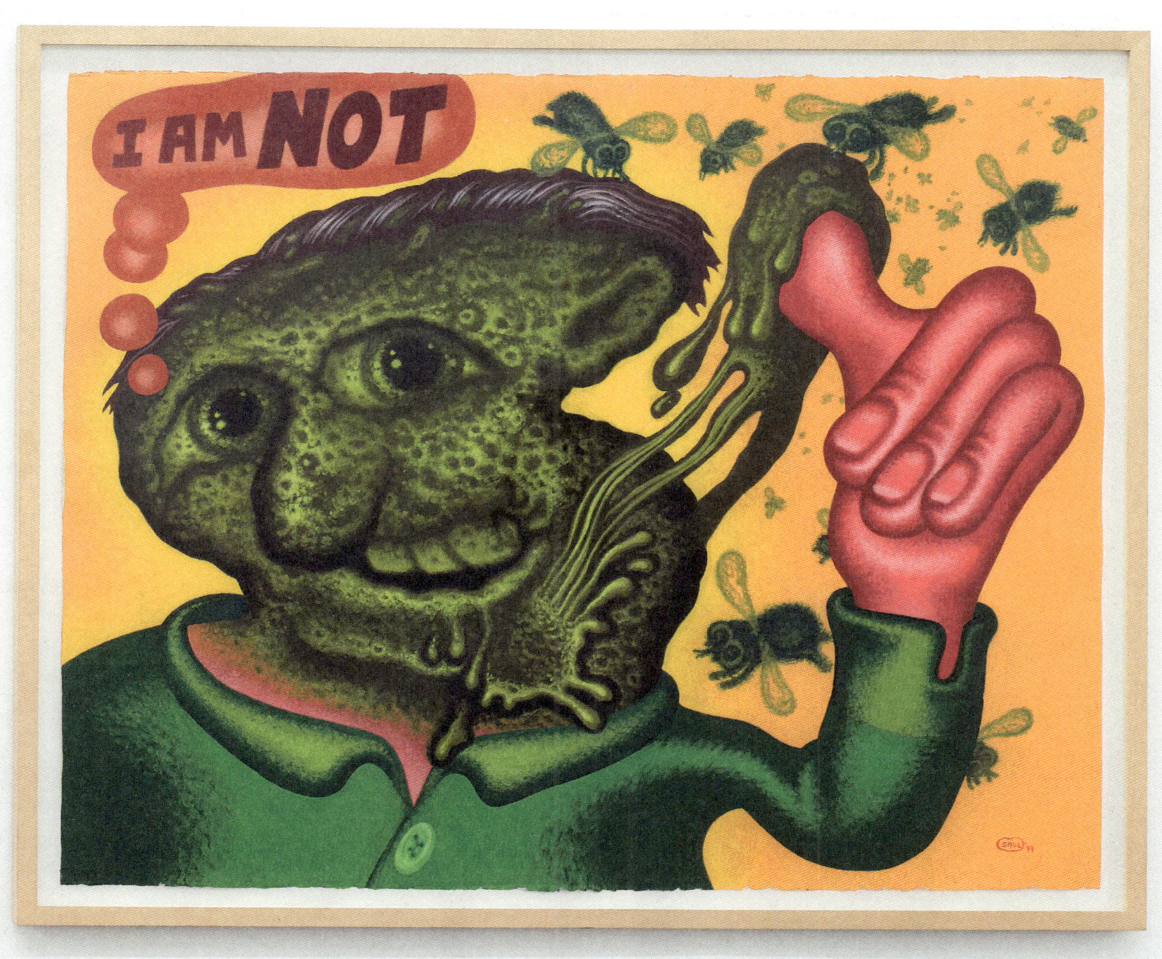

I AM NOT

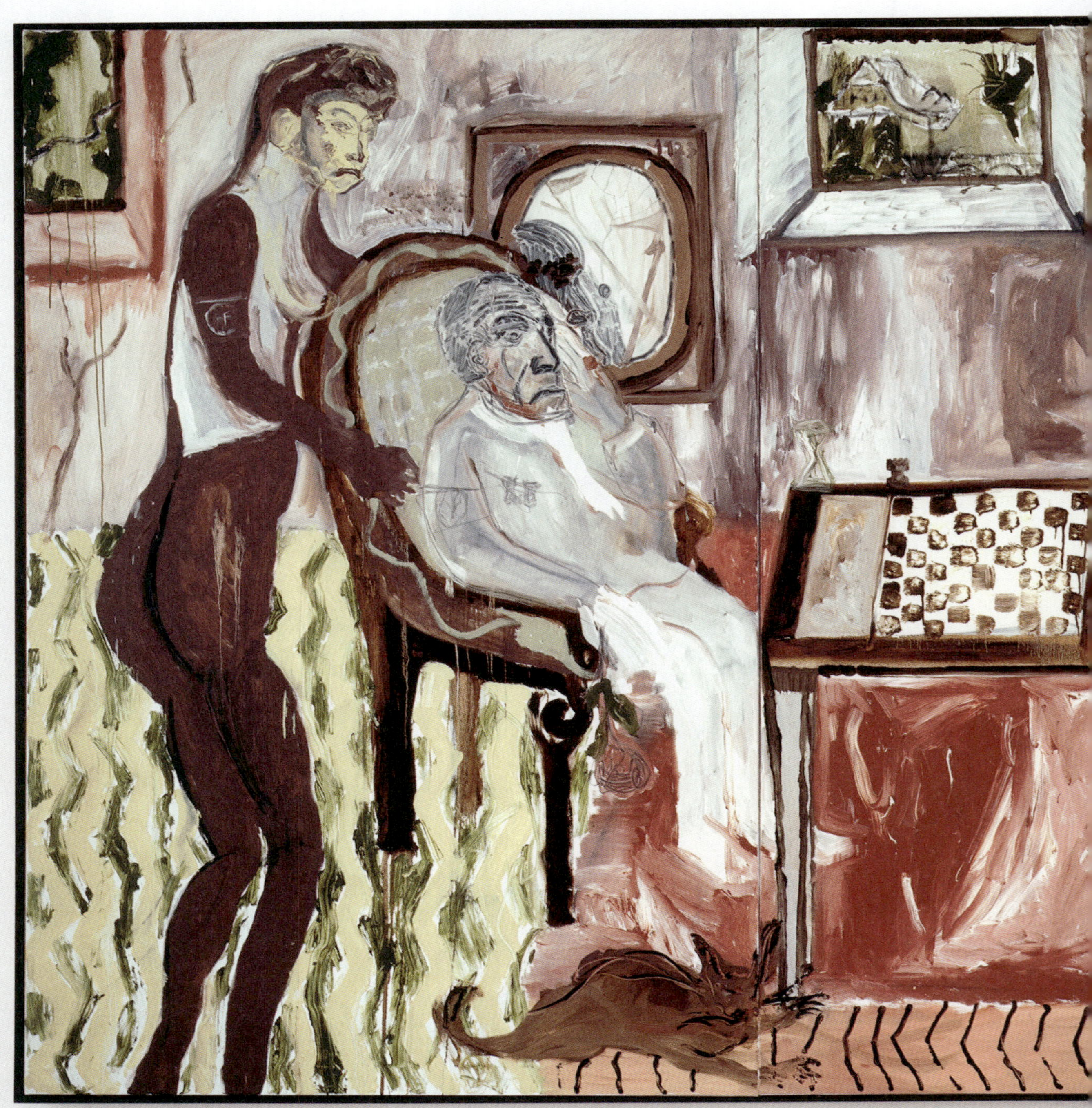

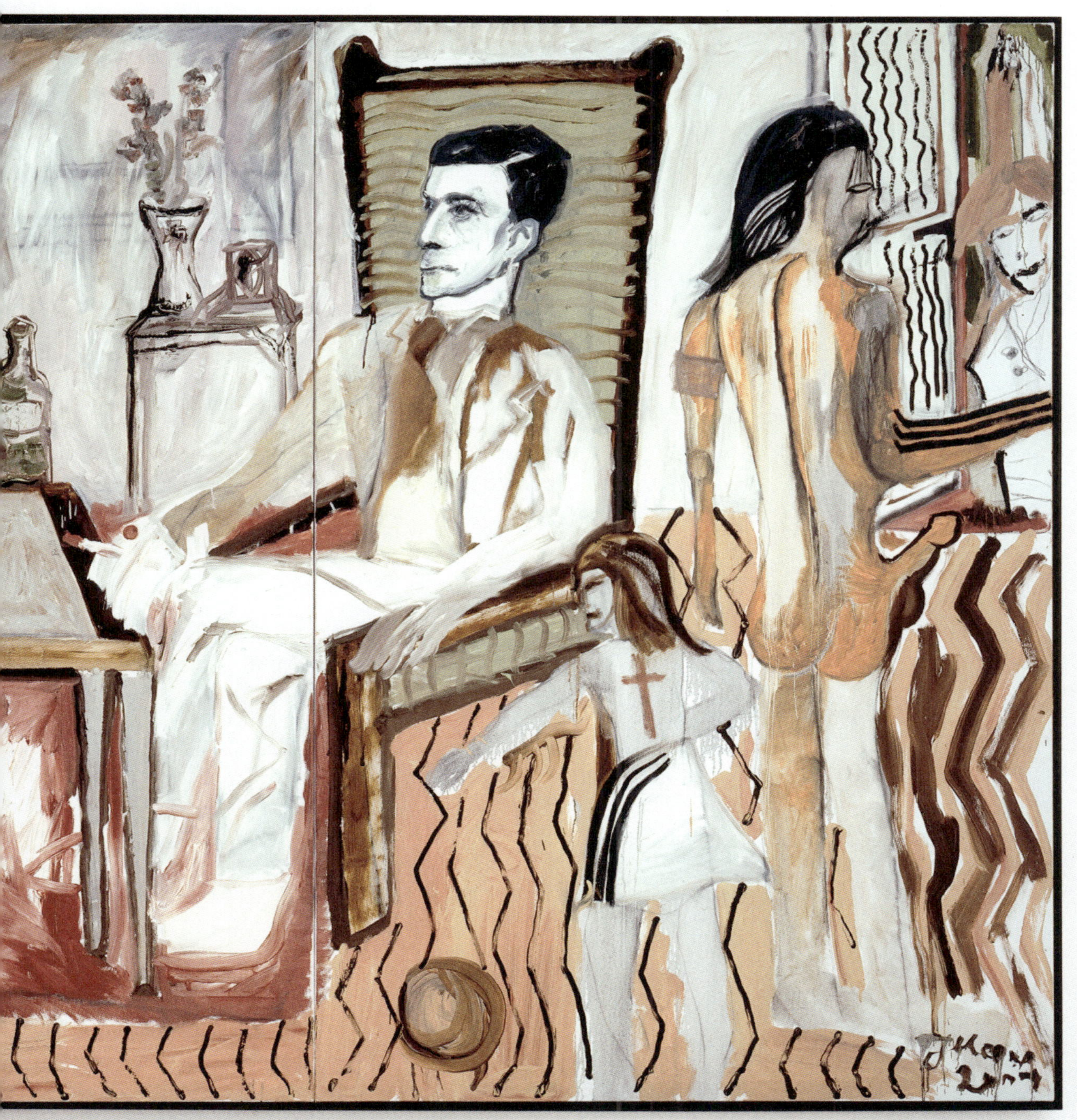

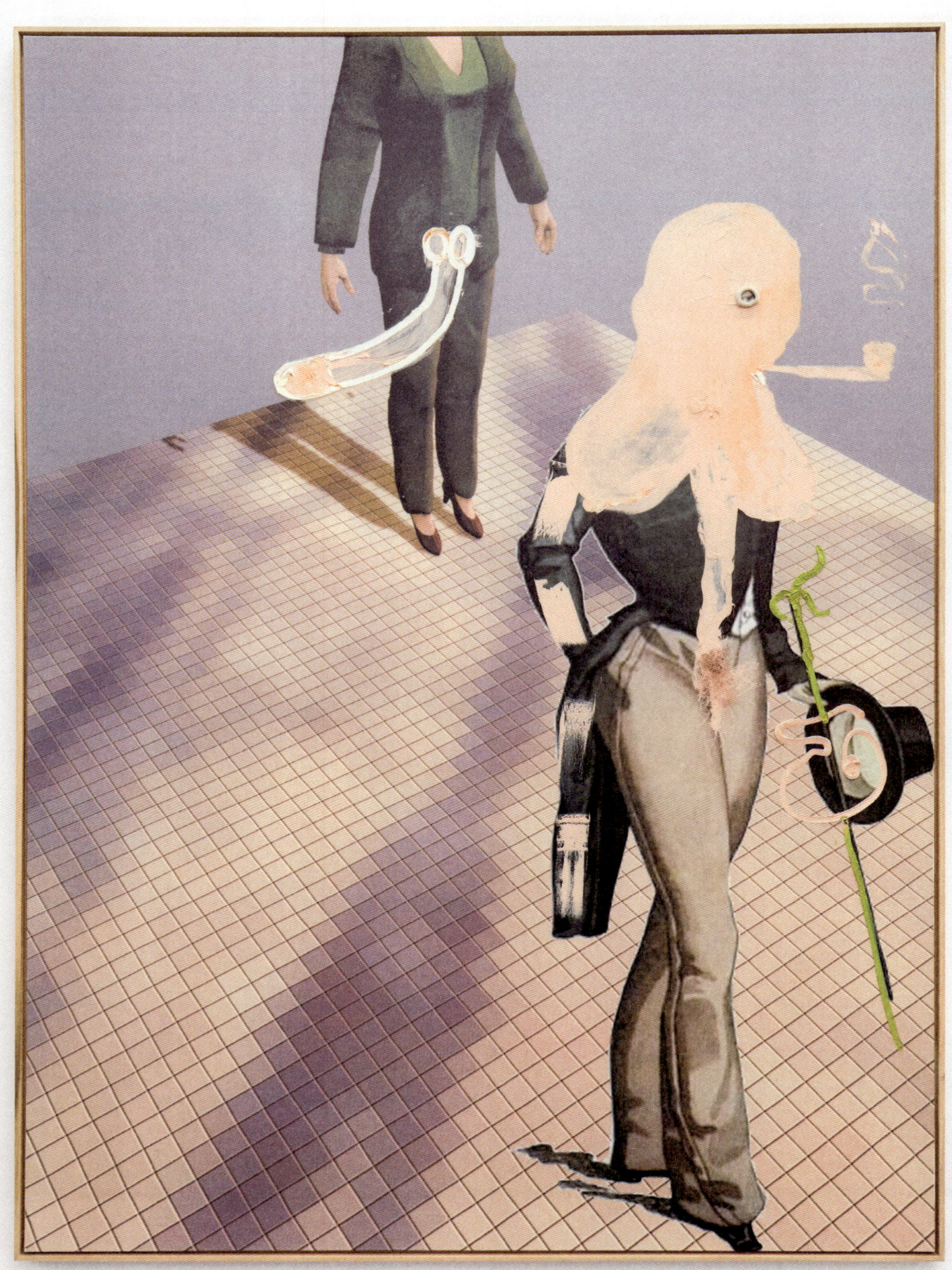

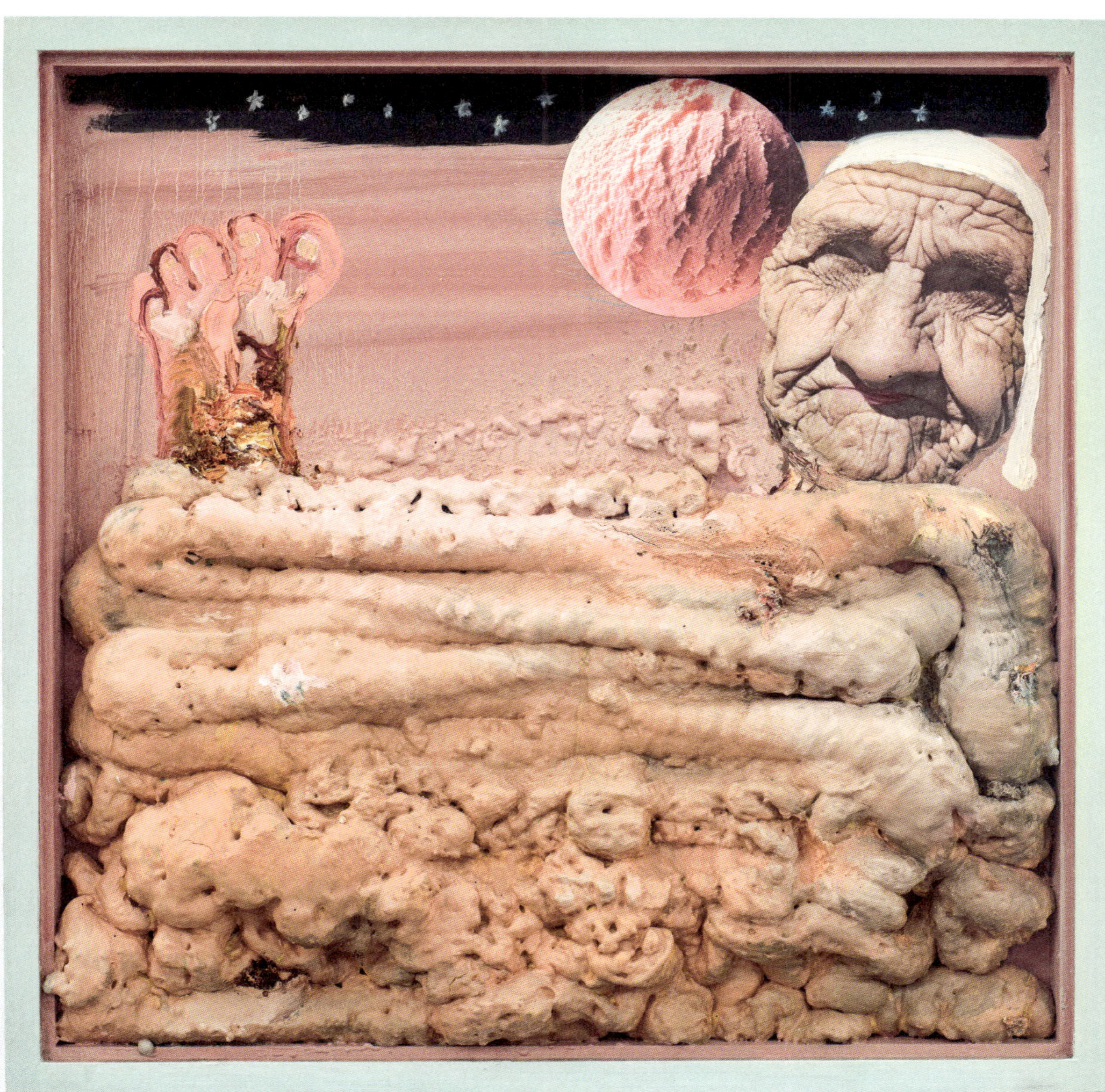

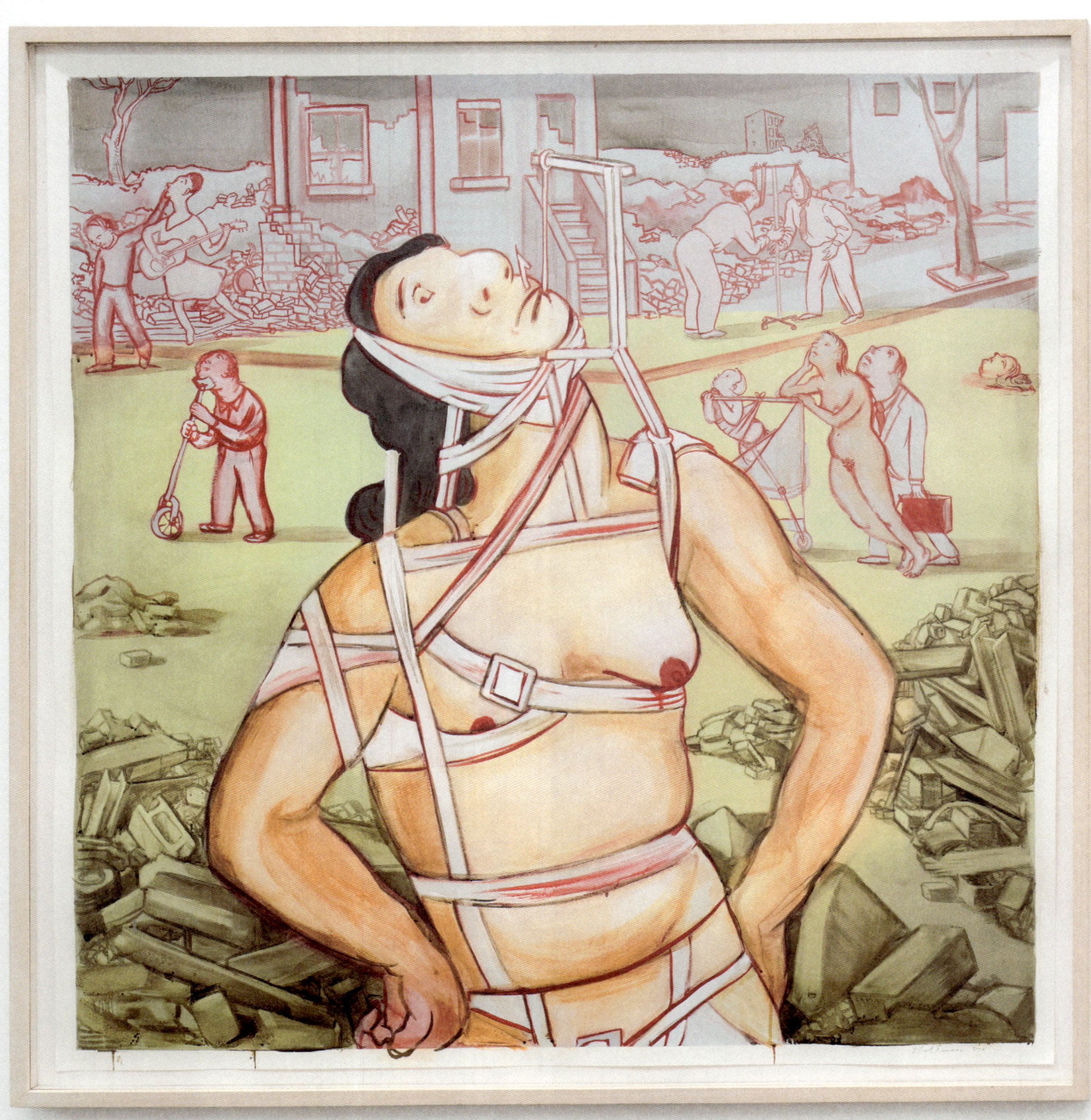

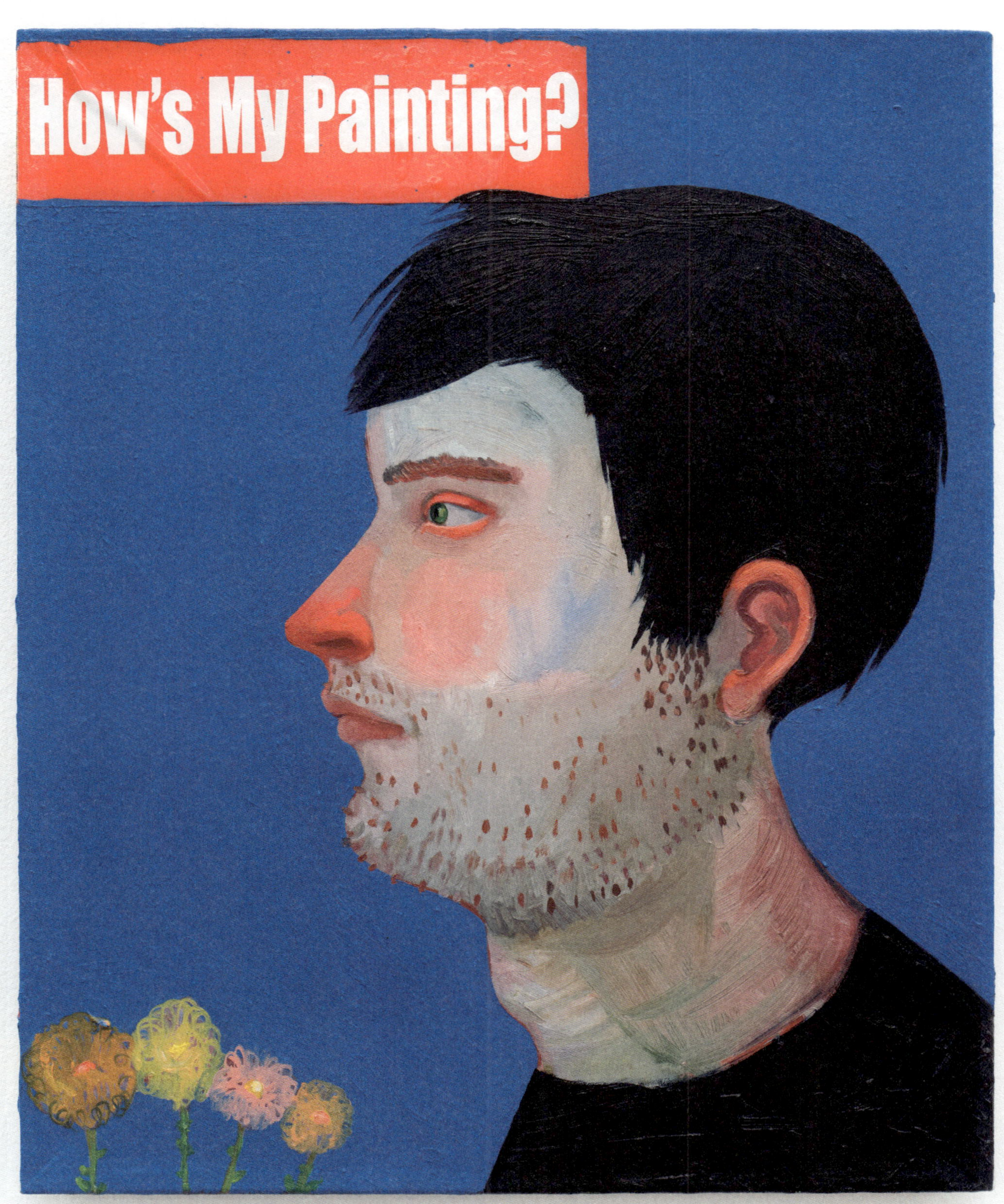
How's My Painting?

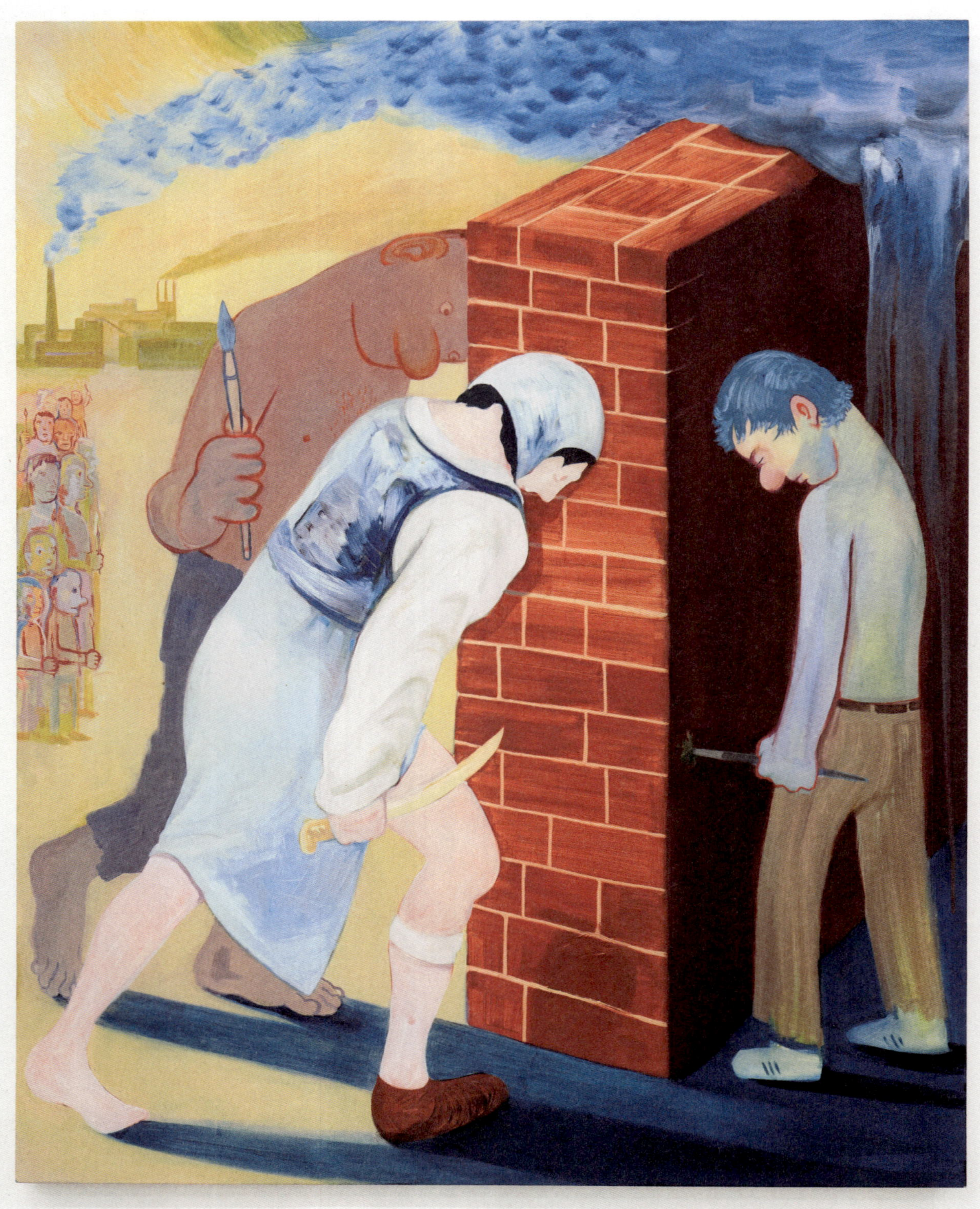

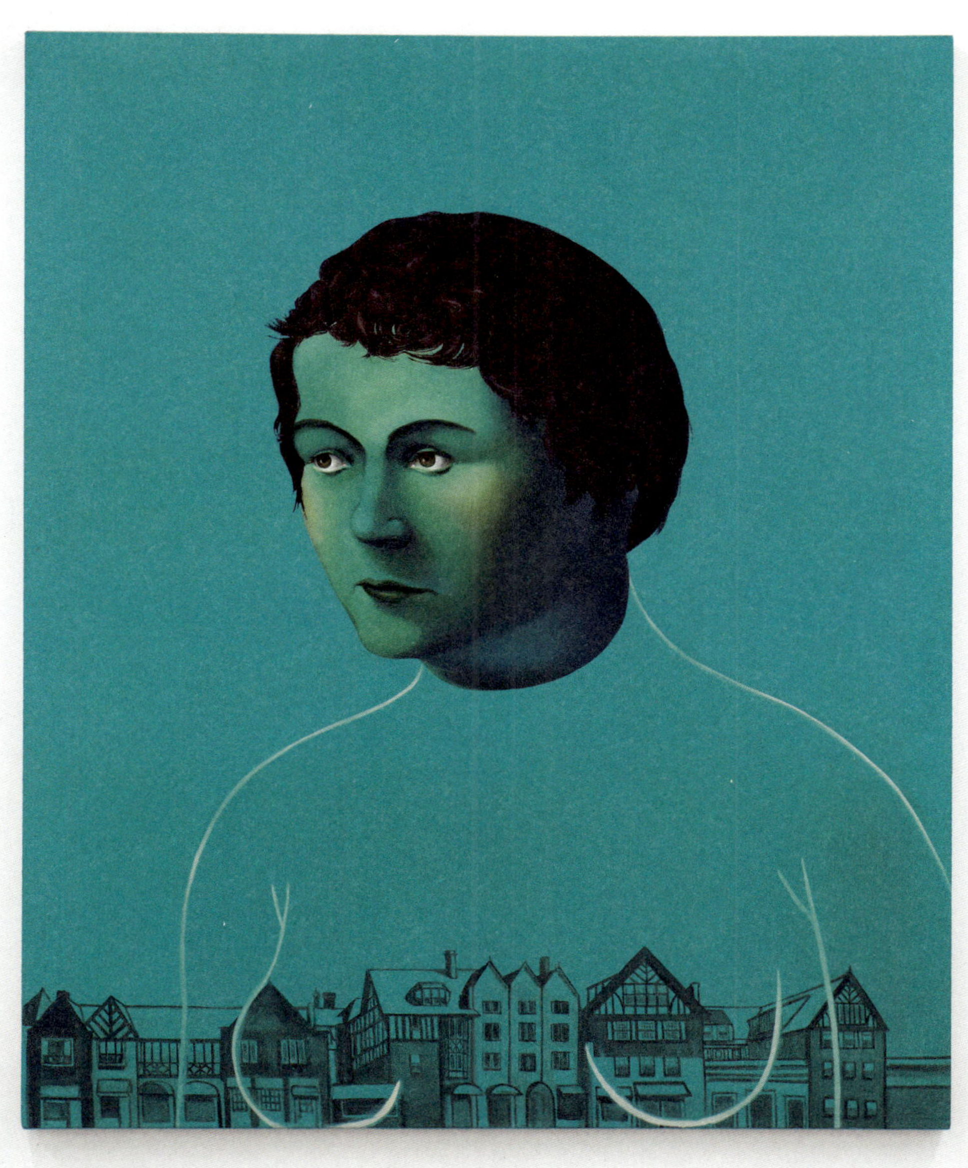

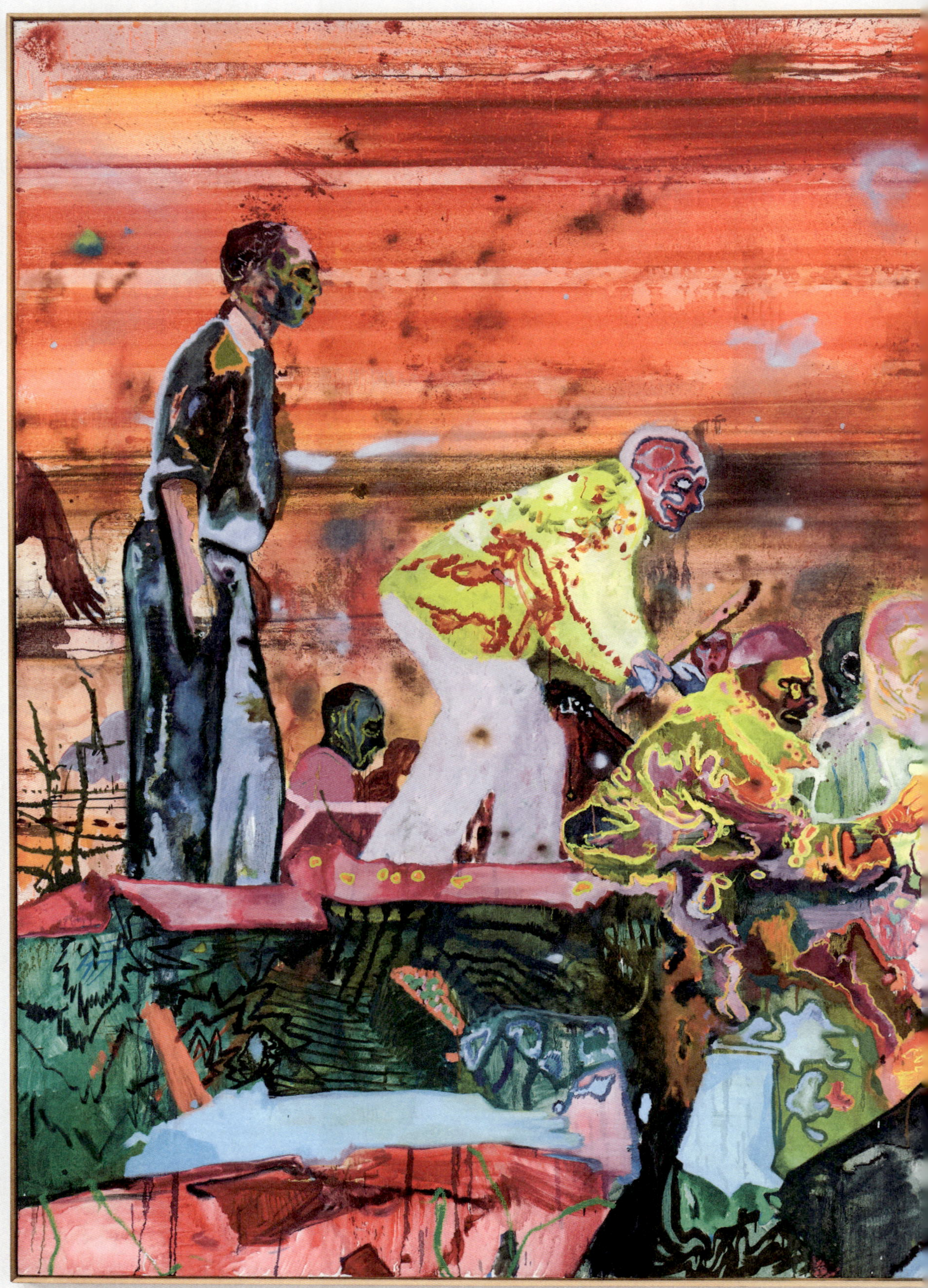

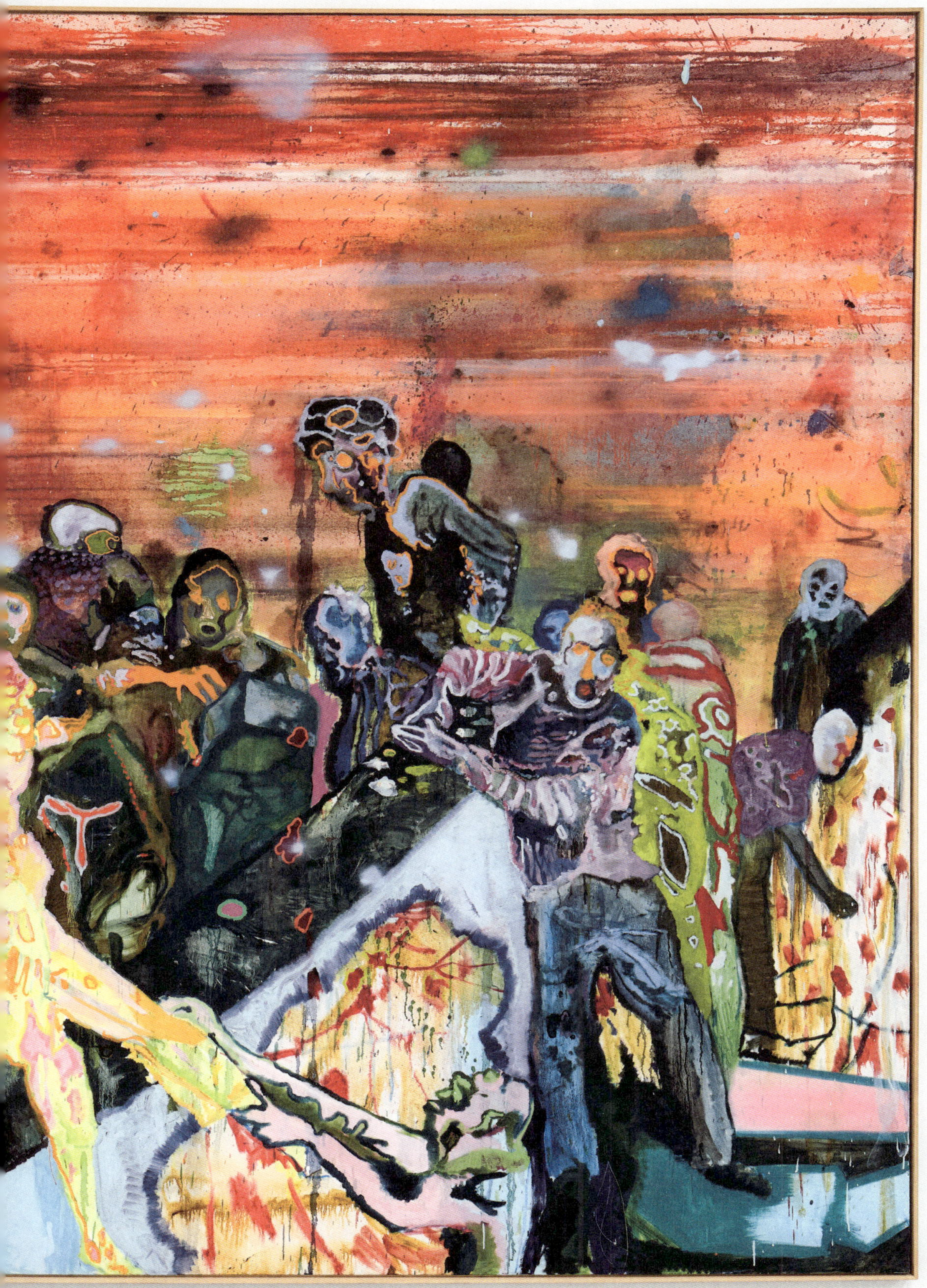

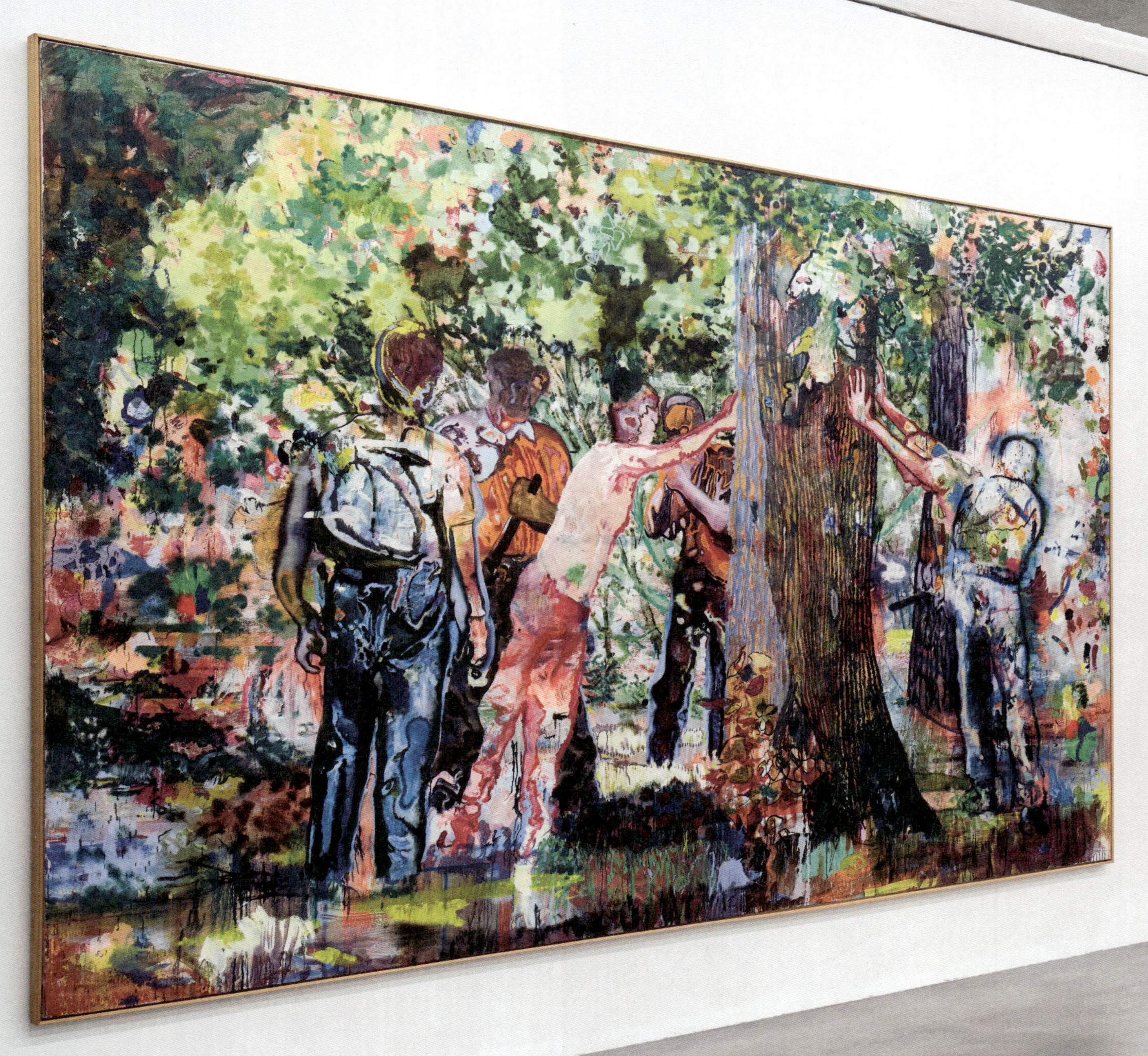

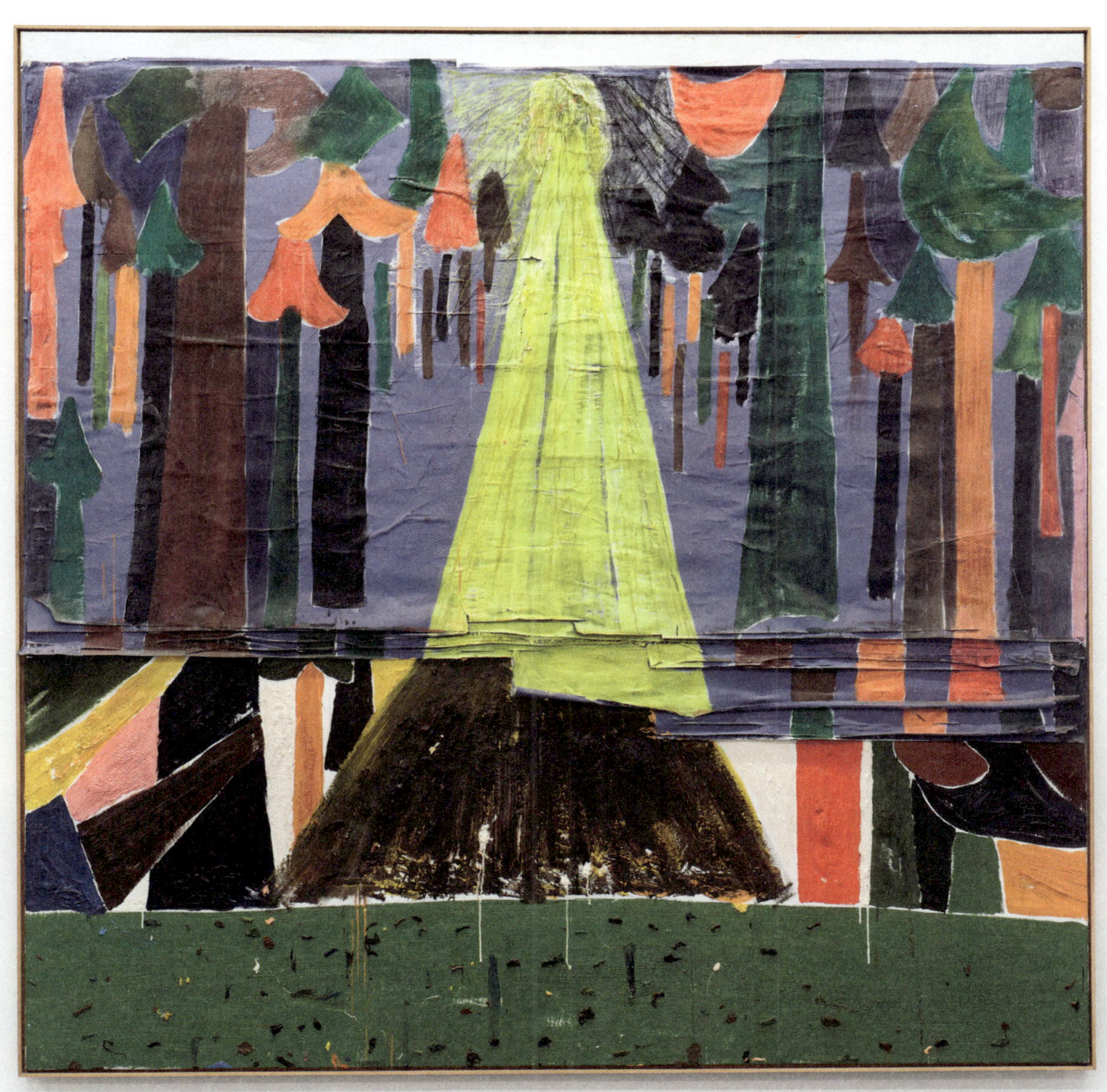

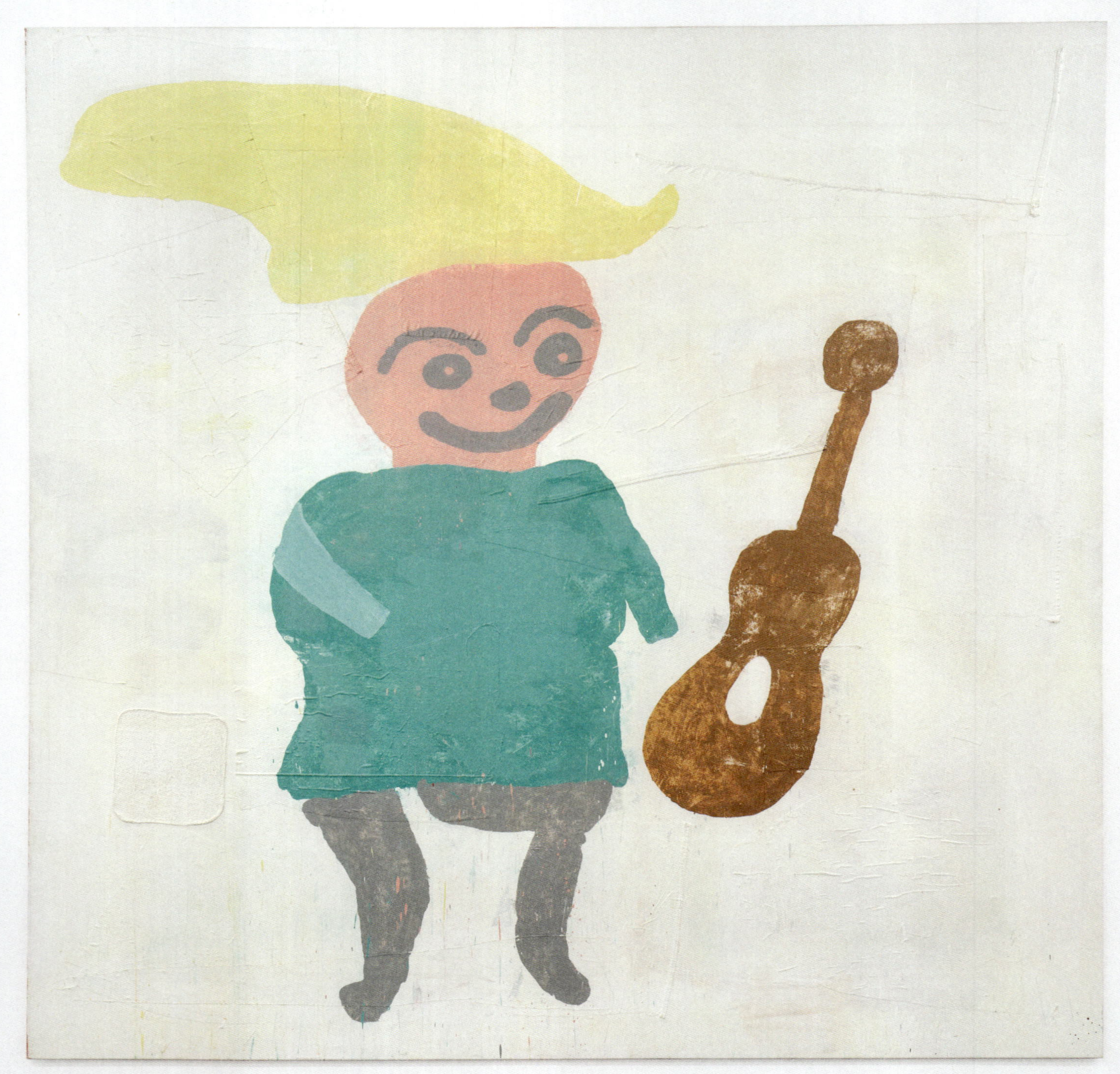

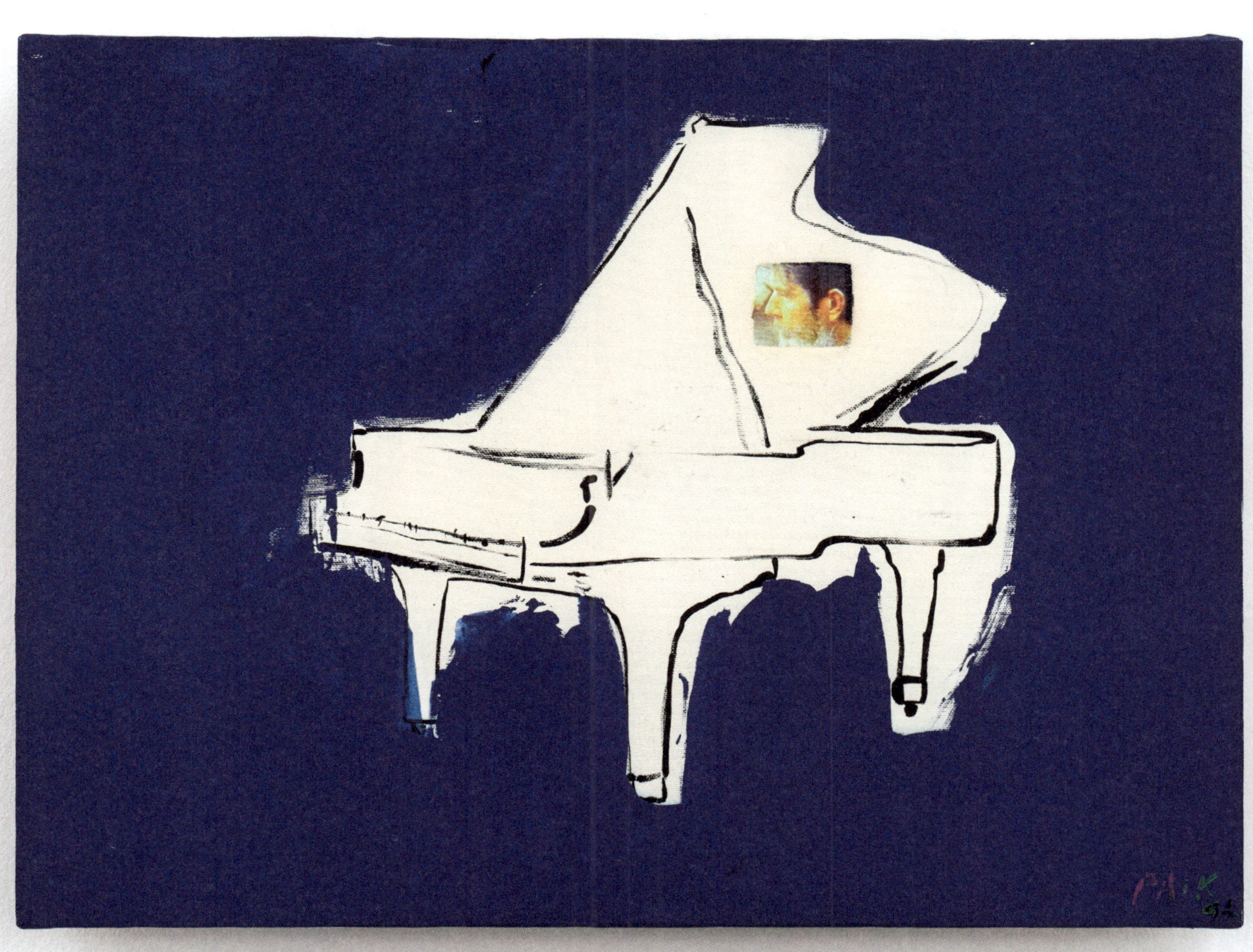

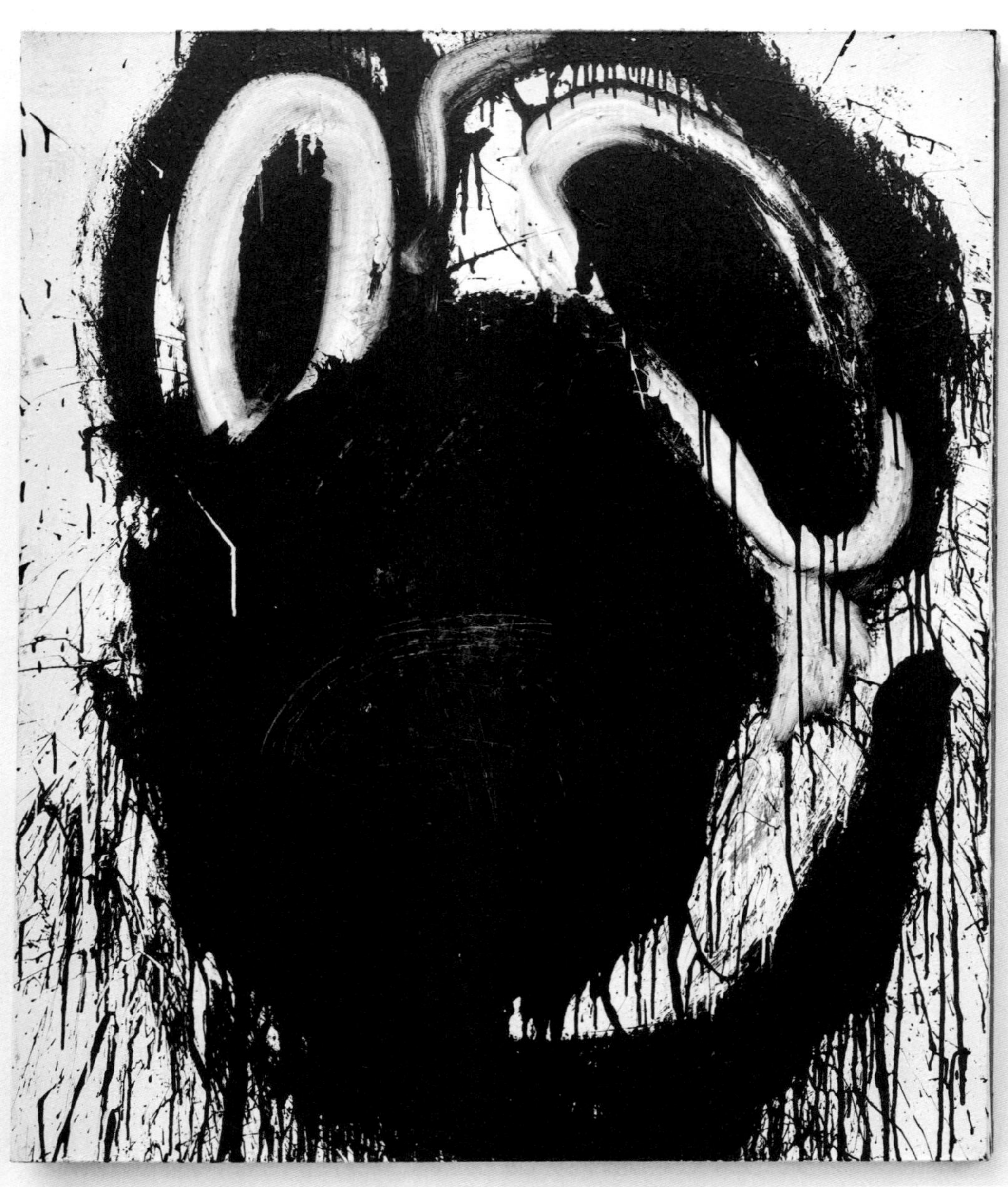

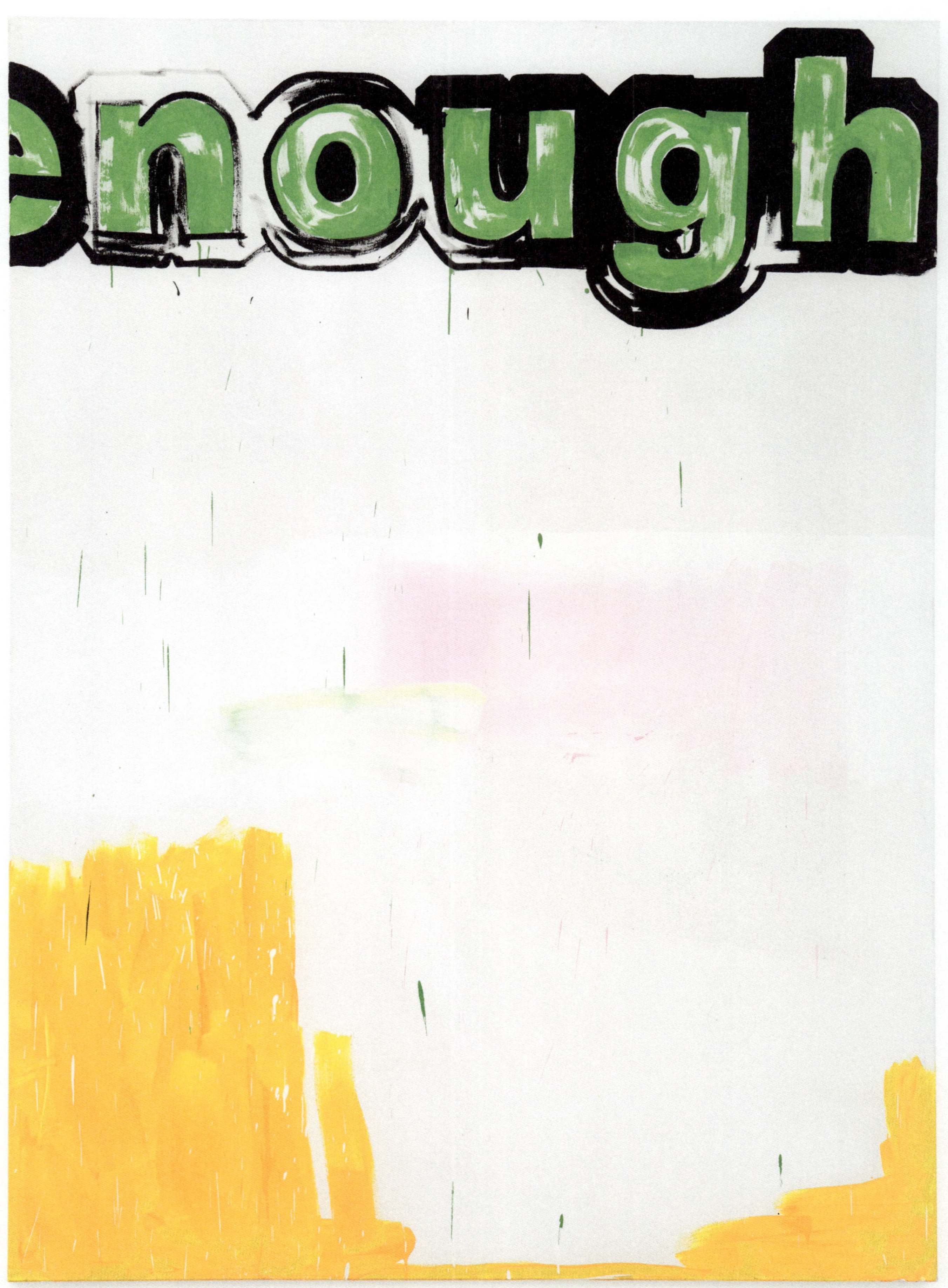
enough

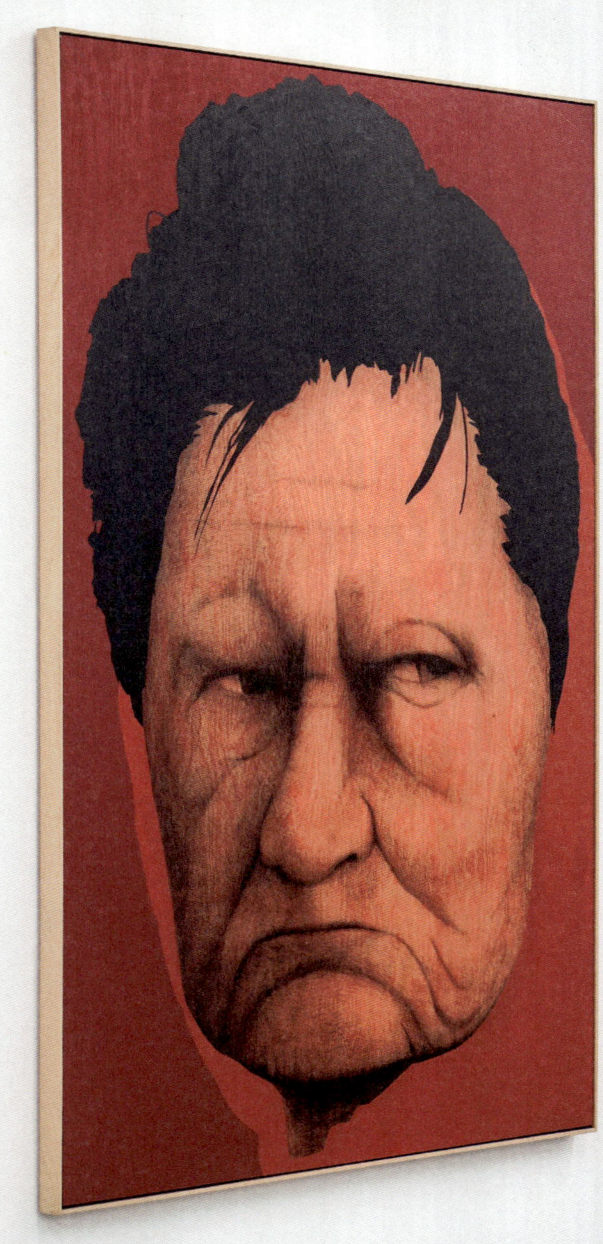

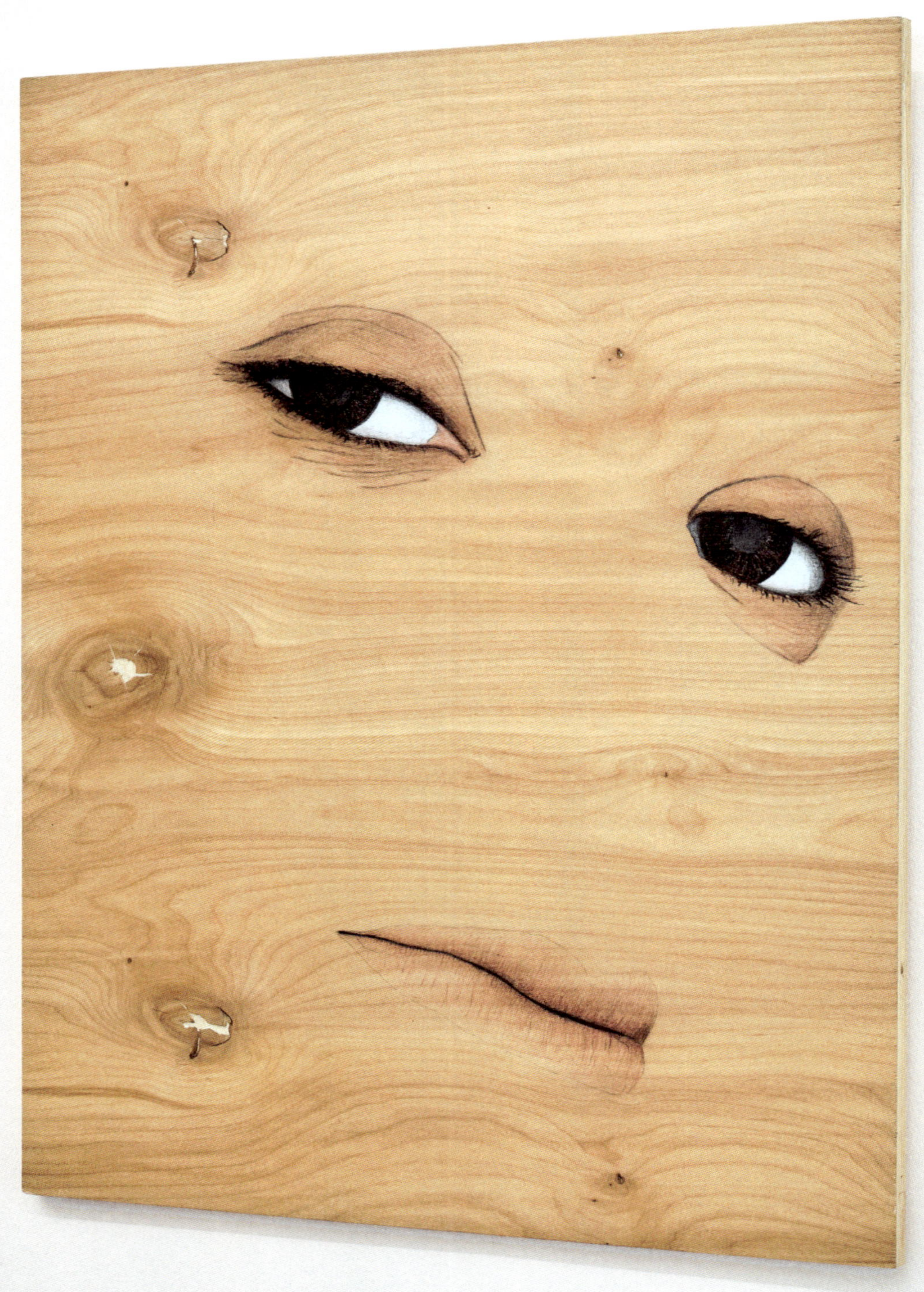

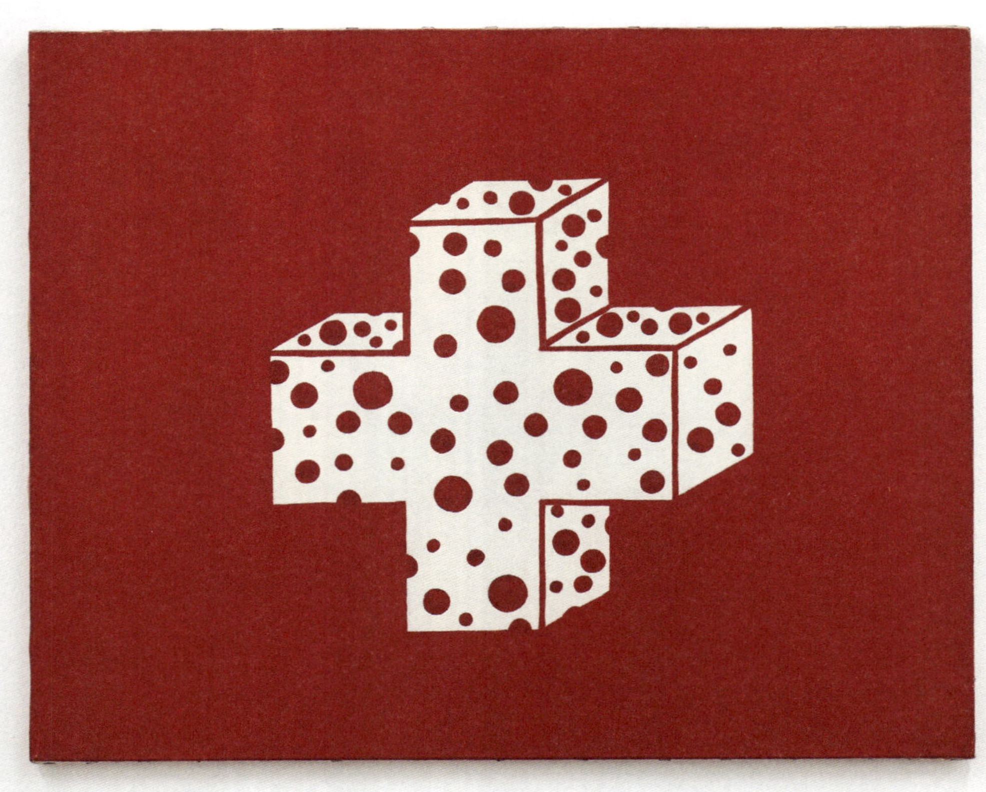

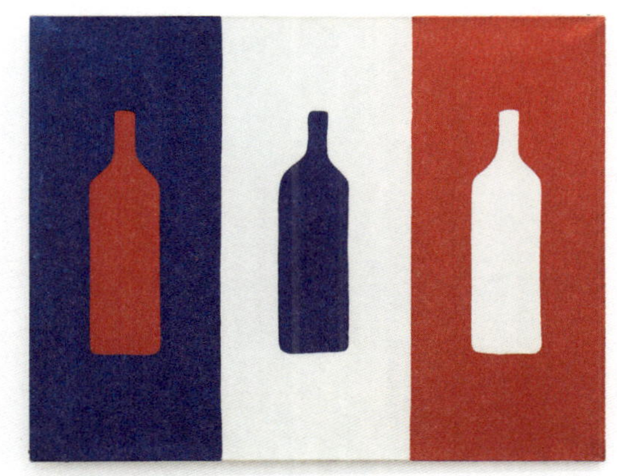

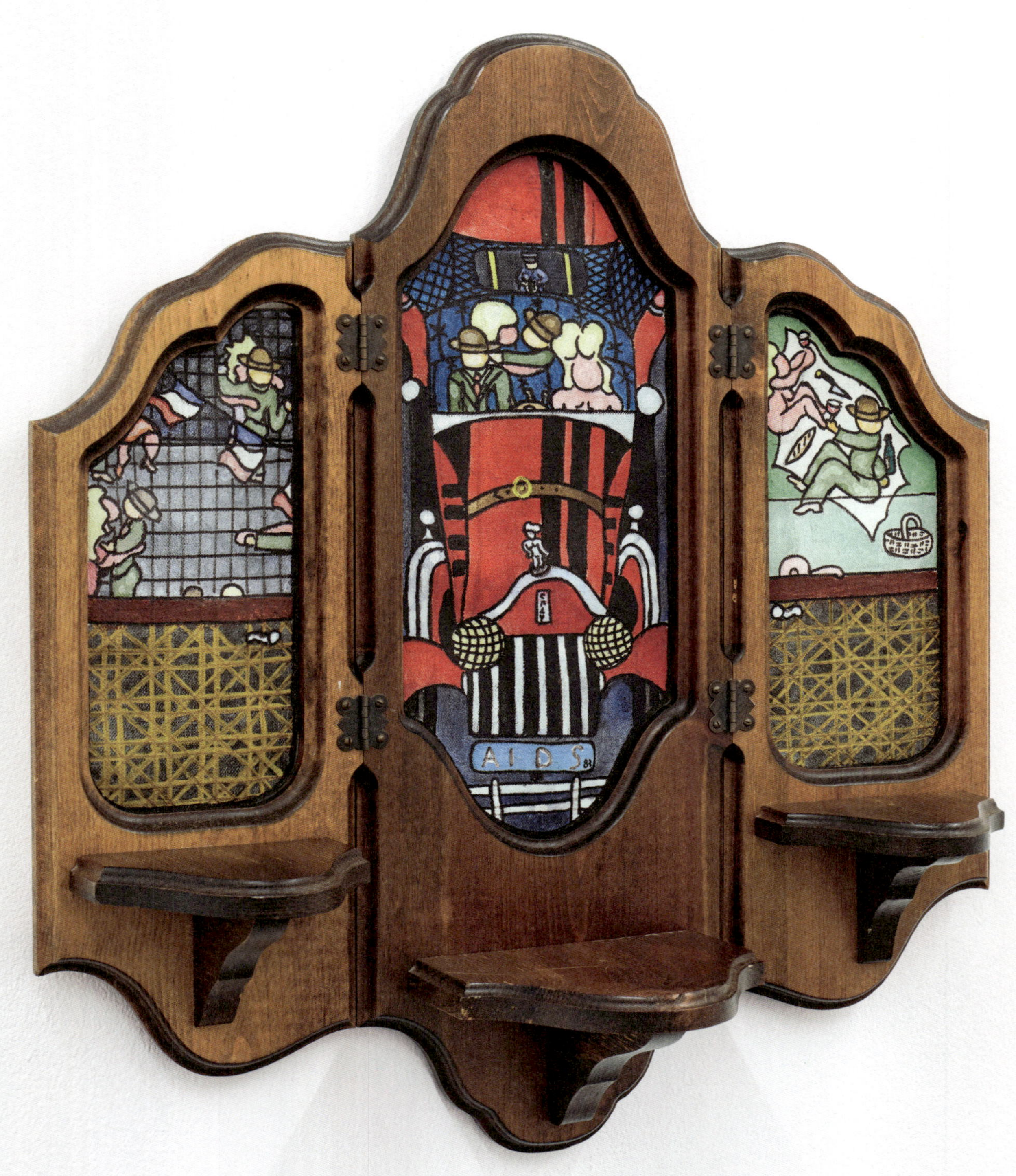

A I D S

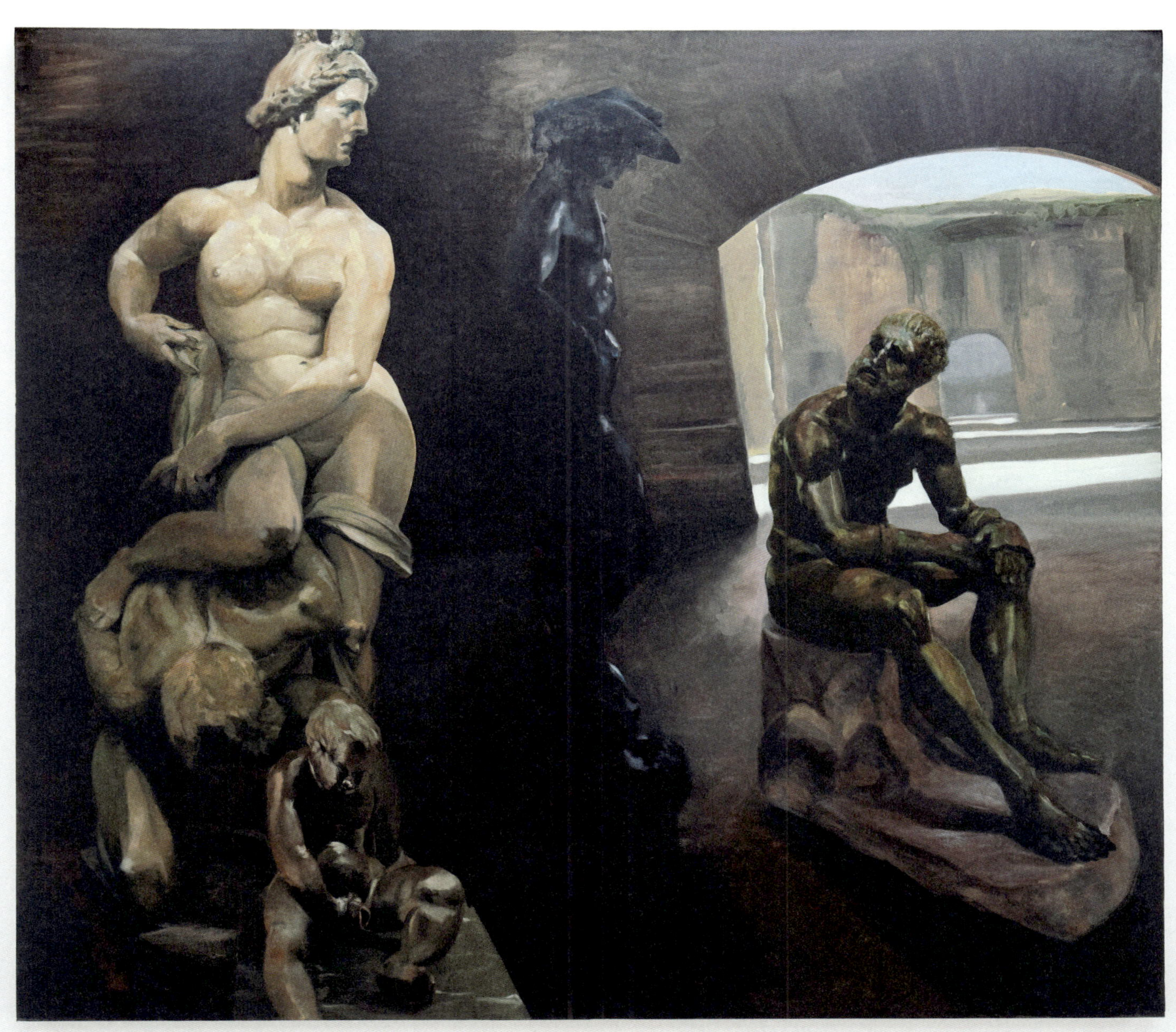

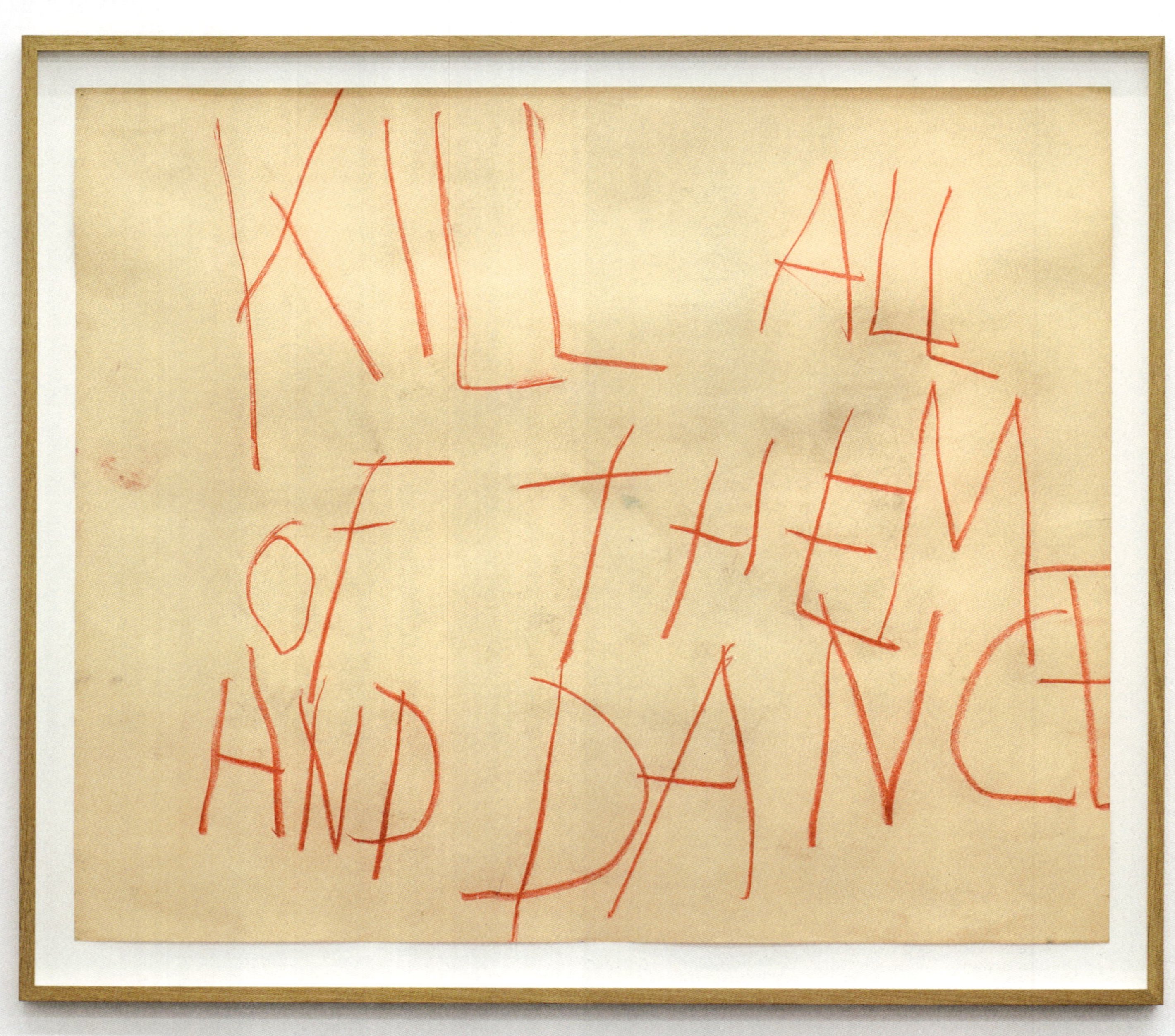

KILL ALL
OF THEM
AND DANCE

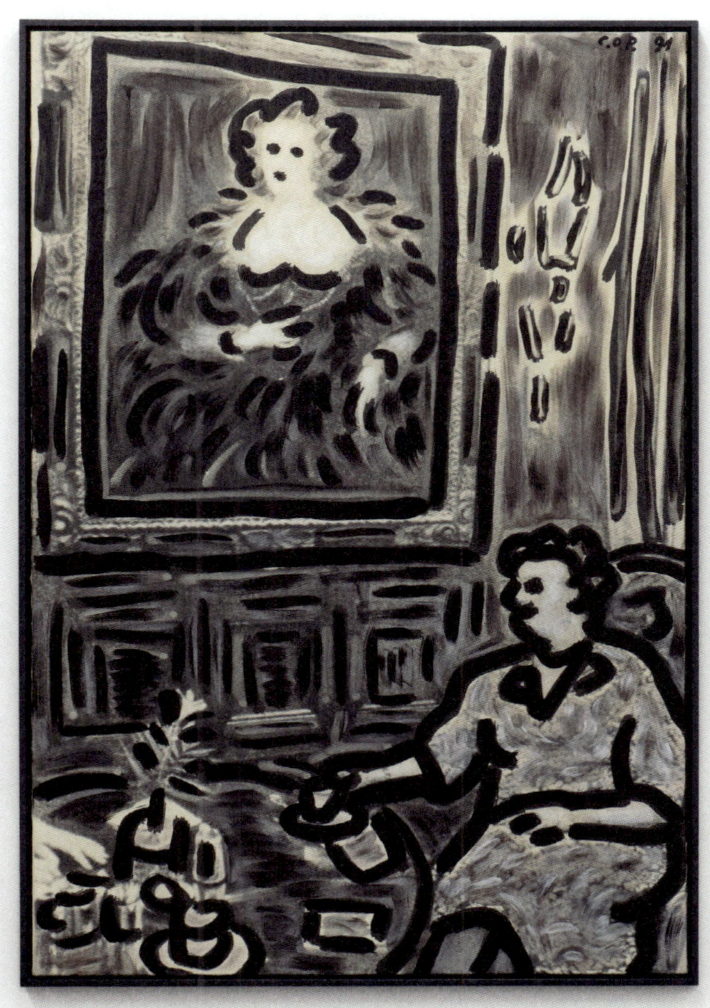

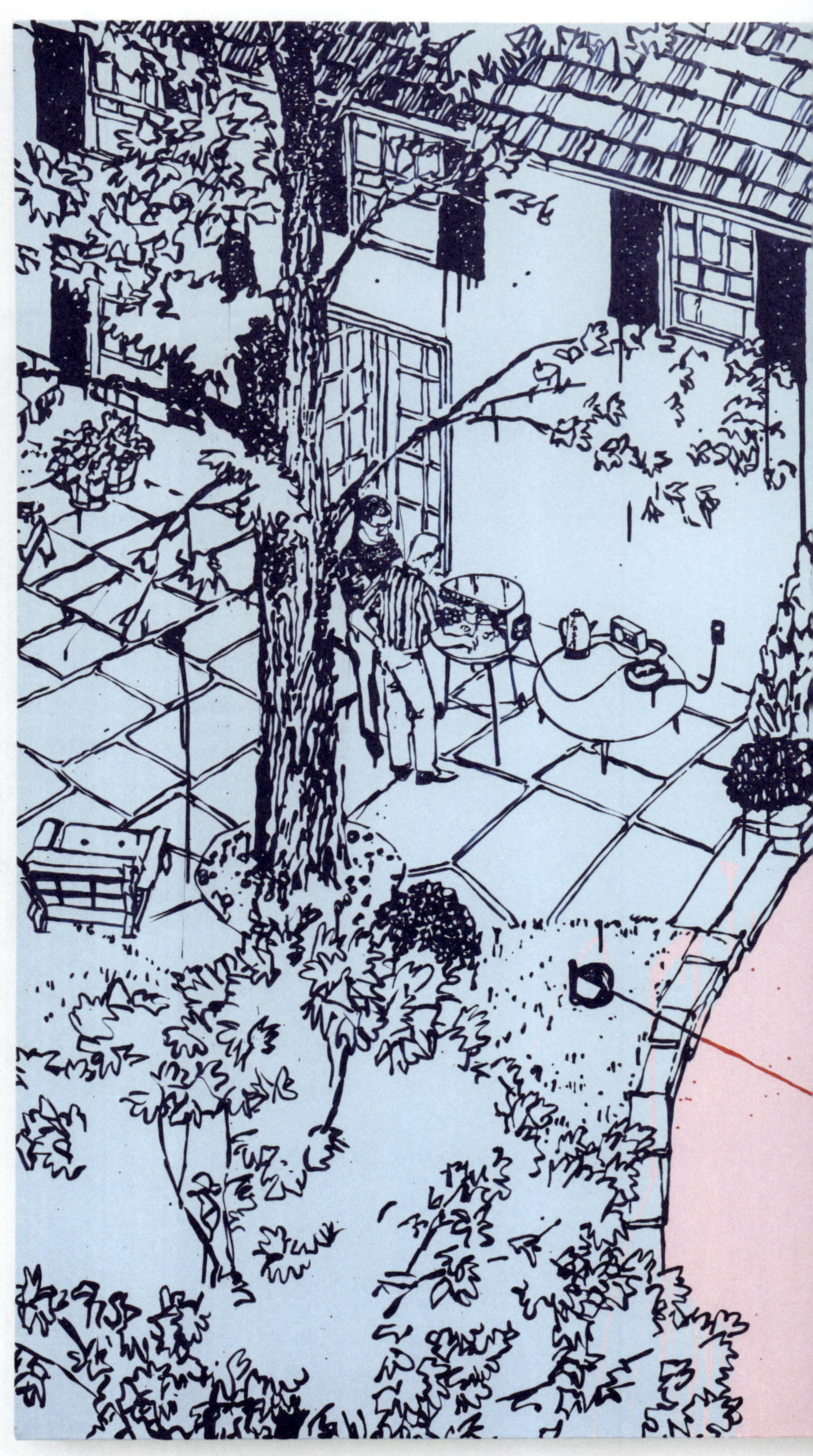

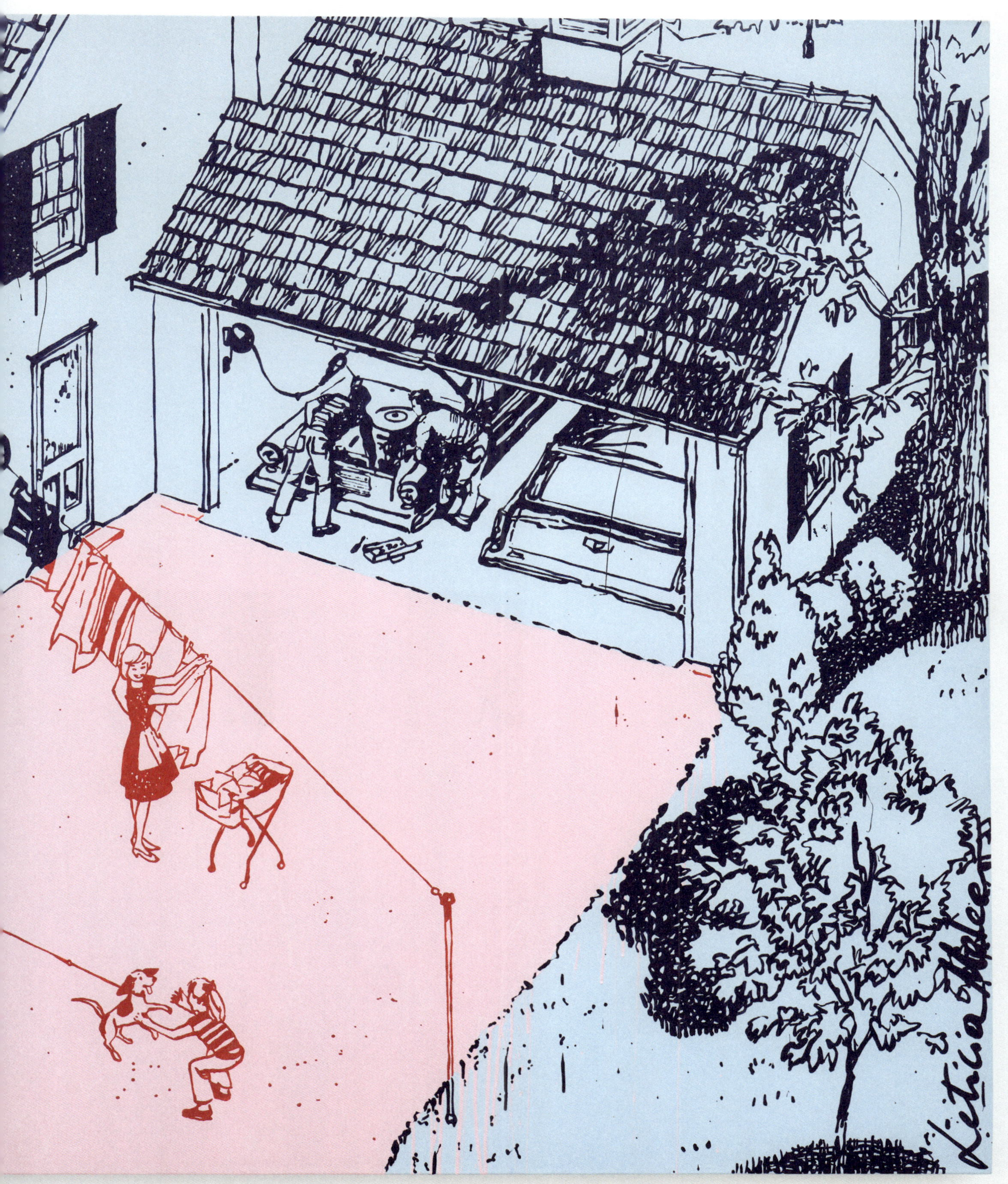

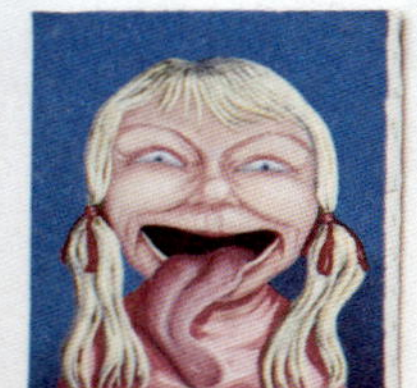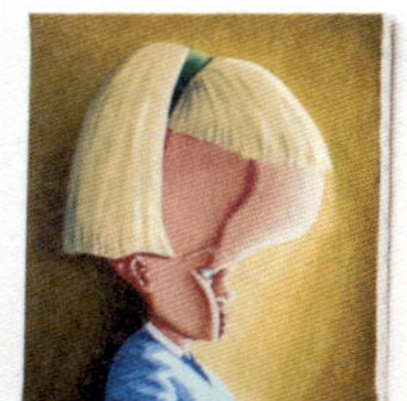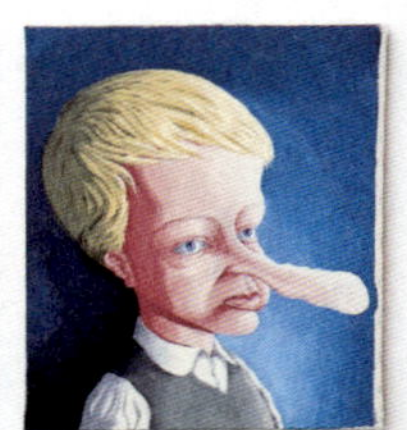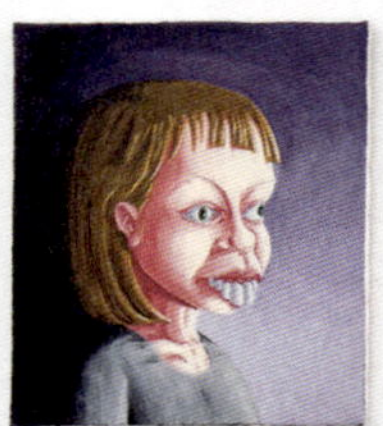

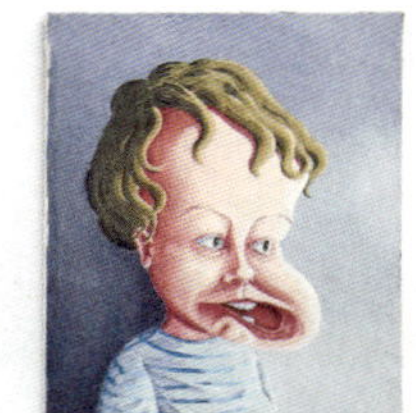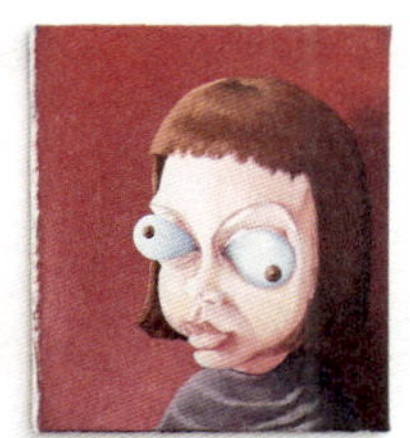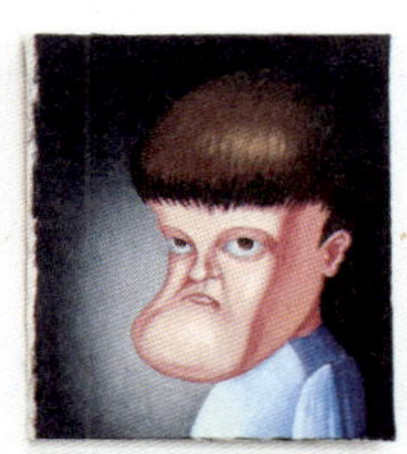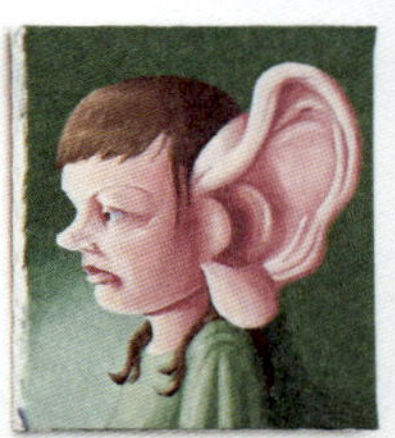

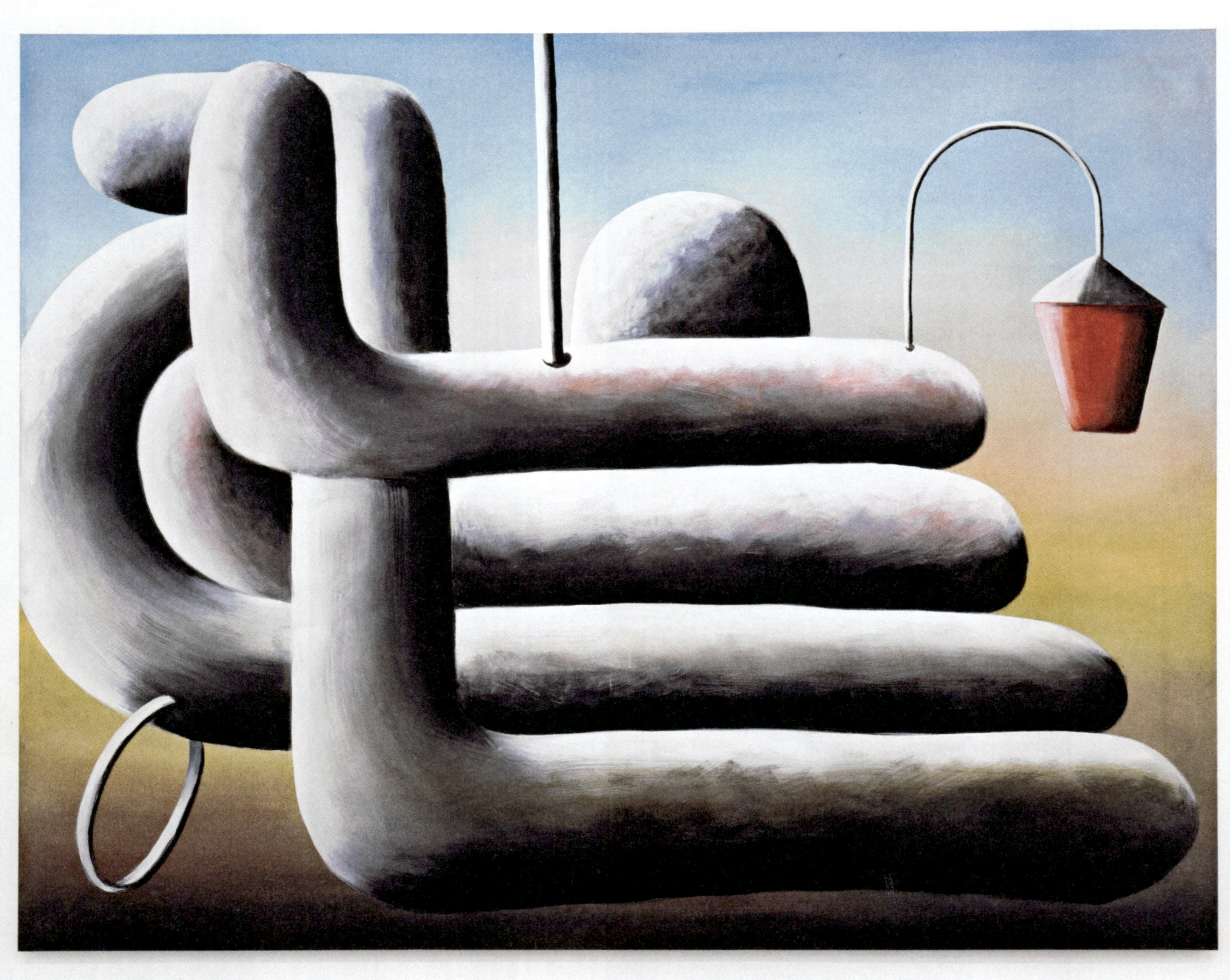

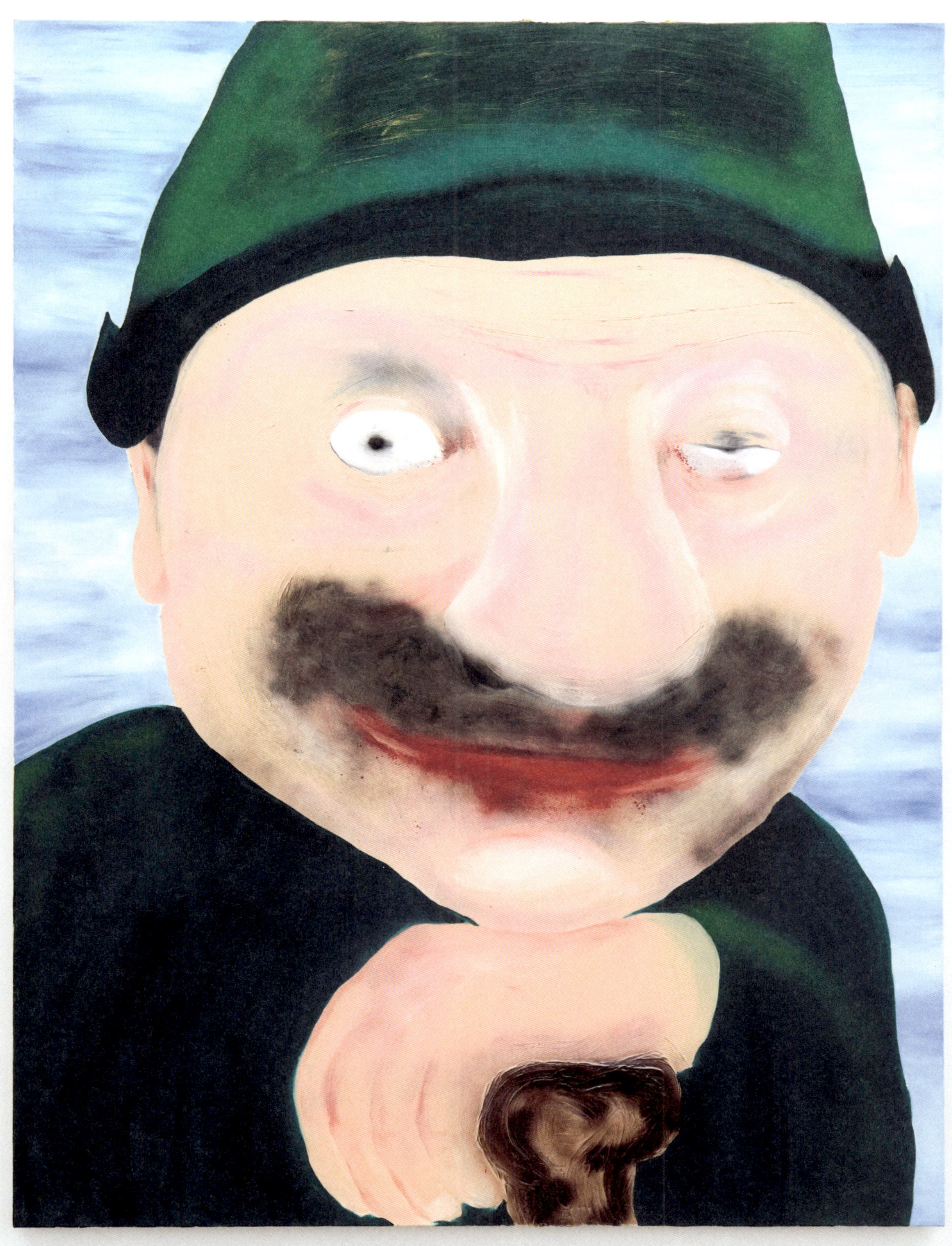

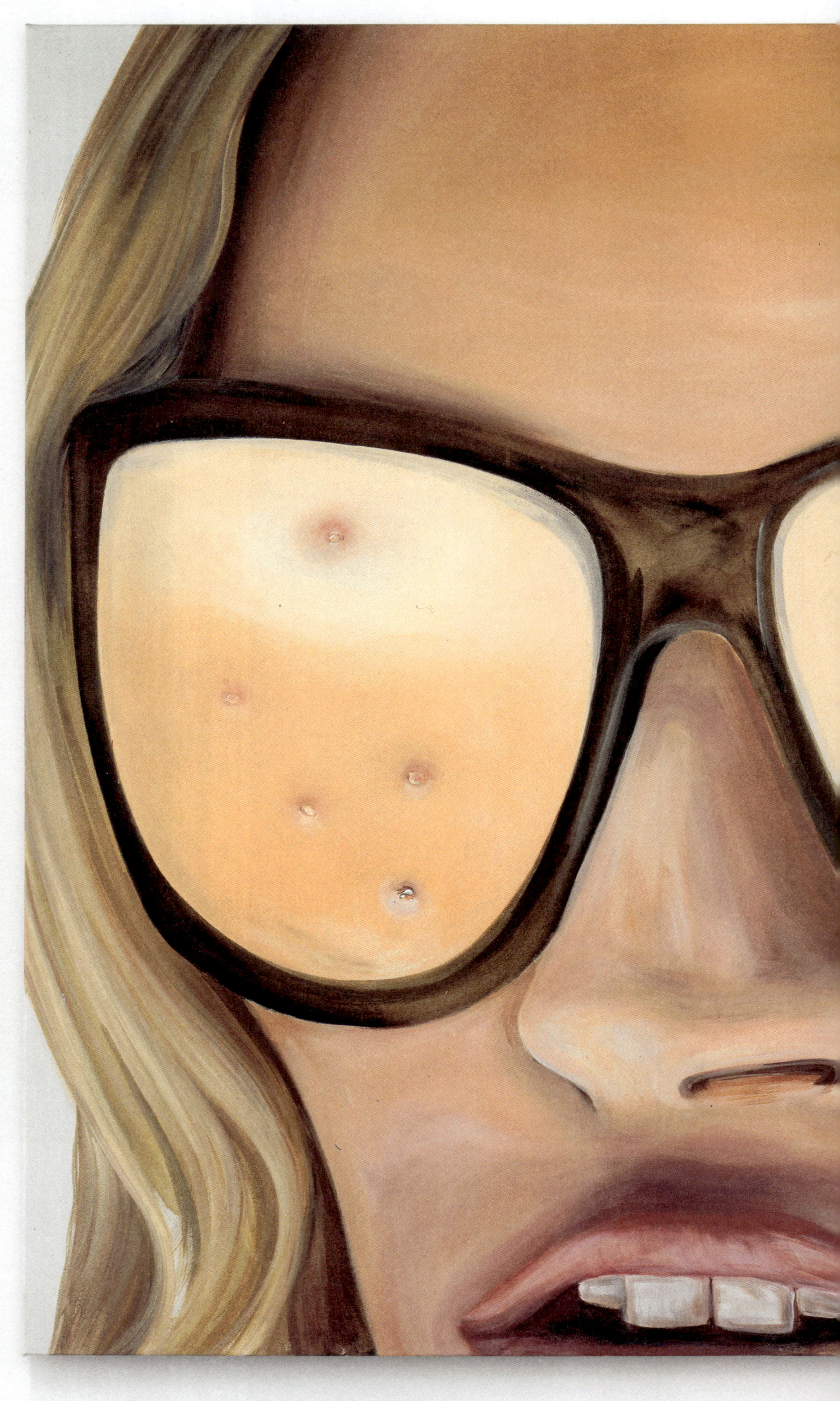

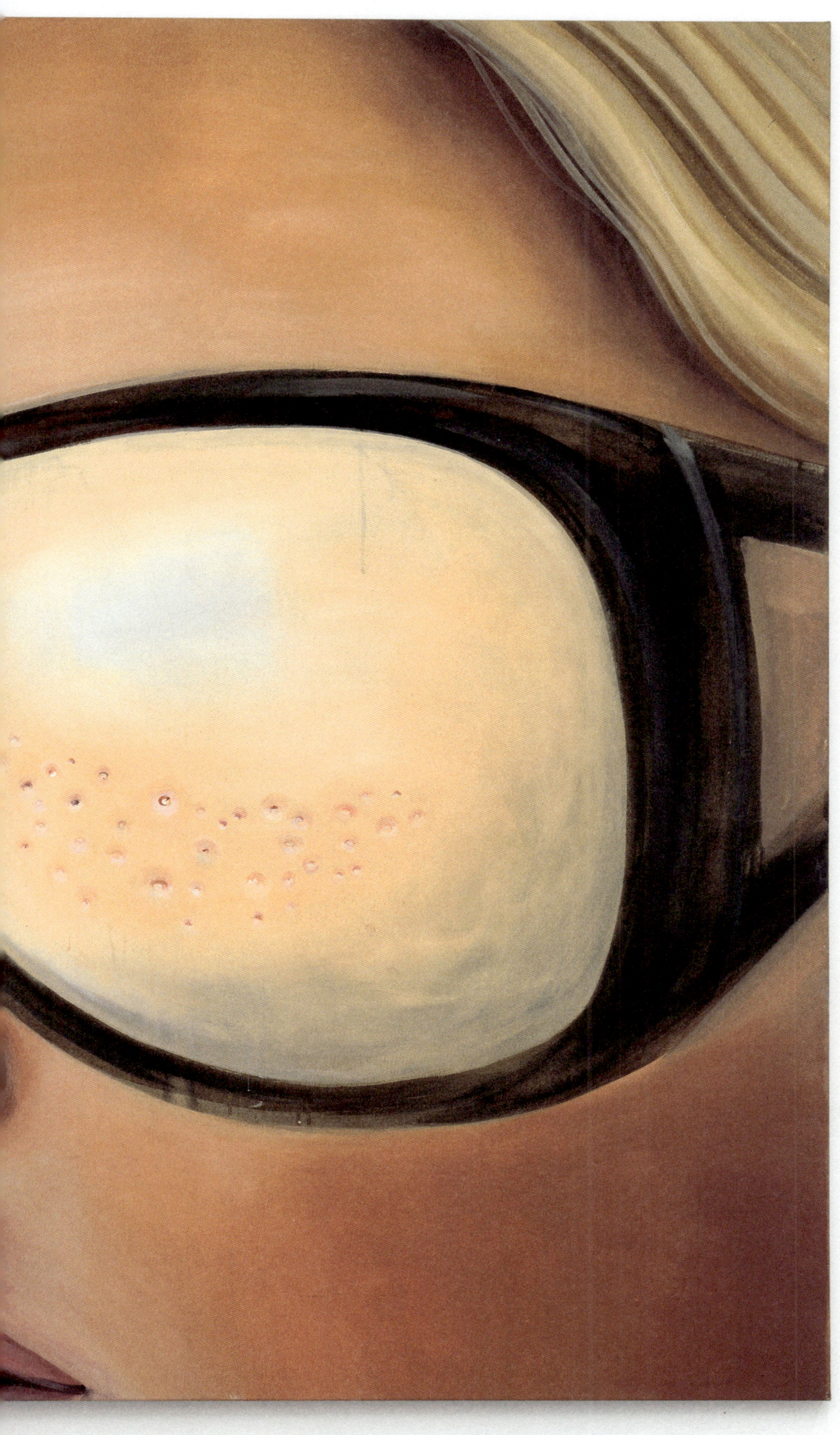

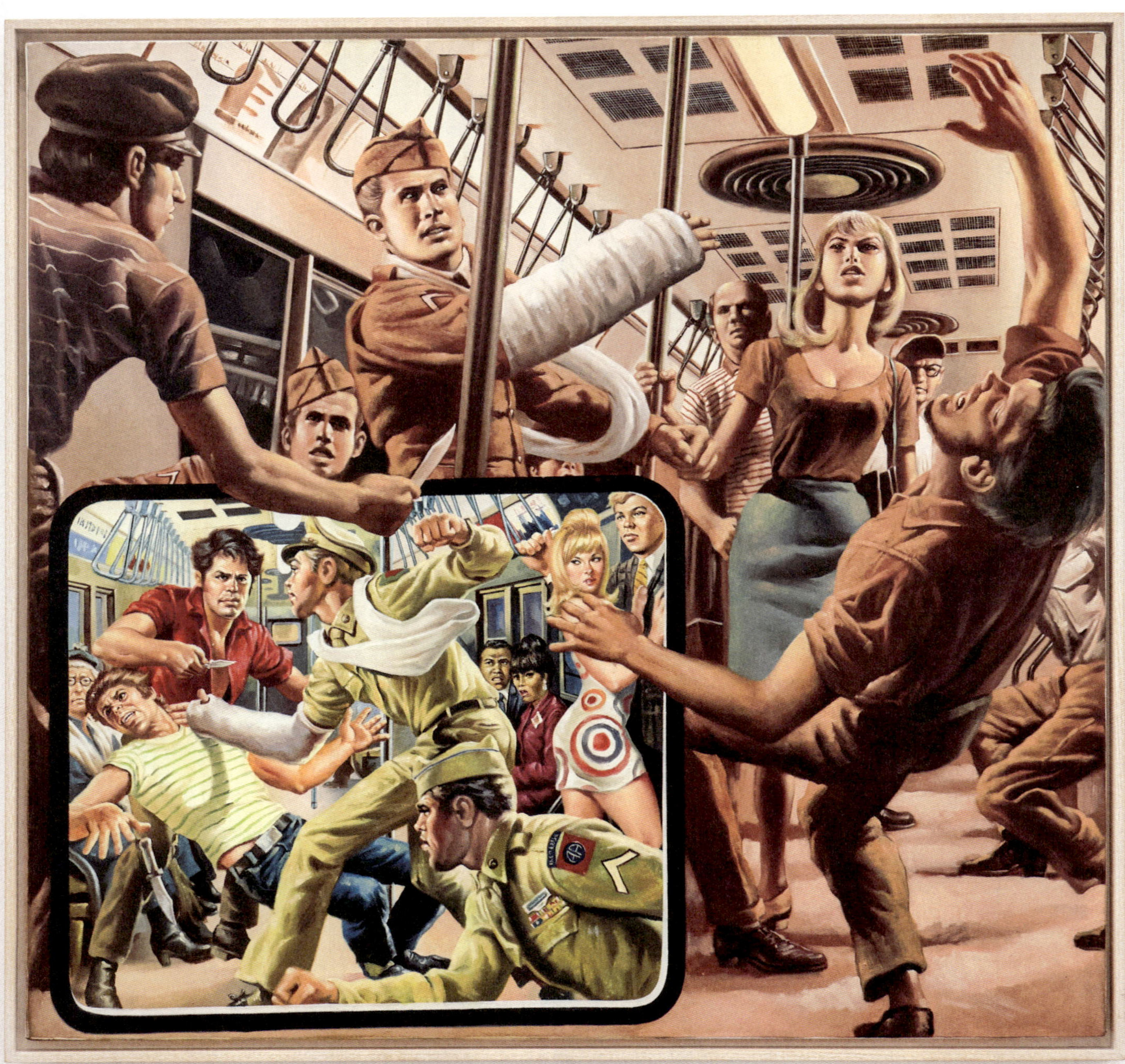

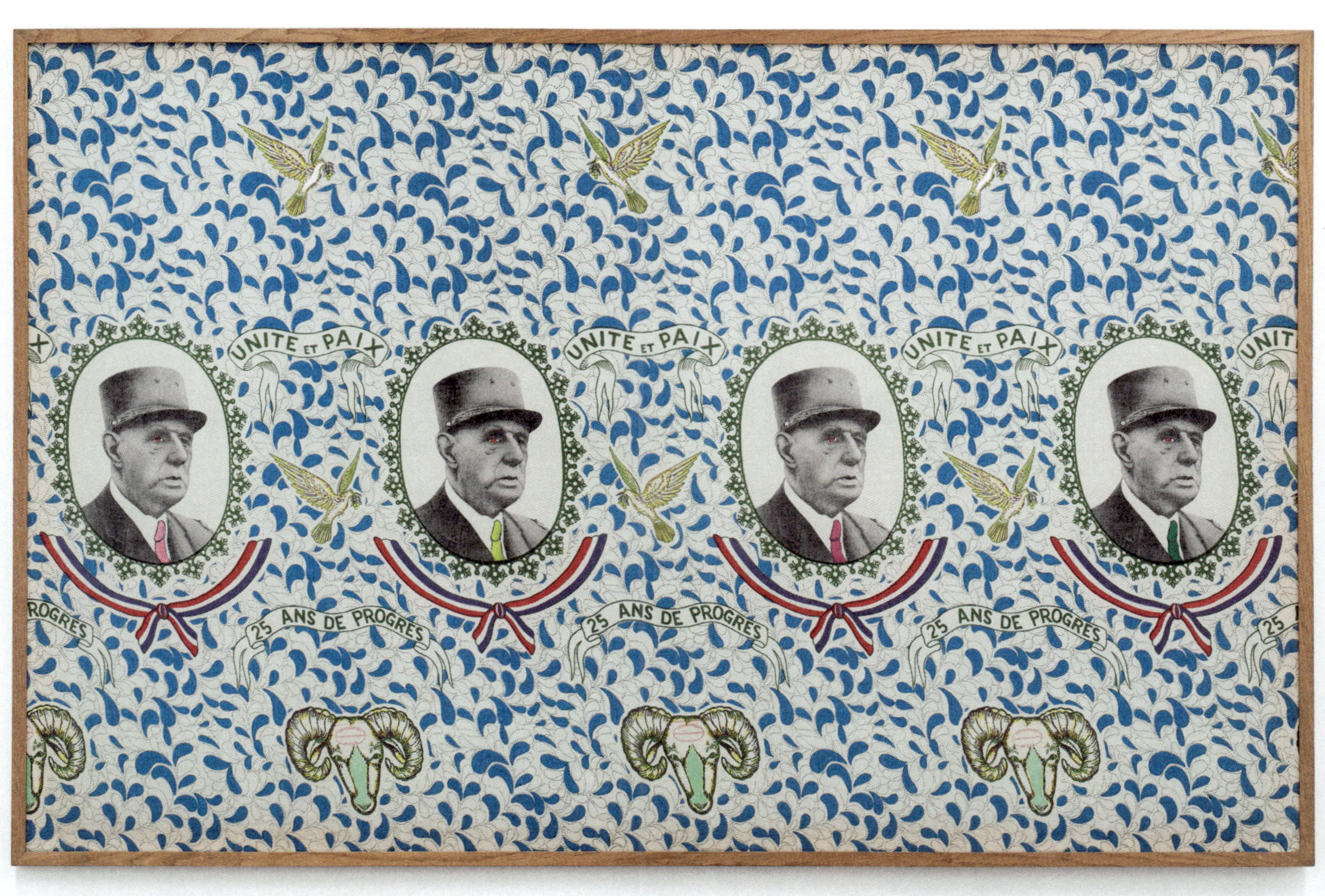

UNITE ET PAIX
UNITE ET PAIX
UNITE ET PAIX
UNITE
25 ANS DE PROGRÈS
25 ANS DE PROGRÈS
25 ANS DE PROGRÈS
ROGRÈS
25

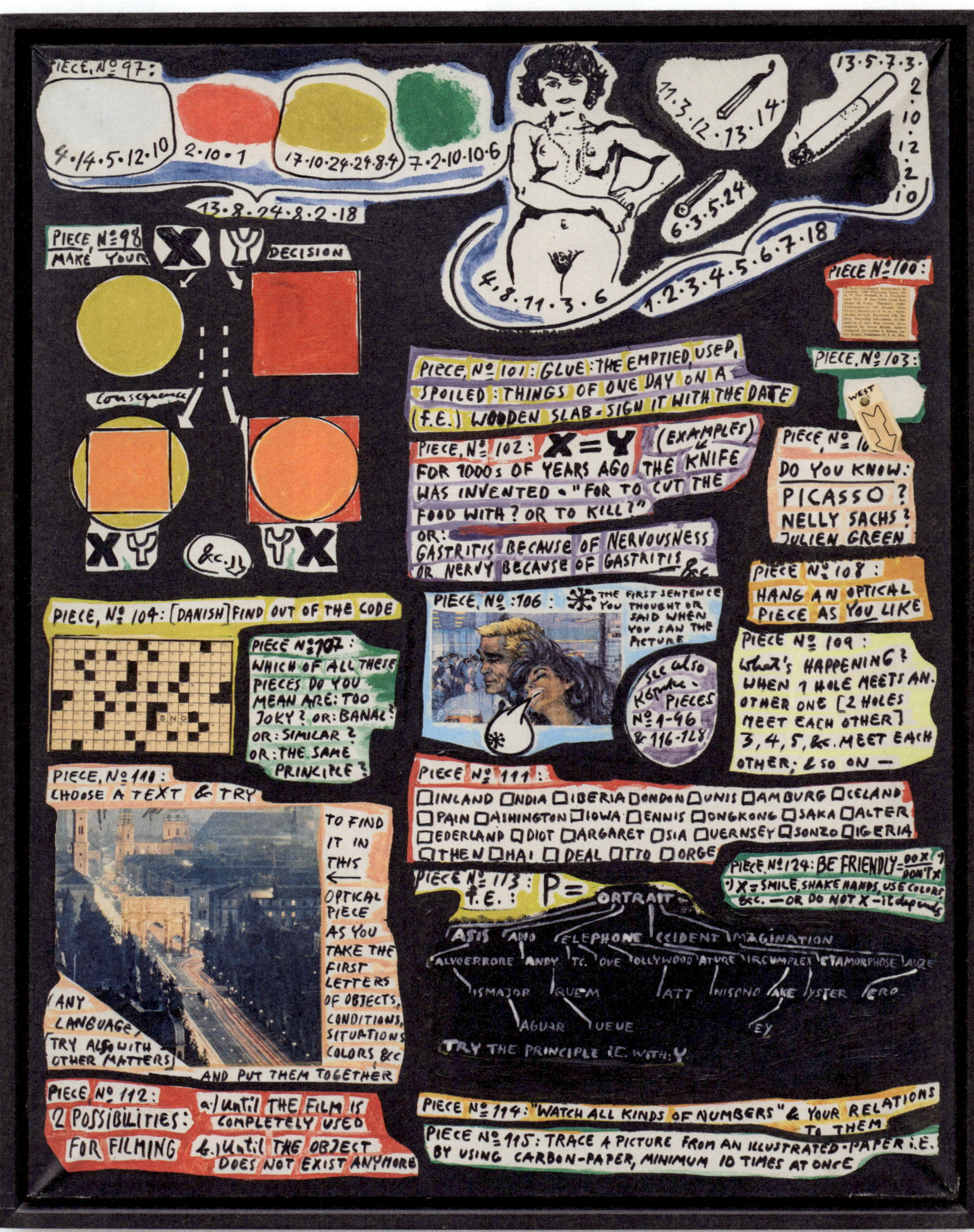

PIECE, No 97:
4·14·5·12·10   2·10·1   17·10·24·24·8·4   7·2·10·10·6
13·8·24·8·2·18
11·3·12·13·14
13·5·7·3·2·10·12·2·10
6·3·5·24
4·8·11·3·6
1·2·3·4·5·6·7·18
PIECE No 98
MAKE YOUR X Y DECISION
Consequence
X Y   &c.   Y X
PIECE No 100:
PIECE No 103:
WEST
PIECE No 101: GLUE THE EMPTIED, USED, SPOILED THINGS OF ONE DAY ON A (F.E.) WOODEN SLAB · SIGN IT WITH THE DATE
PIECE No 102: X=Y (EXAMPLES) FOR 1000s OF YEARS AGO THE KNIFE WAS INVENTED · "FOR TO CUT THE FOOD WITH? OR TO KILL?" OR: GASTRITIS BECAUSE OF NERVOUSNESS OR NERVY BECAUSE OF GASTRITIS &c
PIECE No 10..: DO YOU KNOW: PICASSO? NELLY SACHS? JULIEN GREEN
PIECE No 108: HANG AN OPTICAL PIECE AS YOU LIKE
PIECE No 104: [DANISH] FIND OUT OF THE CODE
PIECE No 107: WHICH OF ALL THESE PIECES DO YOU MEAN ARE: TOO JOKY? OR: BANAL? OR: SIMILAR? OR: THE SAME PRINCIPLE?
PIECE No 106: THE FIRST SENTENCE YOU THOUGHT OR SAID WHEN YOU SAW THE PICTURE
SEE ALSO Könicke PIECES No 1-96 & 116-128
PIECE No 109: WHAT'S HAPPENING? WHEN 1 HOLE MEETS AN OTHER ONE [2 HOLES MEET EACH OTHER] 3, 4, 5, &c. MEET EACH OTHER; & SO ON —
PIECE No 110: CHOOSE A TEXT & TRY
TO FIND IT IN THIS OPTICAL PIECE AS YOU TAKE THE FIRST LETTERS OF OBJECTS, CONDITIONS, SITUATIONS COLORS &c
ANY LANGUAGE! TRY ALSO WITH OTHER MATTERS
AND PUT THEM TOGETHER
PIECE No 111:
INLAND NDIA IBERIA ONDON UNIS AMBURG CELAND PAIN ASHINGTON IOWA ENNIS ONGKONG SAKA ALTER EDERLAND DIOT ARGARET SIA UERNSEY ONZO IGERIA THEN HAI DEAL TTO ORGE
PIECE No 124: BE FRIENDLY — DO X / DON'T X. X = SMILE, SHAKE HANDS, USE COLORS &c. — OR DO NOT X — IT depends
PIECE No 113: P = PORTRAIT F.E.
ASIS ADIO ELEPHONE CCIDENT MAGINATION ALVOERRORE ANDY TC. OVE OLLYWOOD ATURE IRCUMFLEX ETAMORPHOSE AUZE ISMAJOR QUEM ATT INISONO AKE YSTER ERO AGUAR UEUE EY
TRY THE PRINCIPLE i.E. WITH Y
PIECE No 114: "WATCH ALL KINDS OF NUMBERS" & YOUR RELATIONS TO THEM
PIECE No 115: TRACE A PICTURE FROM AN ILLUSTRATED · PAPER i.E. BY USING CARBON-PAPER, MINIMUM 10 TIMES AT ONCE
PIECE No 112: 2 POSSIBILITIES: FOR FILMING a.) UNTIL THE FILM IS COMPLETELY USED b.) UNTIL THE OBJECT DOES NOT EXIST ANYMORE

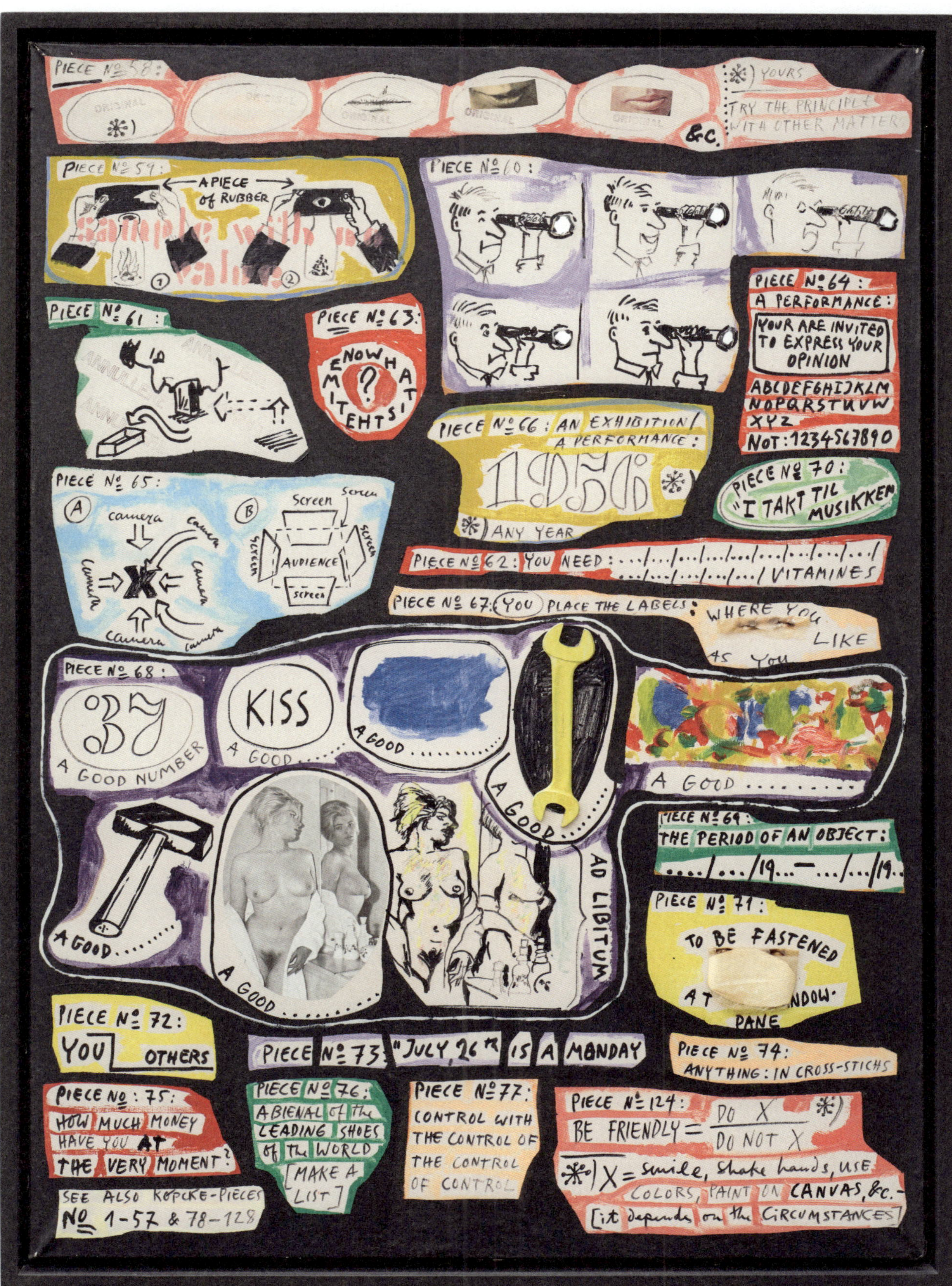

PIECE No 58:
ORIGINAL
ORIGINAL
ORIGINAL
ORIGINAL
*) YOURS
TRY THE PRINCIPLE WITH OTHER MATTER
&c.

PIECE No 59:
A PIECE OF RUBBER
1
2

PIECE No 60:

PIECE No 61:

PIECE No 63:
N OW H A
M I
I T E H T S I
?

PIECE No 64:
A PERFORMANCE:
YOUR ARE INVITED TO EXPRESS YOUR OPINION
ABCDEFGHIJKLM NOPQRSTUVW XYZ
NOT: 1234567890

PIECE No 66: AN EXHIBITION / A PERFORMANCE:
1950 *)
*) ANY YEAR

PIECE No 70:
"I TAKT TIL MUSIKKEN"

PIECE No 62: YOU NEED: ...../..../..../..../ VITAMINES

PIECE No 65:
A camera
B Screen Screen
camera camera
X
camera camera
camera camera
Screen AUDIENCE Screen
Screen
Screen

PIECE No 67: YOU PLACE THE LABELS WHERE YOU LIKE
AS YOU

PIECE No 68:
37 A GOOD NUMBER
KISS A GOOD
A GOOD
A GOOD
A GOOD
A GOOD
AD LIBITUM
A GOOD
A GOOD

PIECE No 69:
THE PERIOD OF AN OBJECT:
...../.../19....—..../....19....

PIECE No 71:
TO BE FASTENED AT WINDOW-PANE

PIECE No 72:
YOU OTHERS

PIECE No 73: "JULY, 26th IS A MONDAY"

PIECE No 74:
ANYTHING: IN CROSS-STICHS

PIECE No 75:
HOW MUCH MONEY HAVE YOU AT THE VERY MOMENT?
SEE ALSO KOPCKE-PIECES No 1-57 & 78-128

PIECE No 76:
A BIENAL OF THE LEADING SHOES OF THE WORLD
[MAKE A LIST]

PIECE No 77:
CONTROL WITH THE CONTROL OF THE CONTROL OF CONTROL

PIECE No 124:
BE FRIENDLY = DO X / DO NOT X *)
*) X = smile, shake hands, use colors, paint on CANVAS, &c.—
[it depends on the CIRCUMSTANCES]

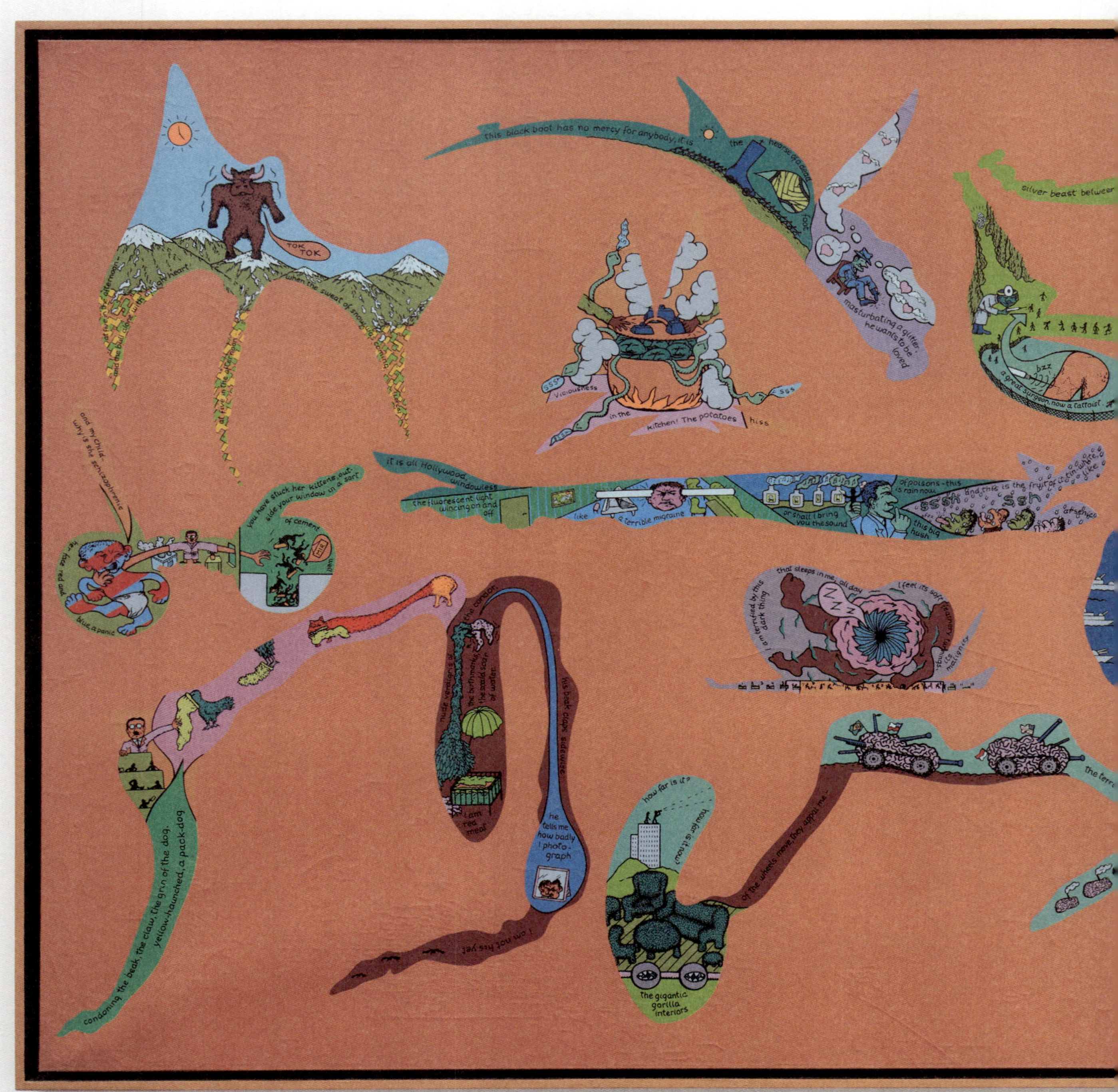

TOK TOK
at five in the afternoon
—and the bull clone with the light heart
when the sweat of snow was coming
this black boot has no mercy for anybody, it is the hearse of a dead foot
masturbating a glitter he wants to be loved
silver beast between
a great surgeon, now a tattoist
bzz
Viciousness
sss
in the kitchen! The potatoes hiss
sss
and my child— why is she schizophrenic
her face red and blue, a panic
you have stuck her kittens, out-side your window in a sort of cement
well
it is all Hollywood, windowless
the fluorescent light wincing on and off
like a terrible migraine
or shall I bring you the sound
of poisons - this is rain now
sssh
and this is the fruit of tin-white, like
ssh
that sleeps in me all day
I feel its sour
I am terrified by this dark thing
zzz
he tells me how badly I photograph
I am real meat
I am not his yet
how far is it?
of the wheels may they appal me
the gigantic gorilla interiors
the terr
condoning the beak, the claw, the grin of the dog, yellow-haunched, a pack-dog

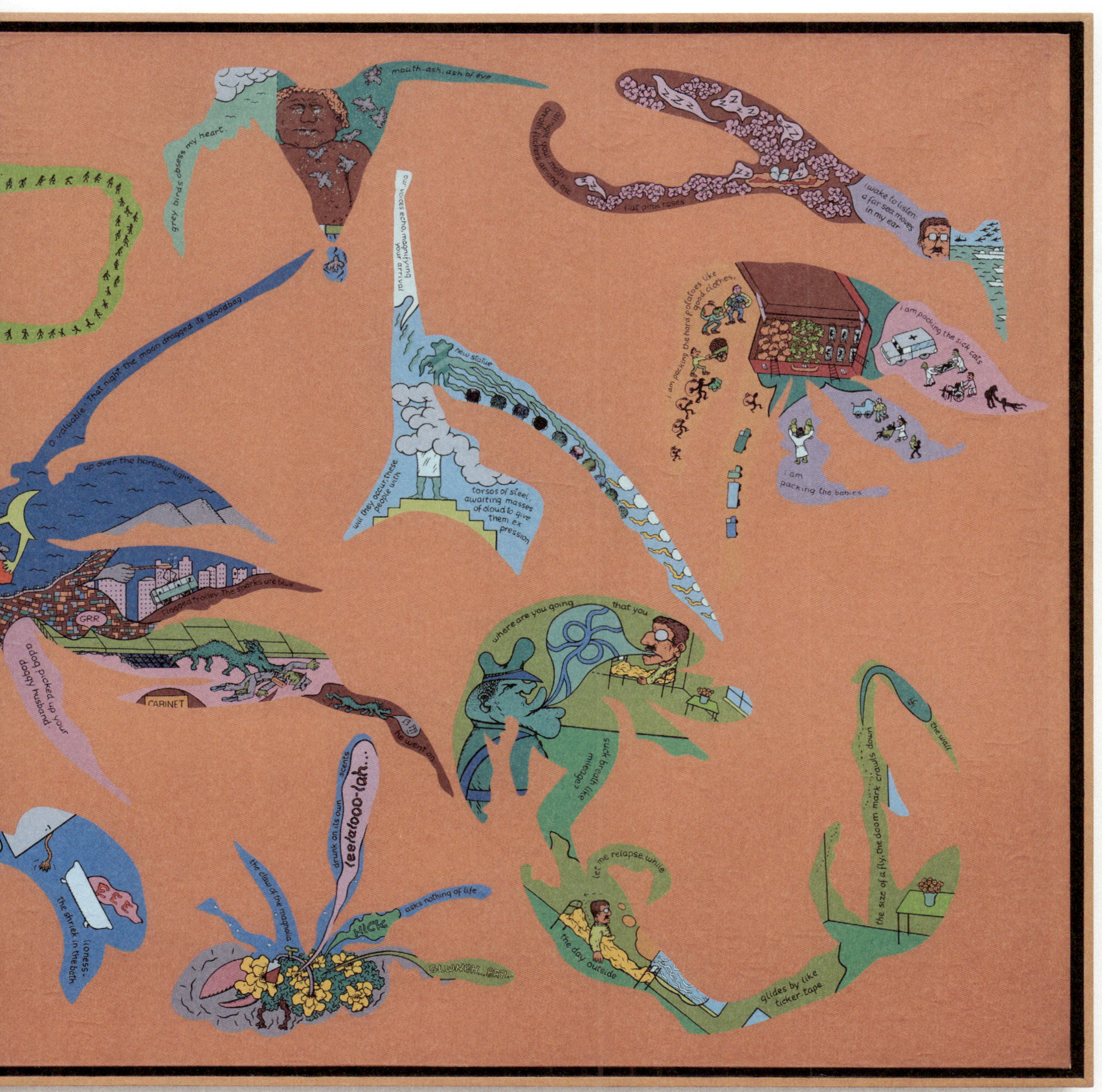

mouth-ash, ash of eye
grey birds obsess my heart.
Our voices echo, magnifying your arrival
all night your mouth breath flickers among me
flat pink roses
ZZZ
i wake to listen. a far sea moves in my ear
i am packing the hard potatoes like good clothes,
i am packing the sick cats
i am packing the babies
O valuable. That night the moon dragged its bloodbag
up over the harbour lights
Flogged Trolley. The sparks are blue
GRR
CARINET
a dog picked up your doggy husband.
new statue
torsos of steel awaiting masses of cloud to give them ex-pression
will they seat these people with
where are you going that you
suck broth like mirages?
let me relapse while
the day outside
glides by like ticker-tape
the size of a fly, the doom mark crawls down the wall
drums on its own scent
reetatooo-tah...
asks nothing of life
the claw the mandala
NICK
CRUNCH...CRR
the shriek in the bath
lioness

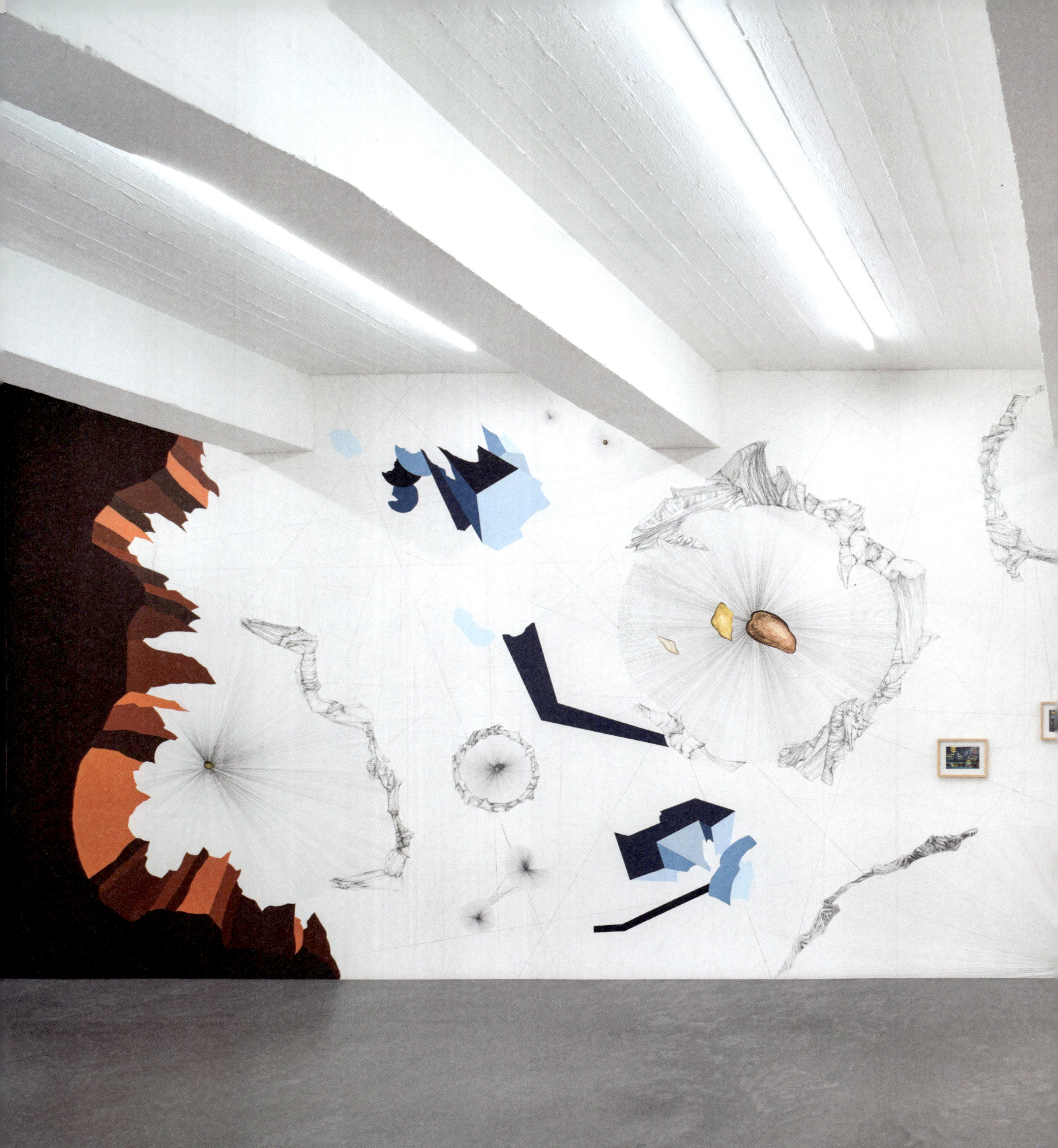

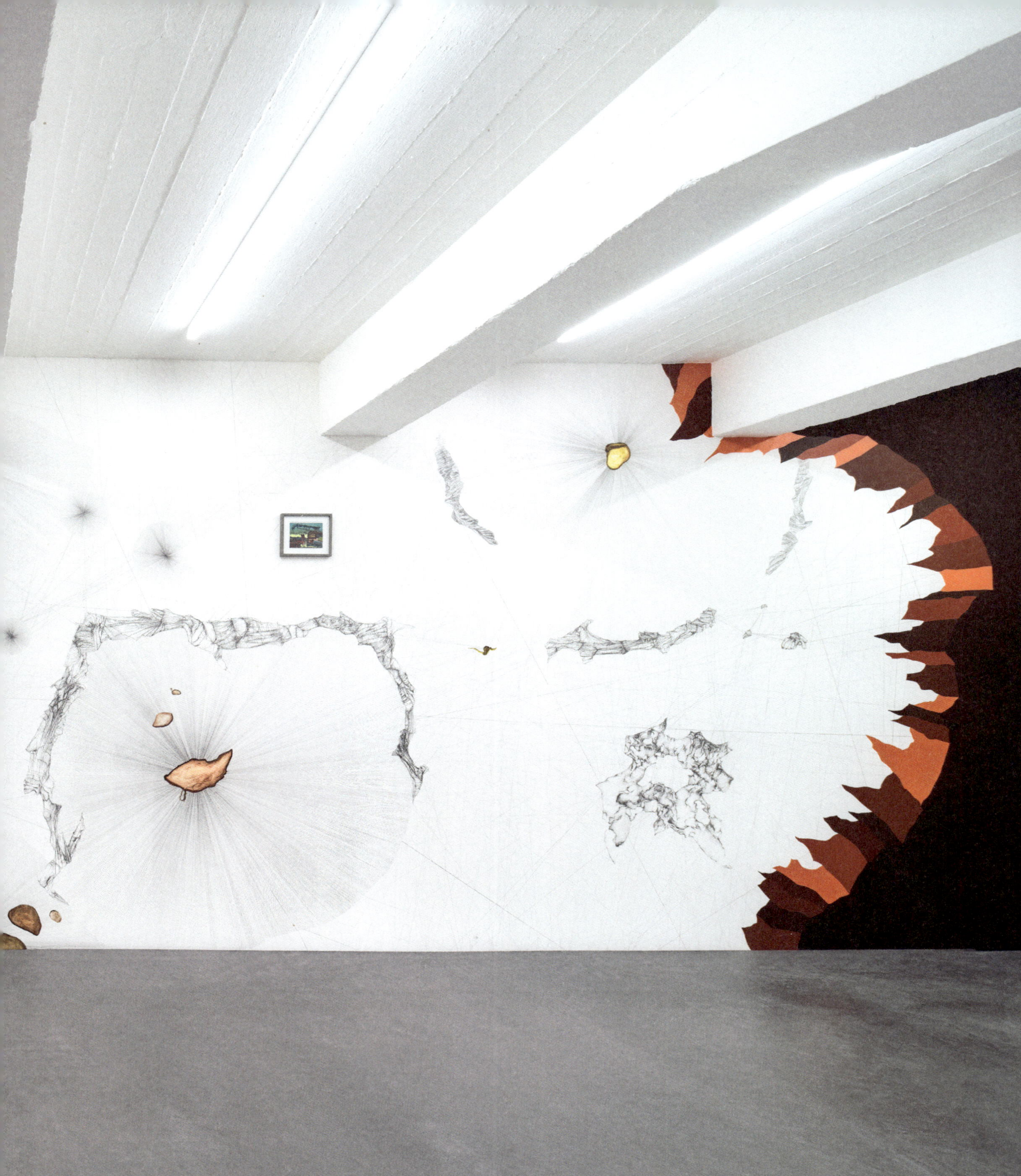

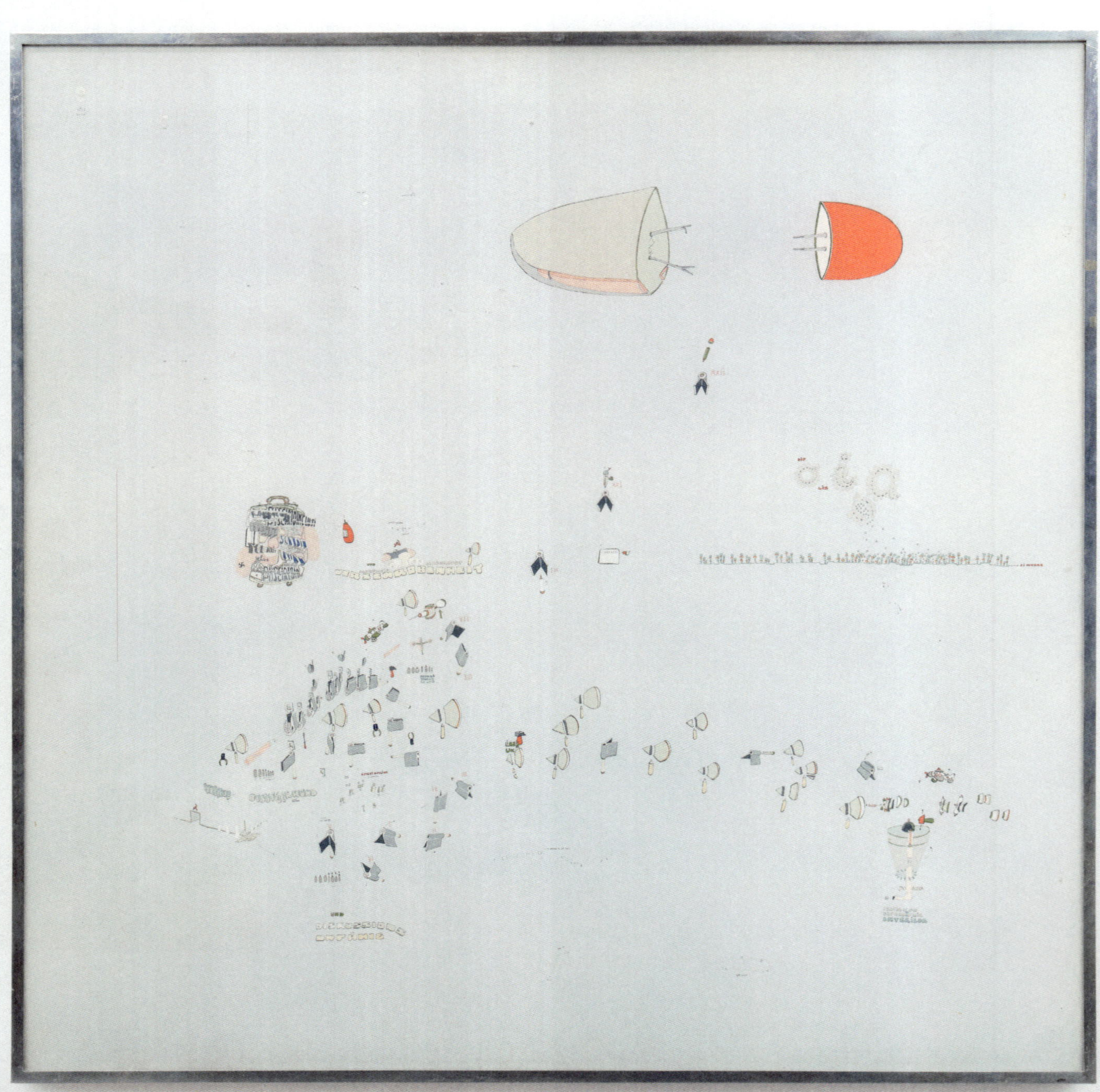

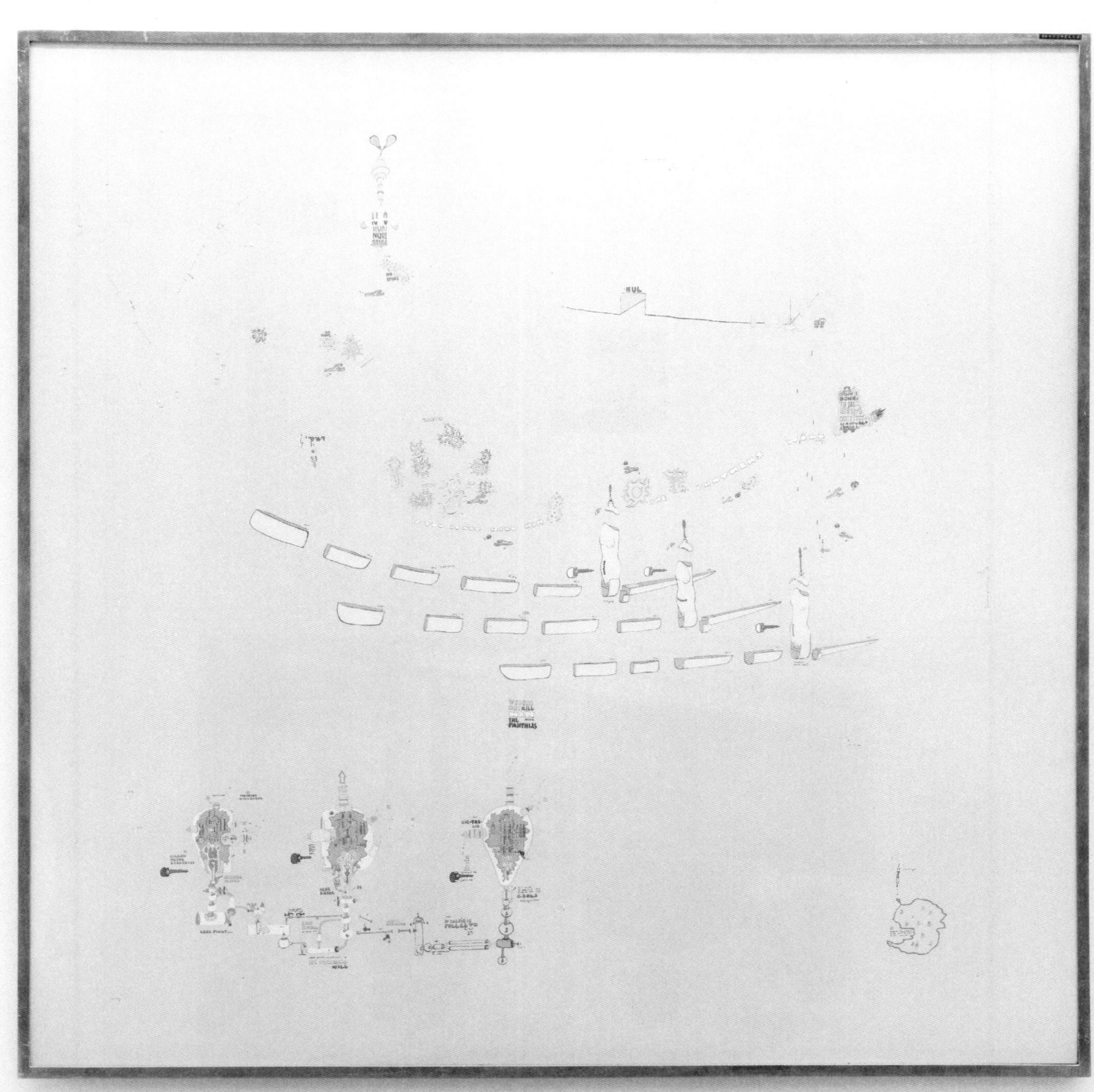

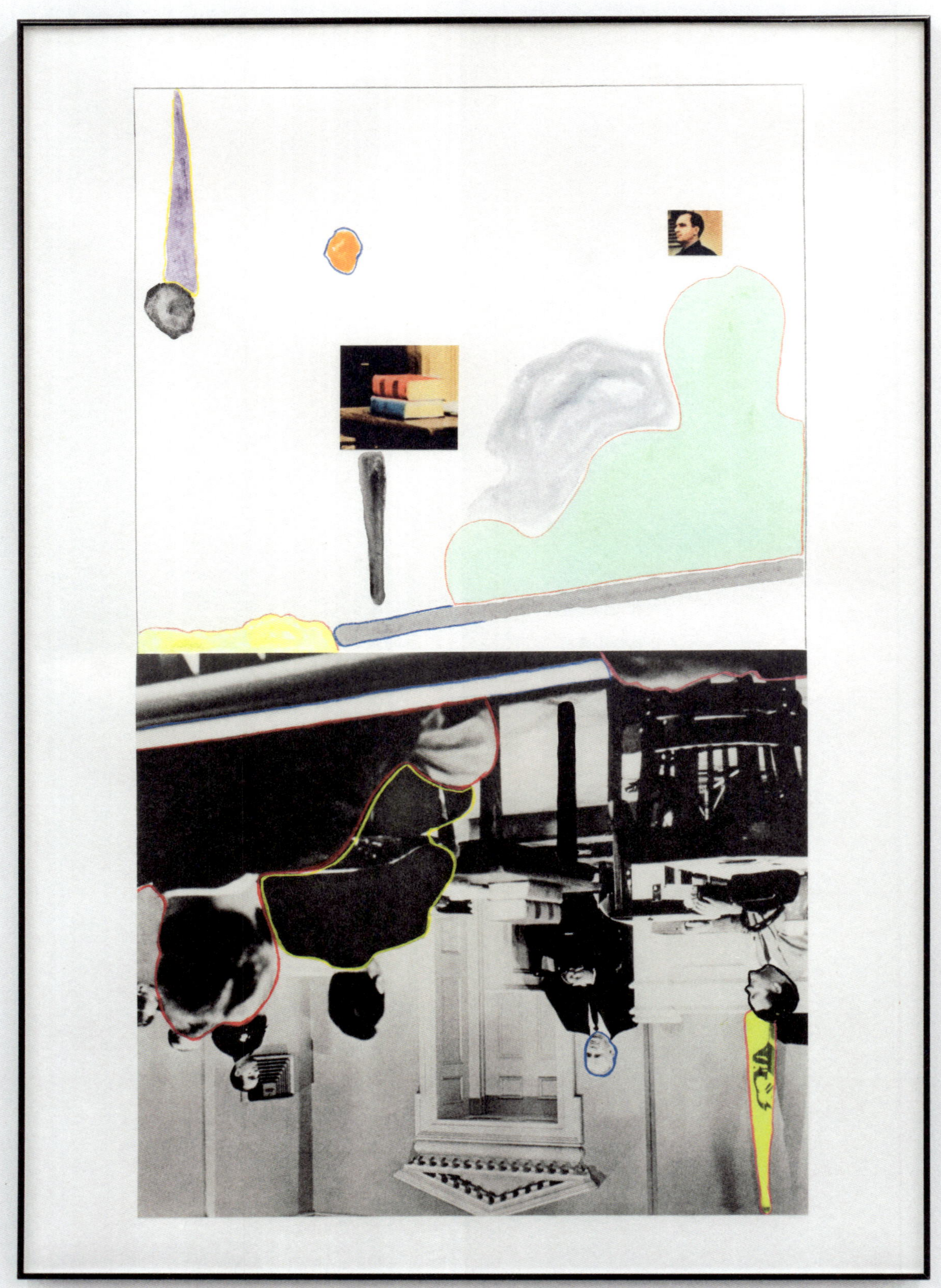

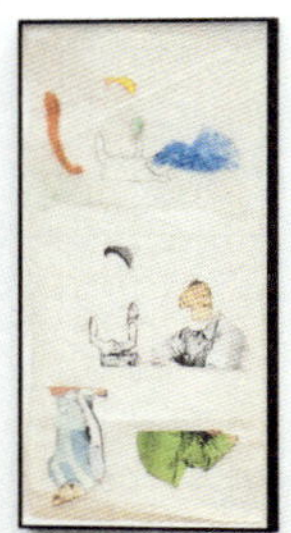

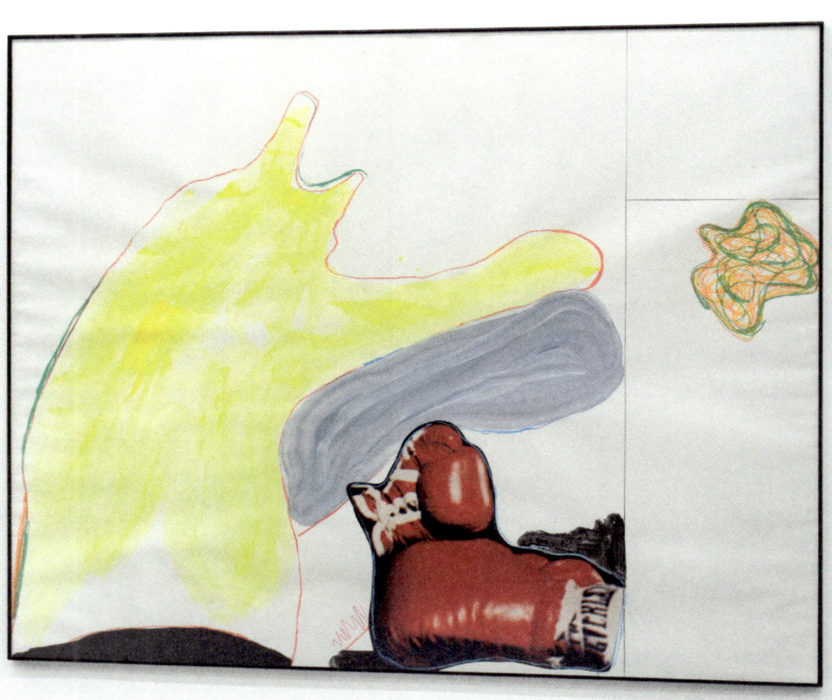

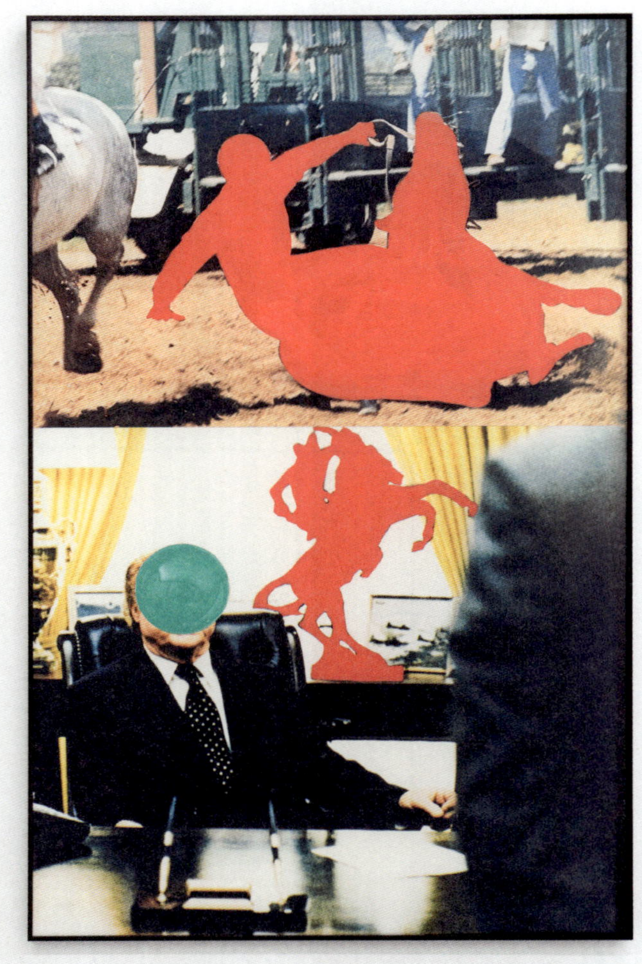

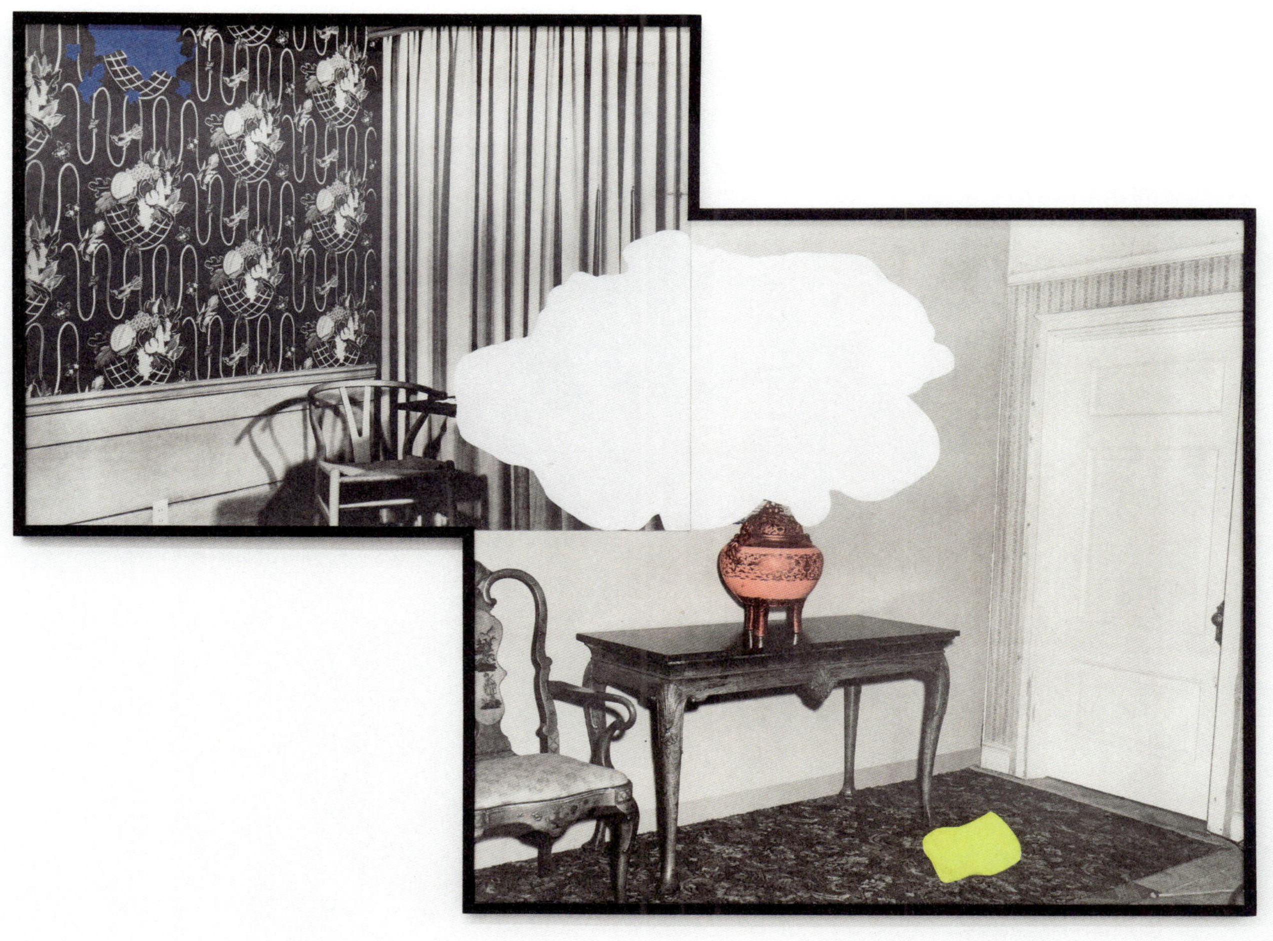

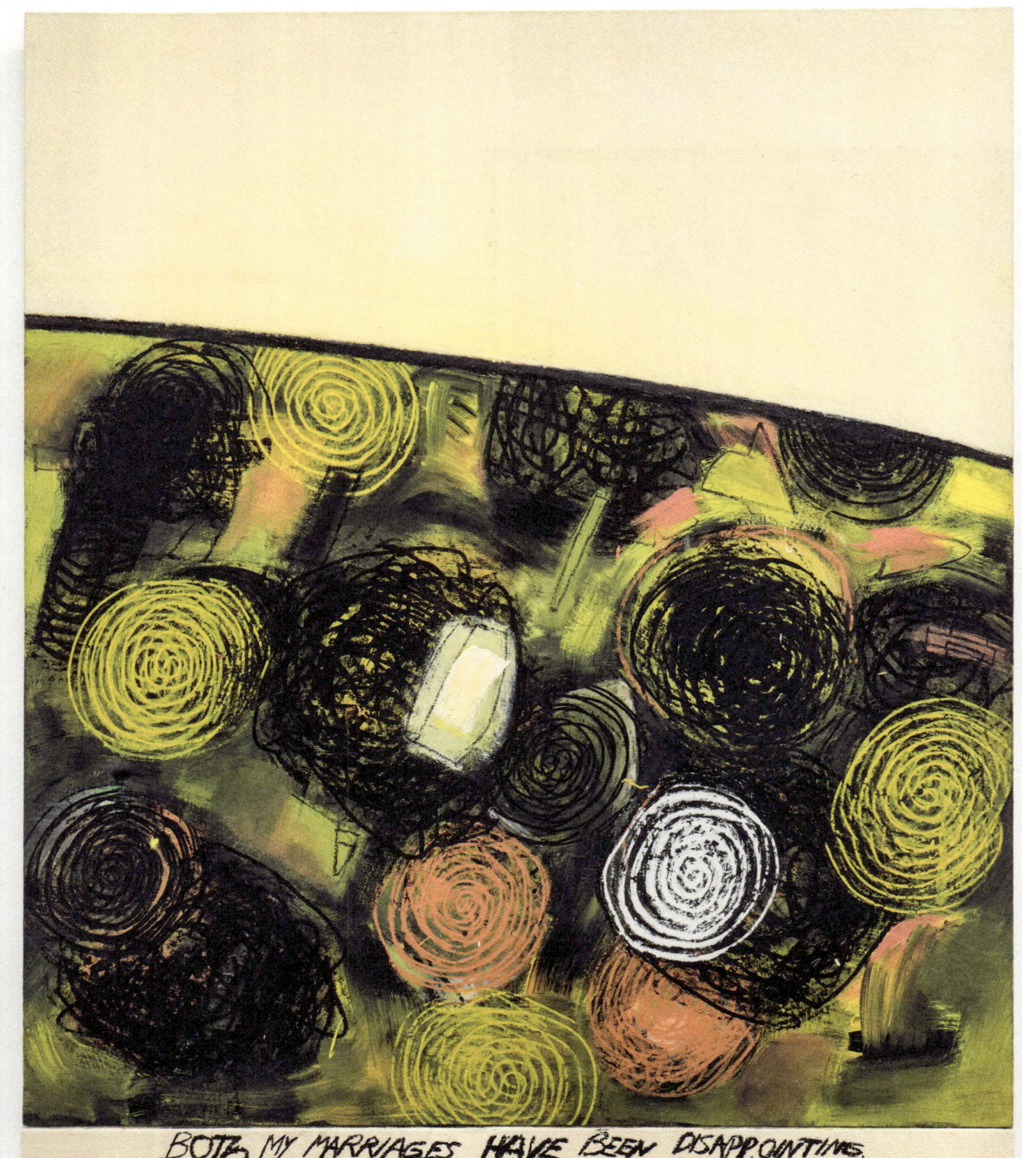

BOTH MY MARRIAGES HAVE BEEN DISAPPOINTING.
MY FIRST WIFE LEFT ME. AND THE SECOND ONE DIDN'T.

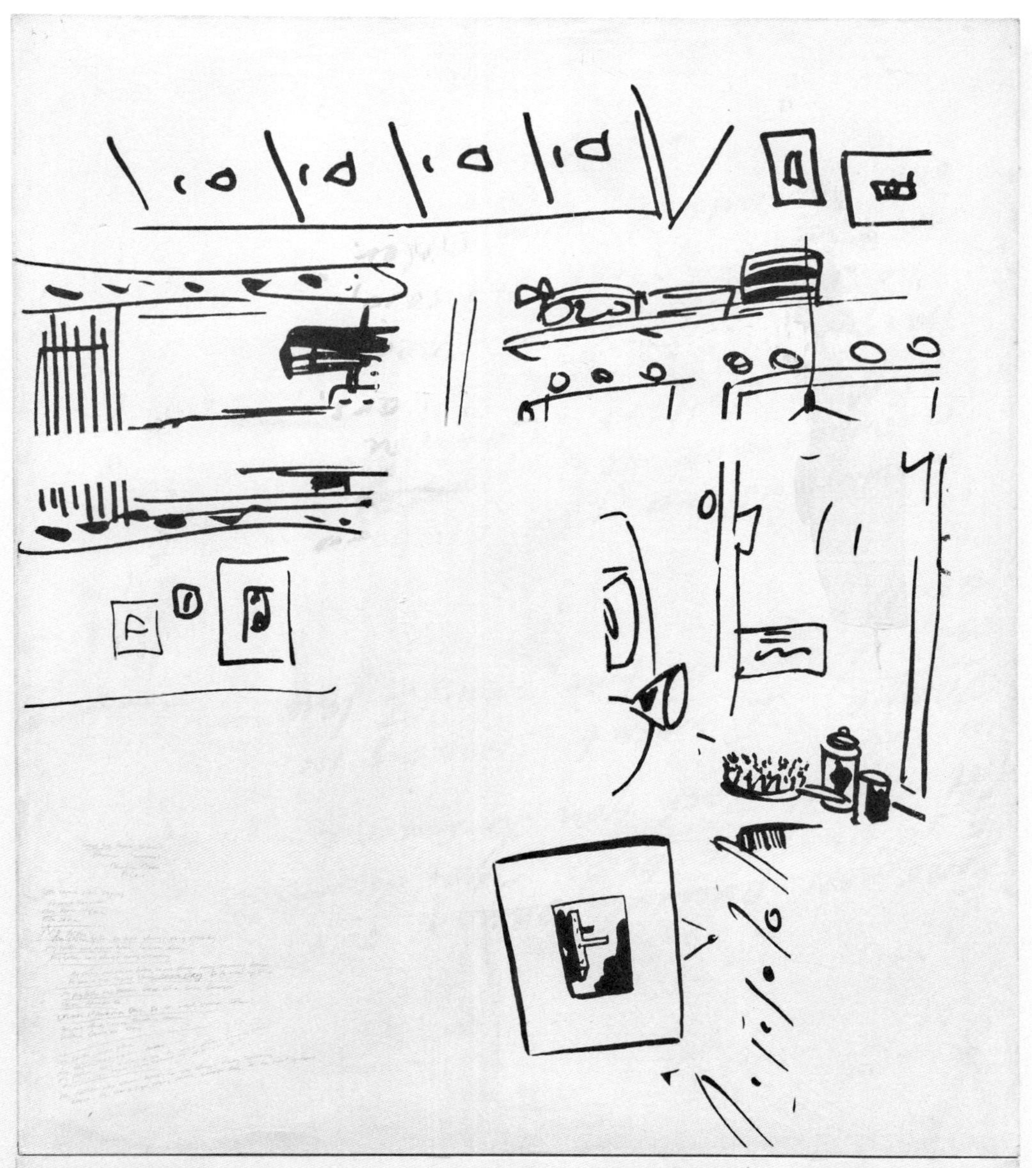

My father was never home, he was a
drinking booze. He saw a sign sayin
DRINK CANADA DRY. So he went u

I never had a penny to my name, so I changed
my name.

Did you hear about the fellow who stopped a
woman on Broadway and told her, "You're the
first white woman I've seen in six months."
"Where've you been," she inquired, "darkest
Africa?"
"Nope, selling silk in Florida."

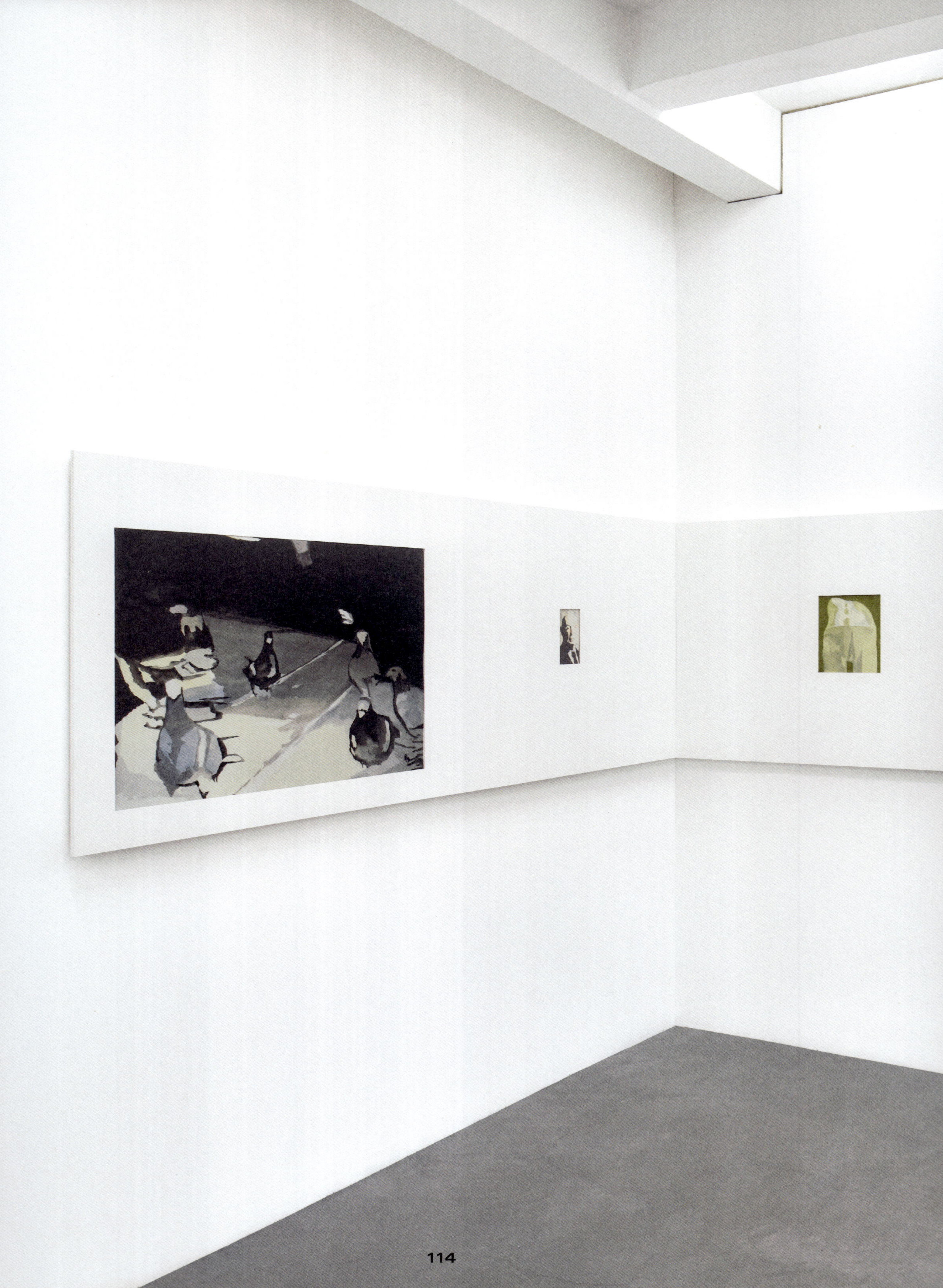

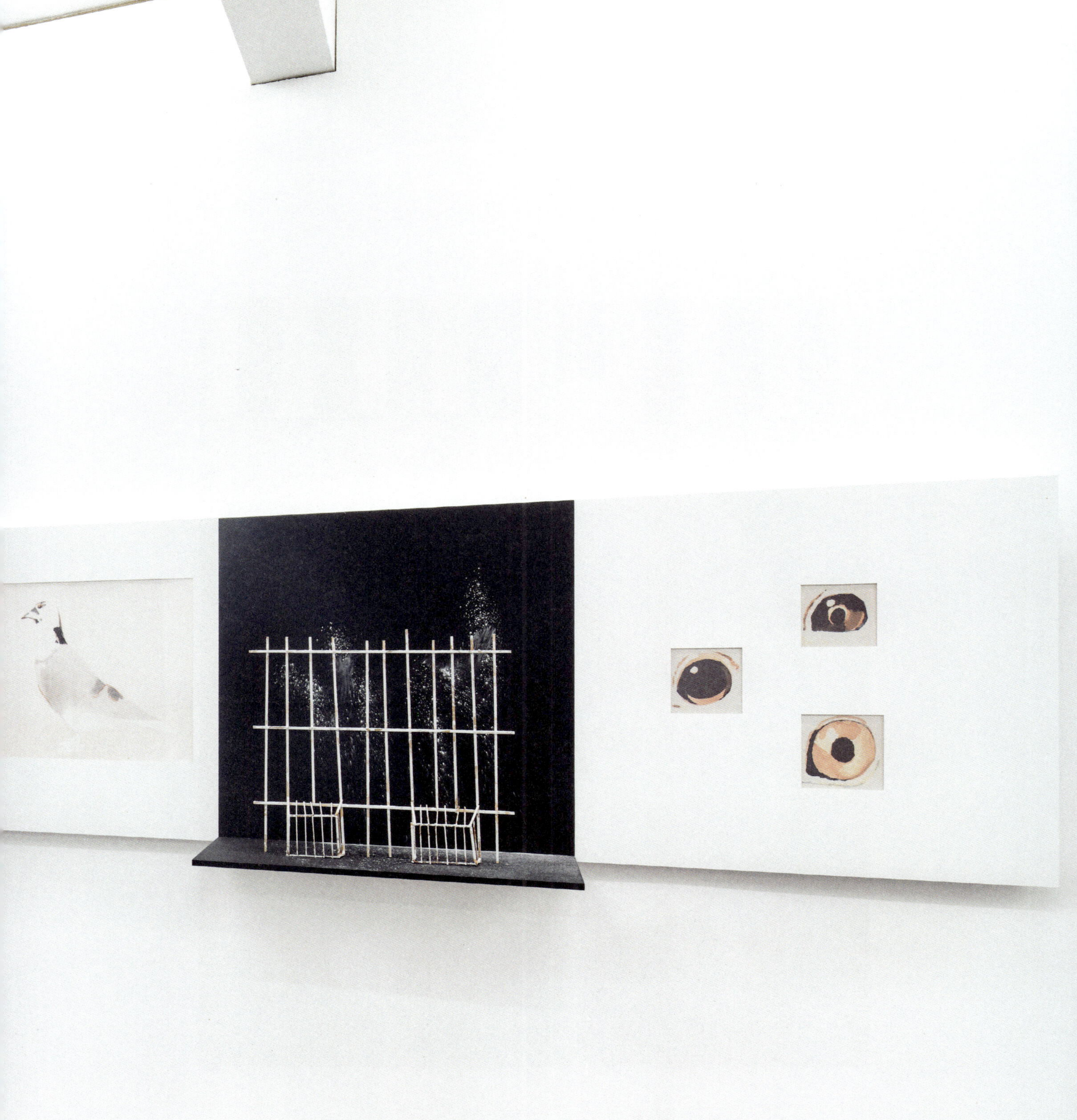

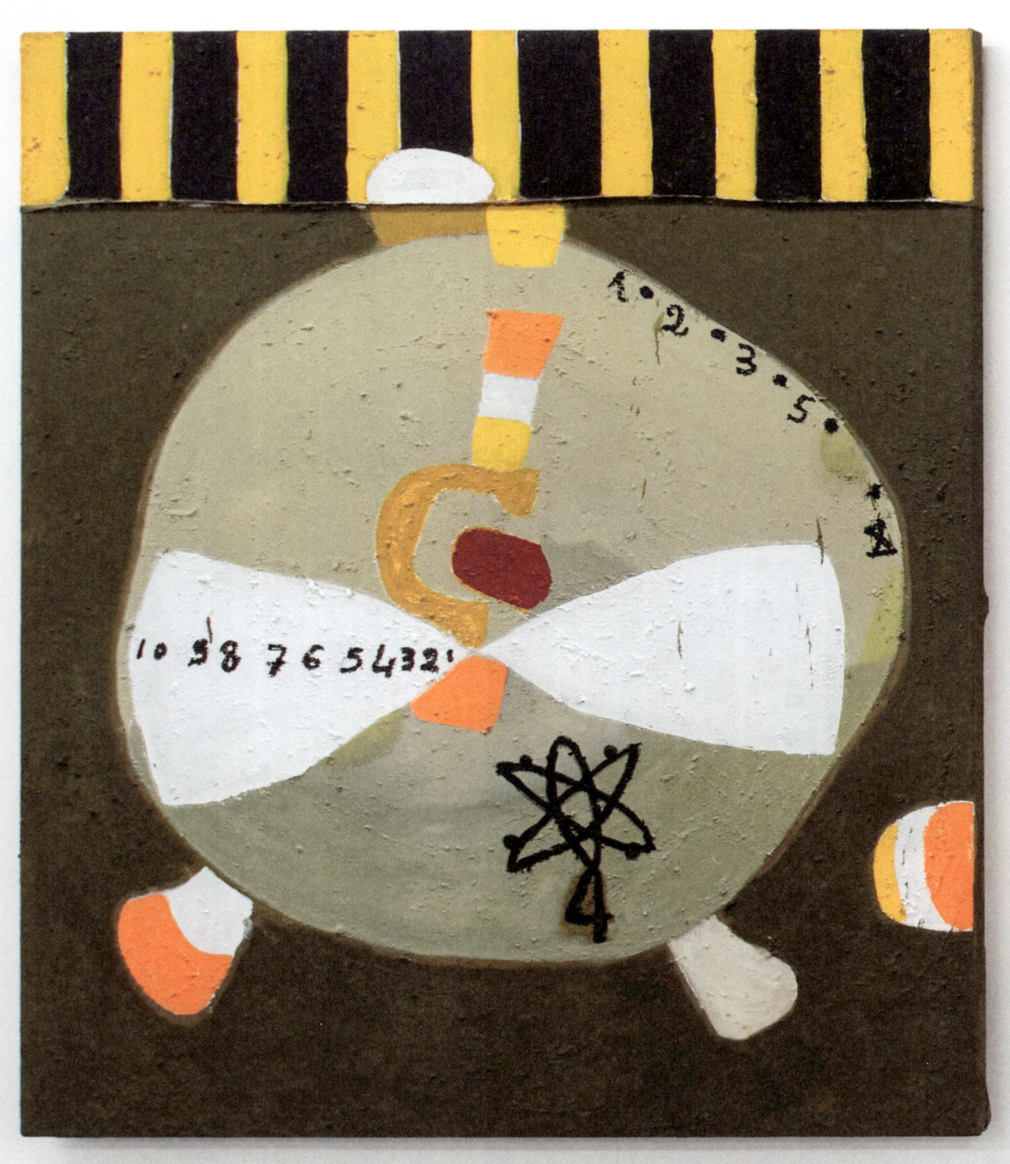

1 2 3 5
10 9 8 7 6 5 4 3 2 1
4

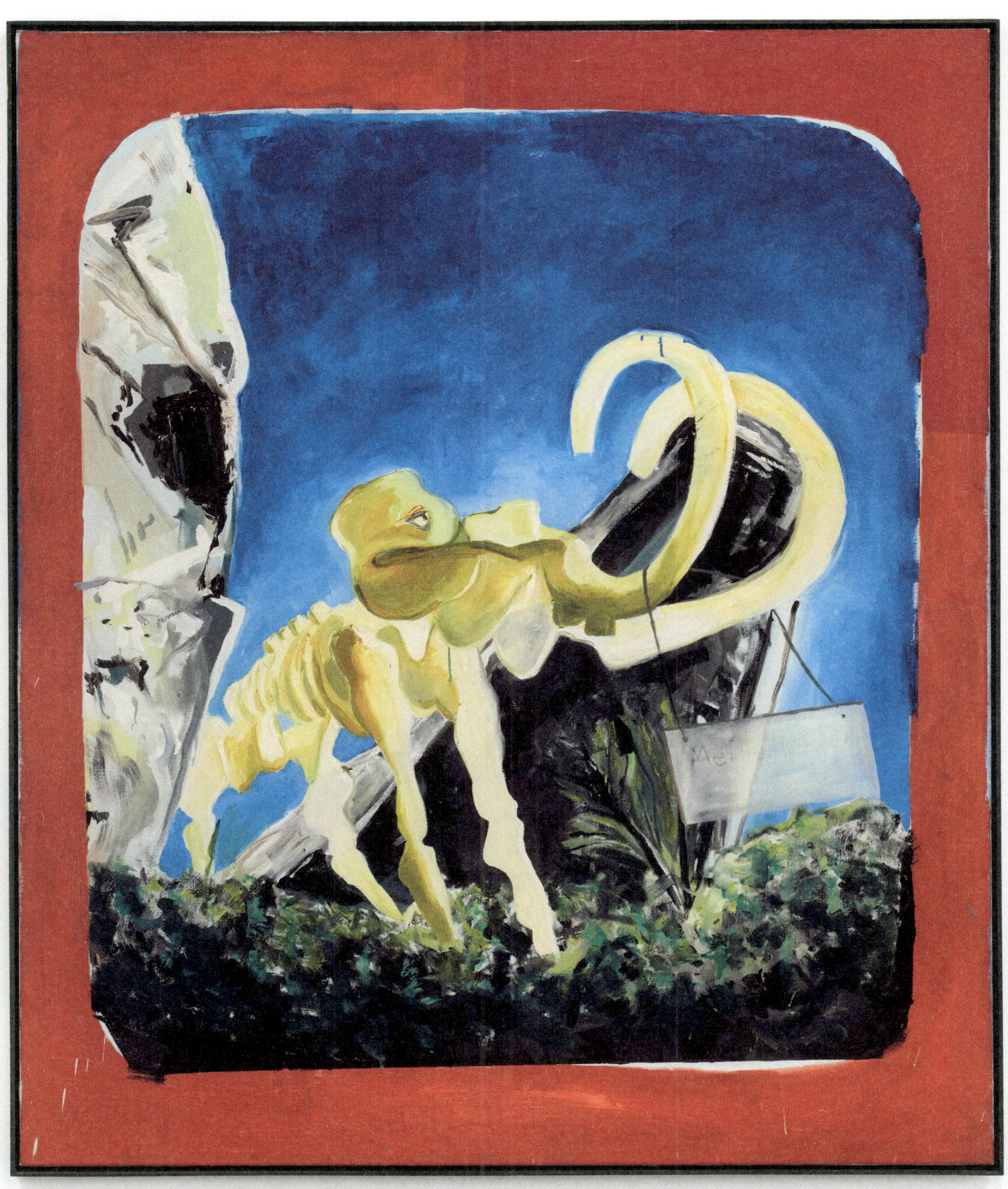

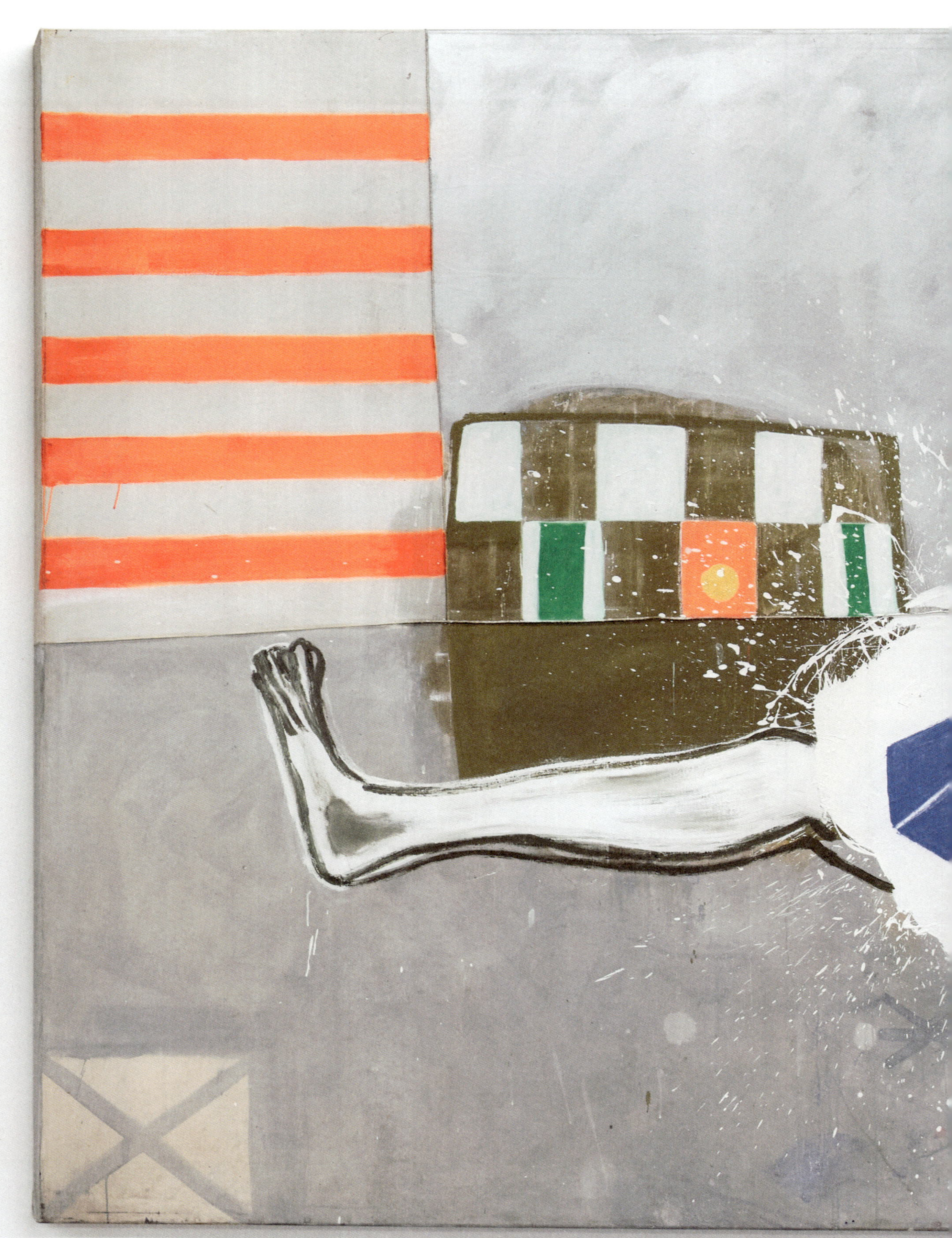

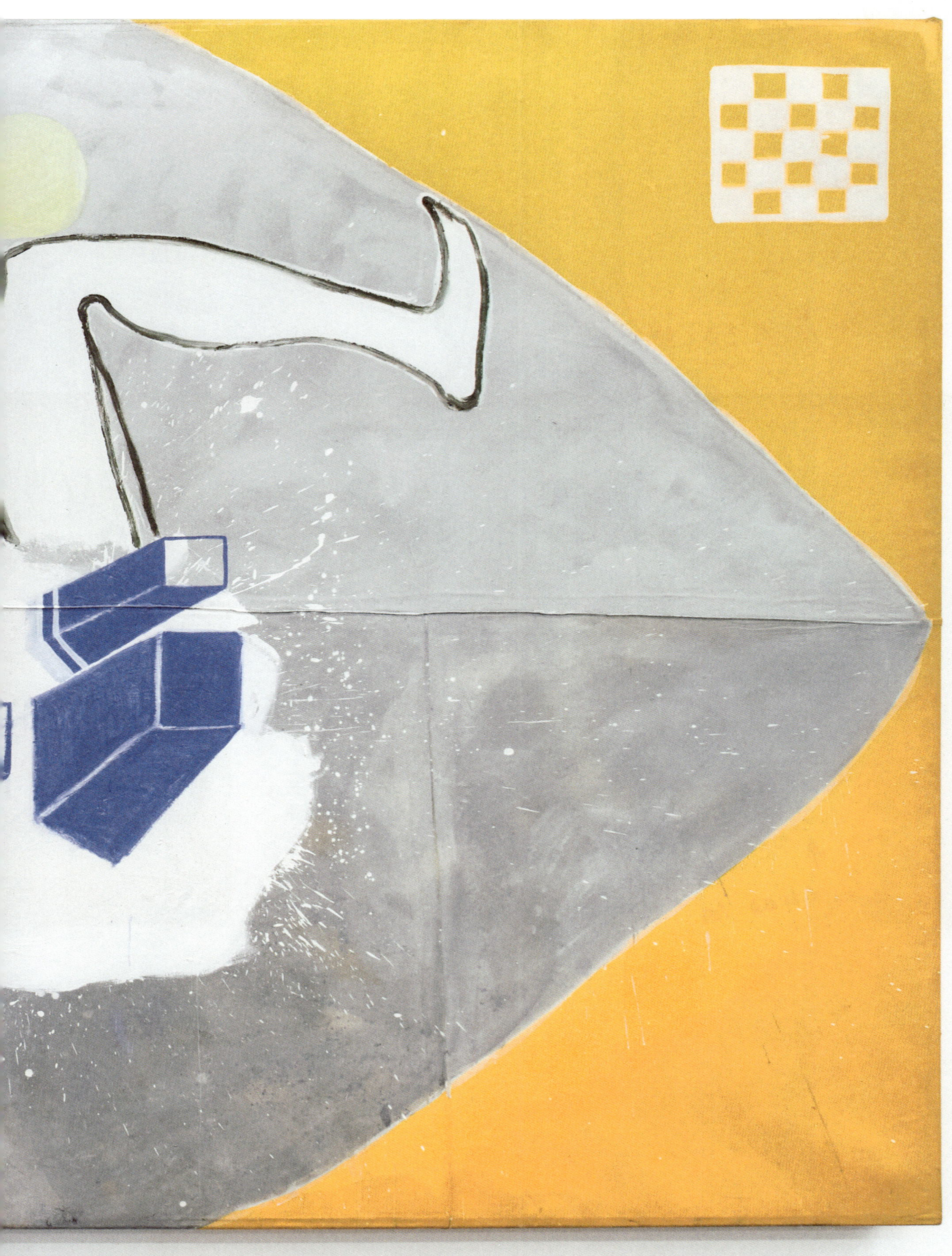

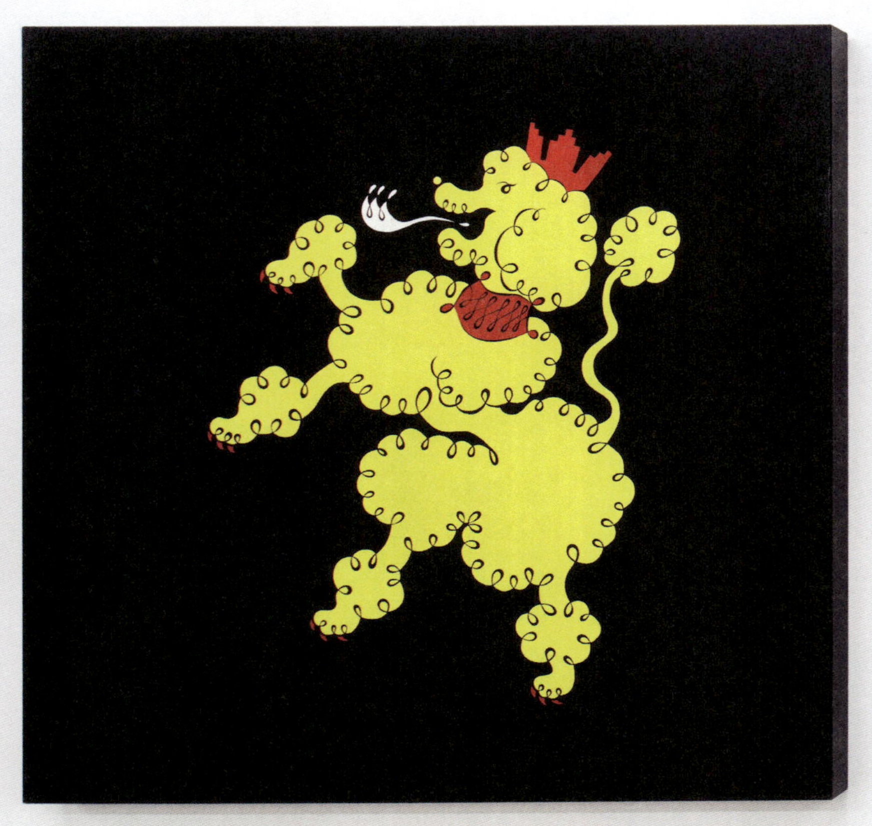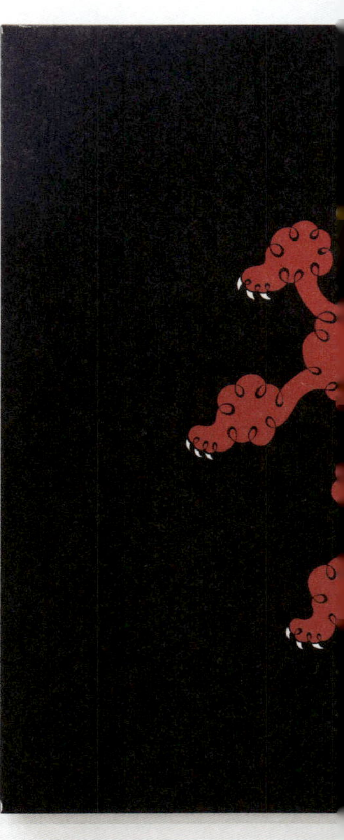

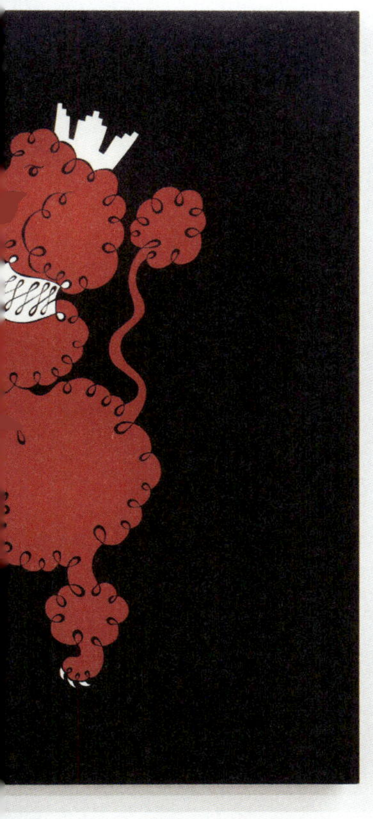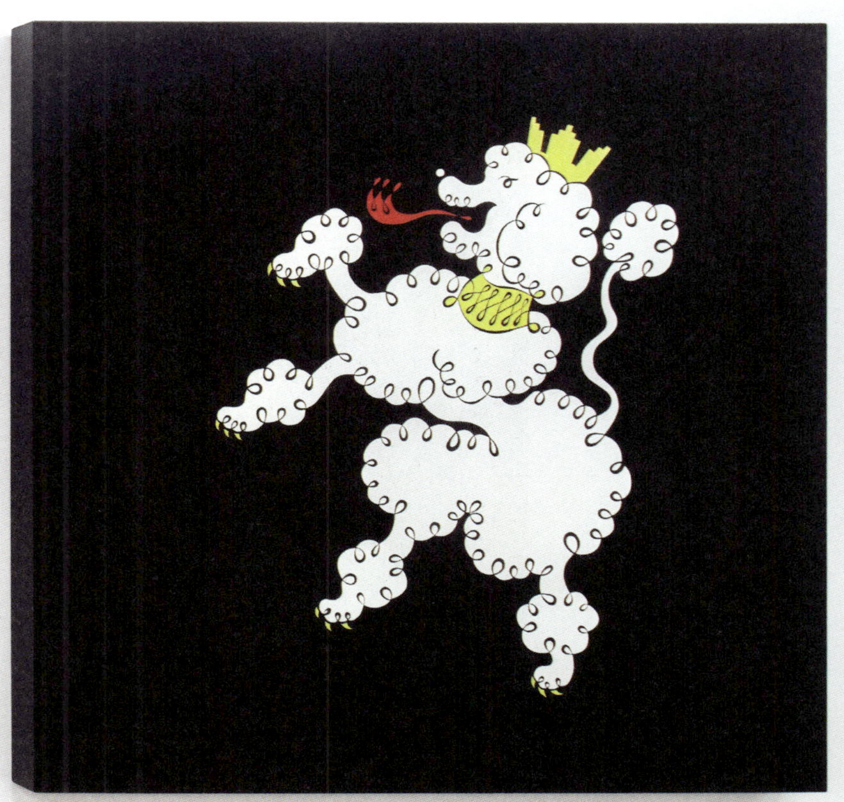

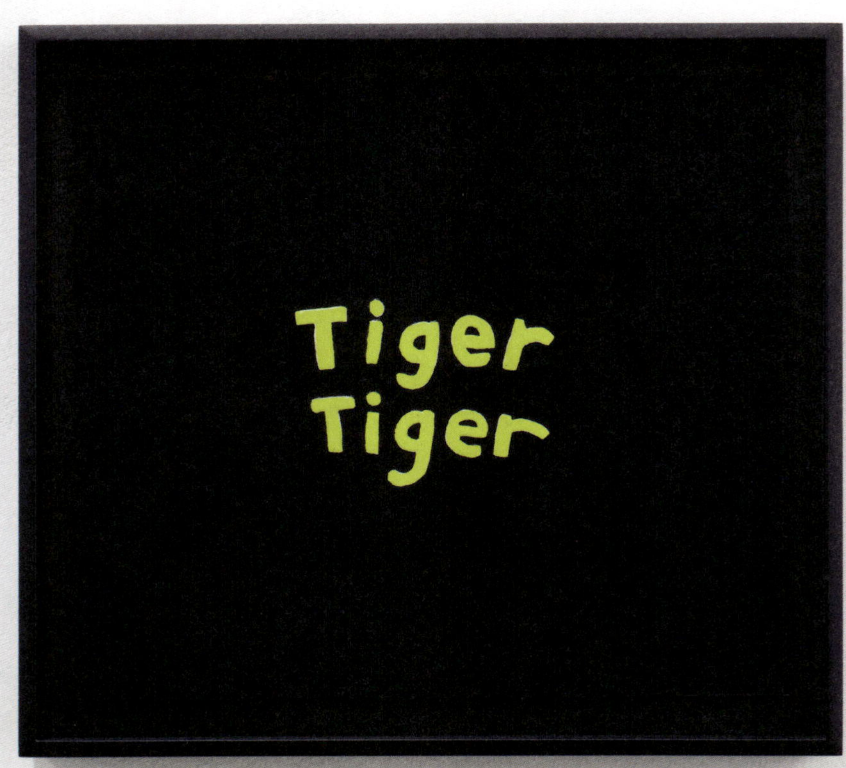

Tiger
Tiger

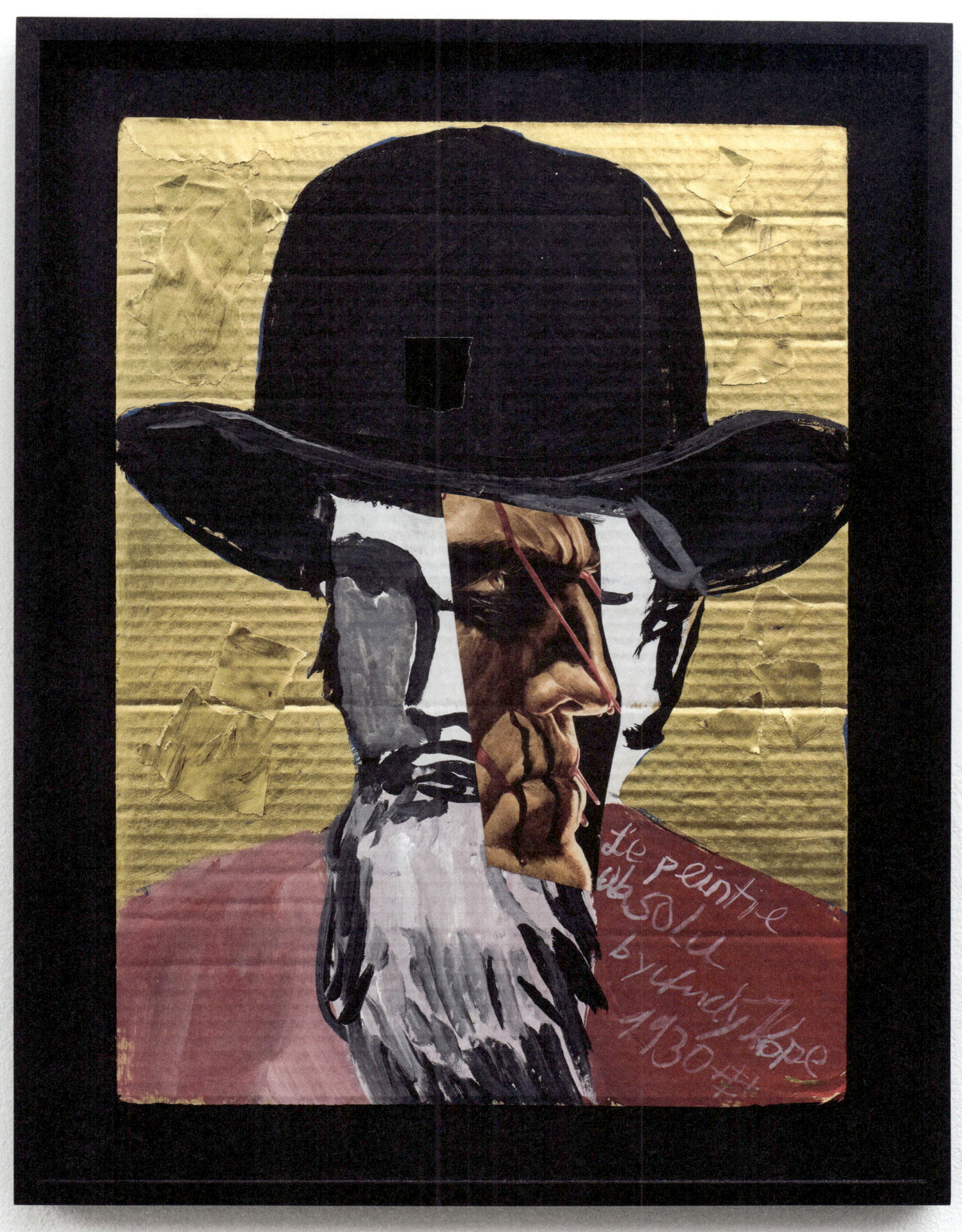

Le peintre
absolu
by Andy Hope
1930

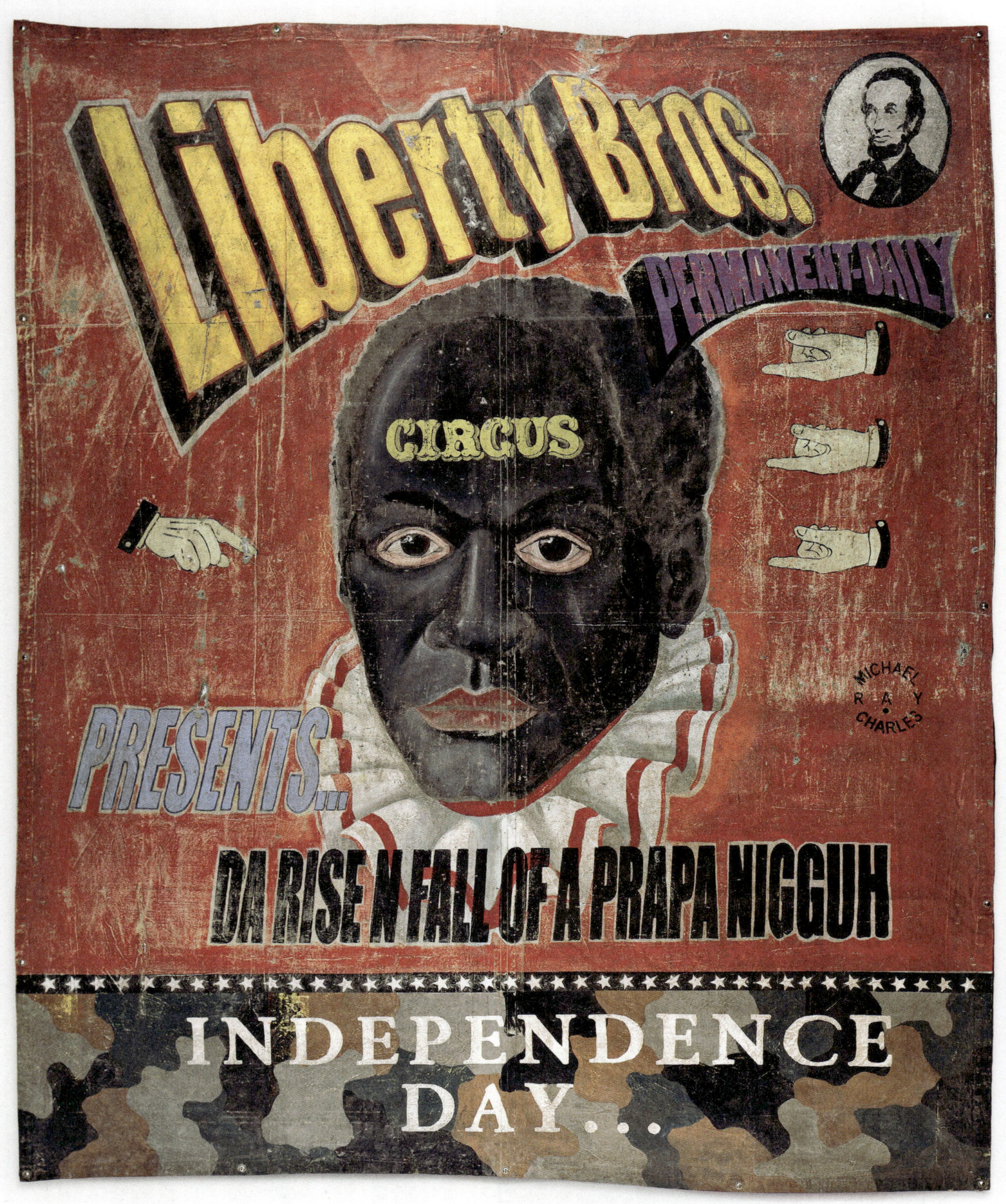

Liberty Bros.
PERMANENT-DAILY
CIRCUS
PRESENTS...
DA RISE N FALL OF A PRAPA NIGGUH
INDEPENDENCE
DAY...
MICHAEL
R A Y
CHARLES

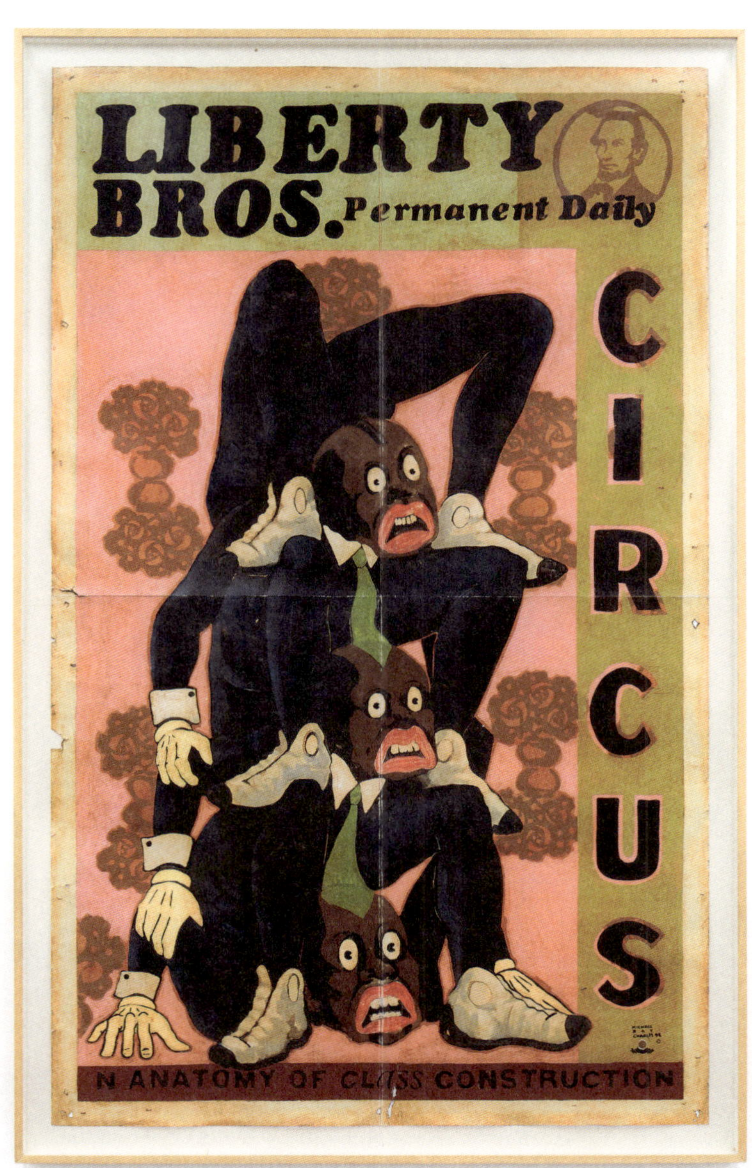

LIBERTY
BROS. Permanent Daily
CIRCUS
N ANATOMY OF CLASS CONSTRUCTION

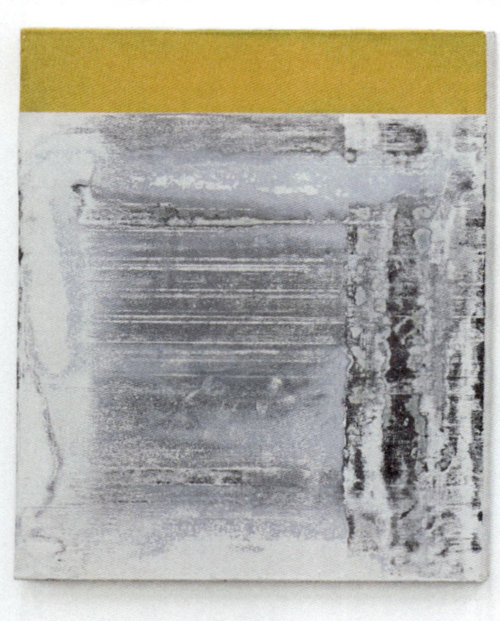

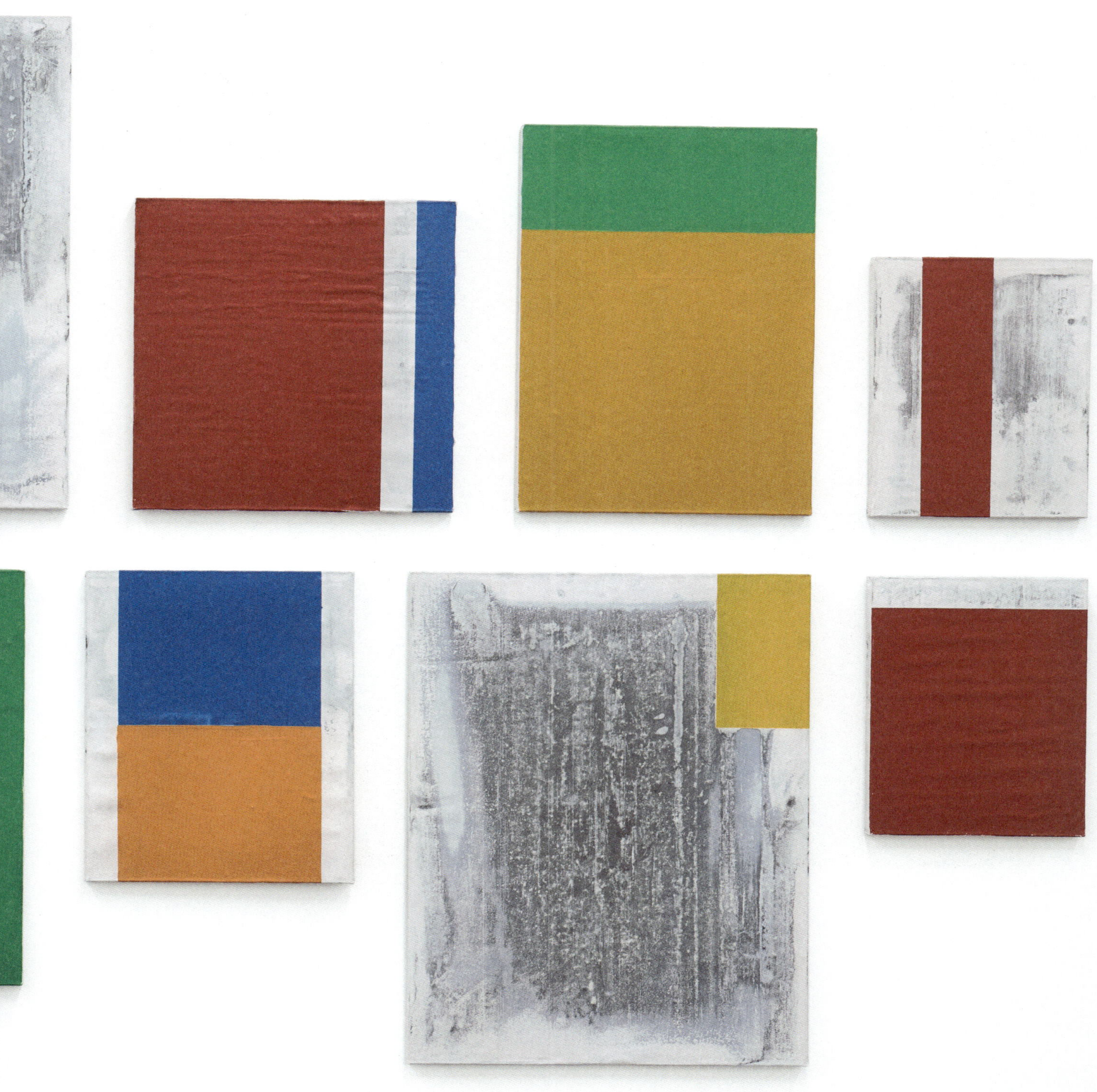

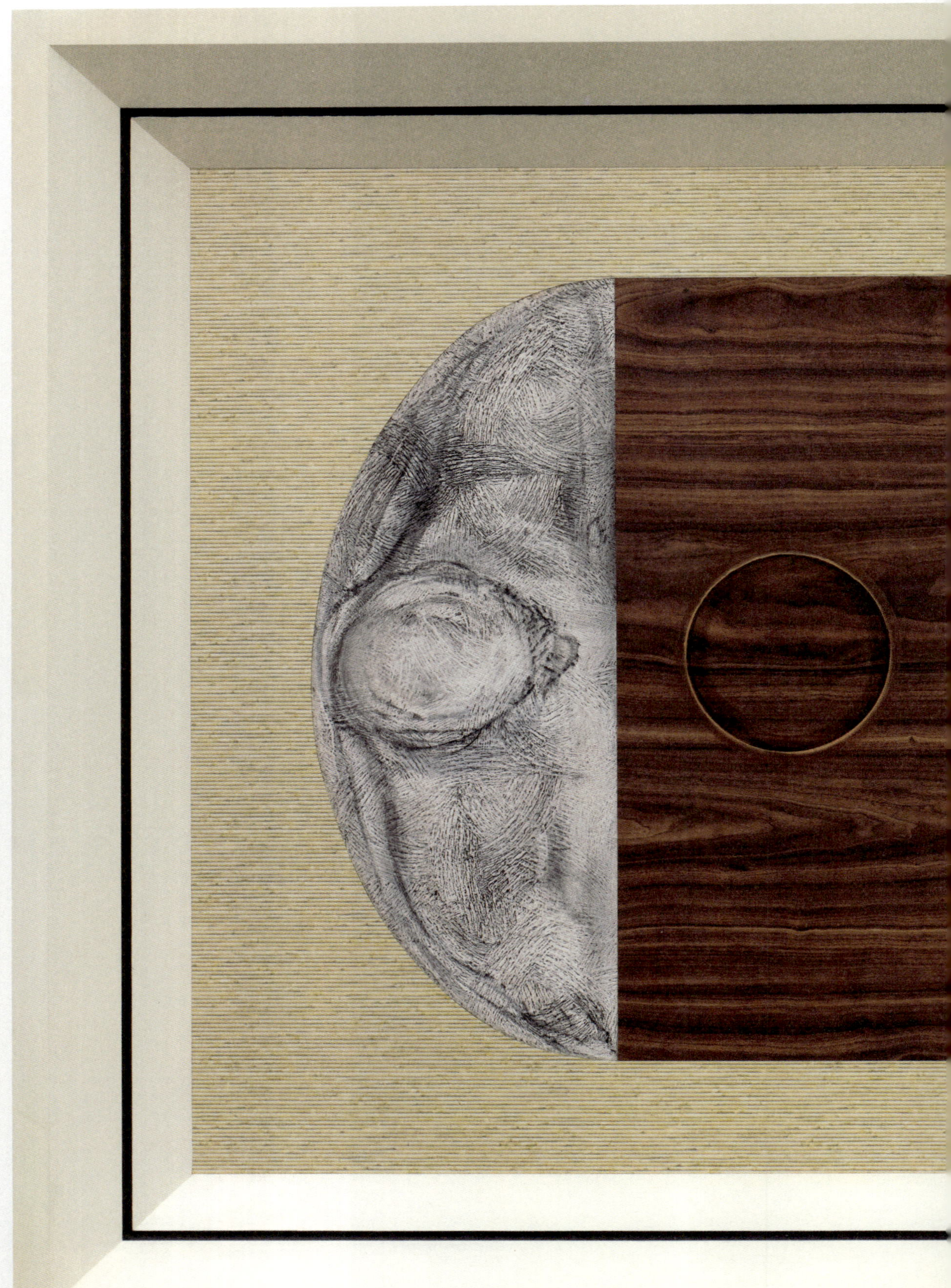

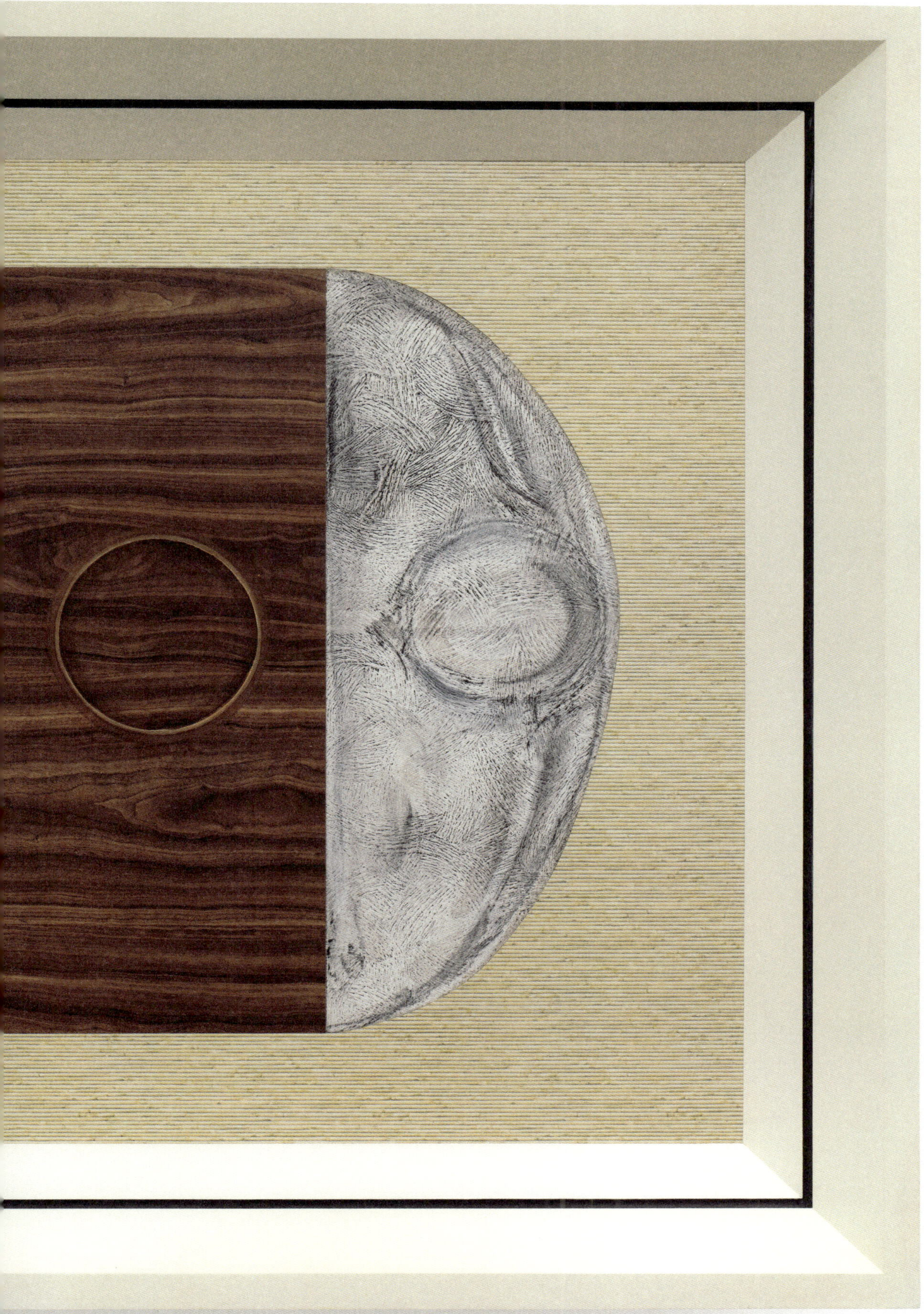

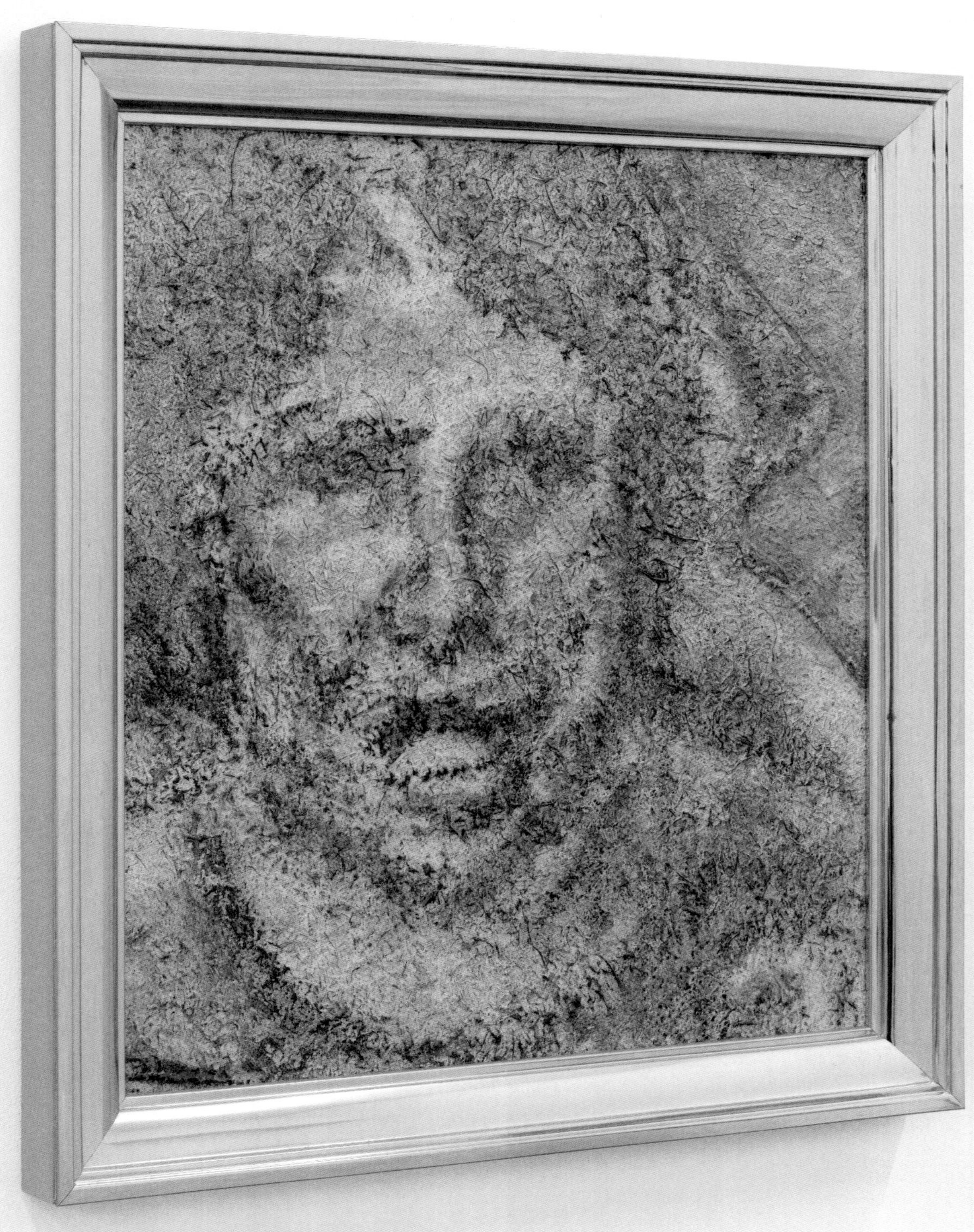

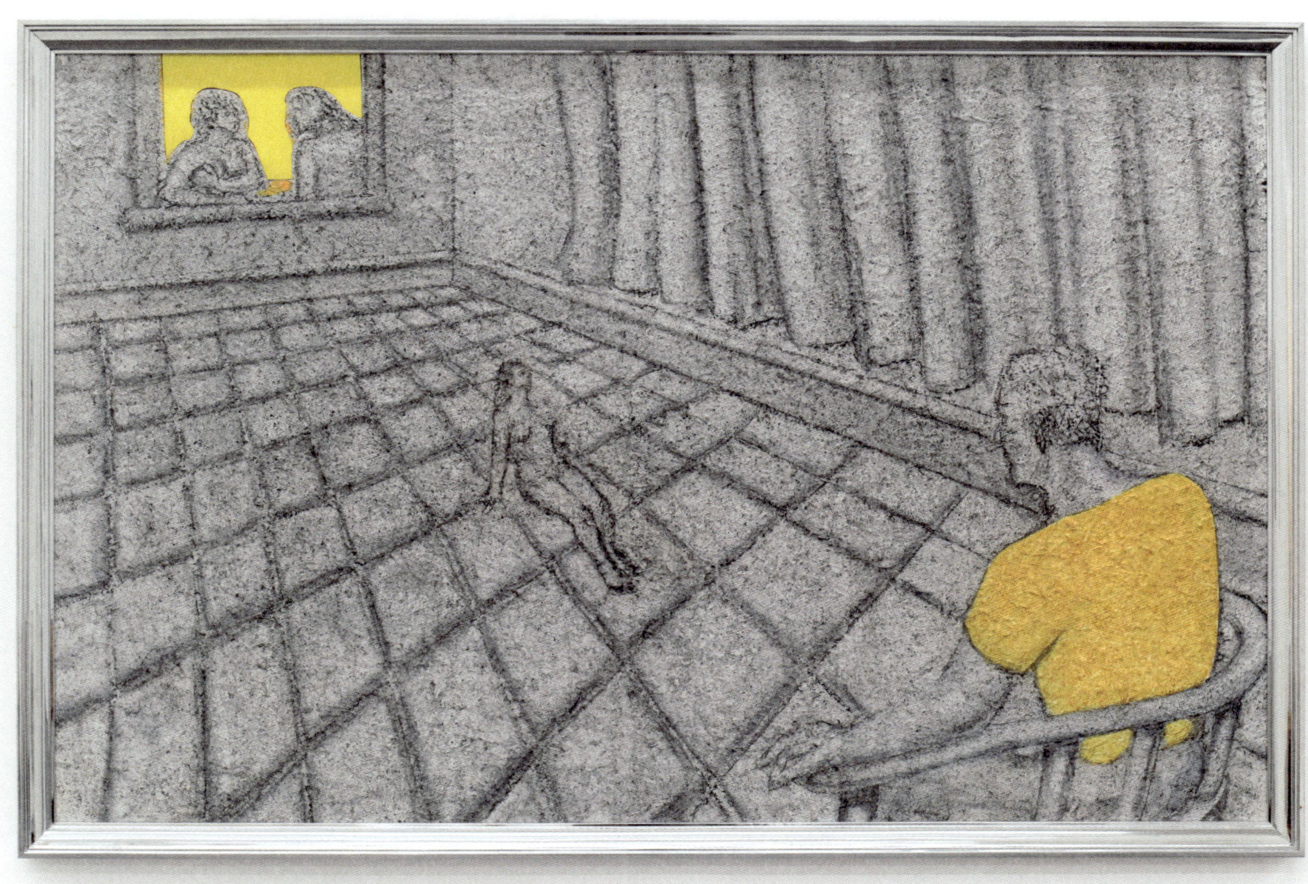

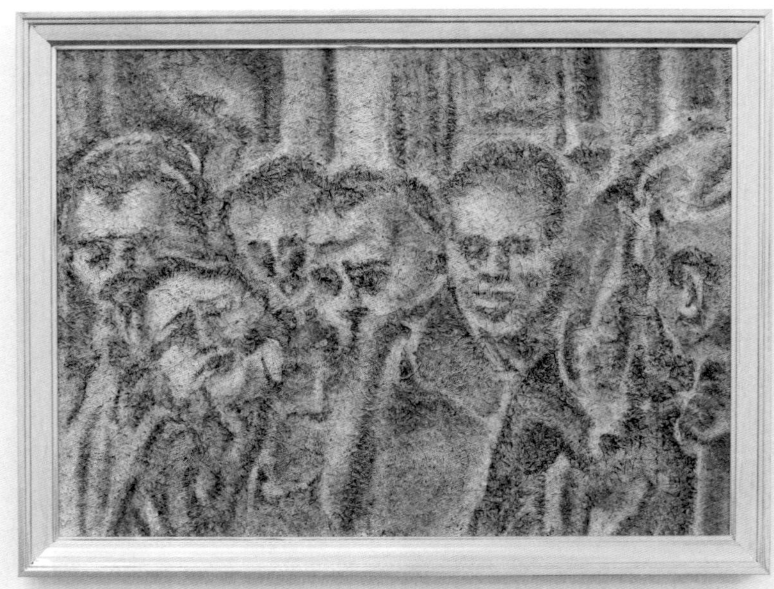

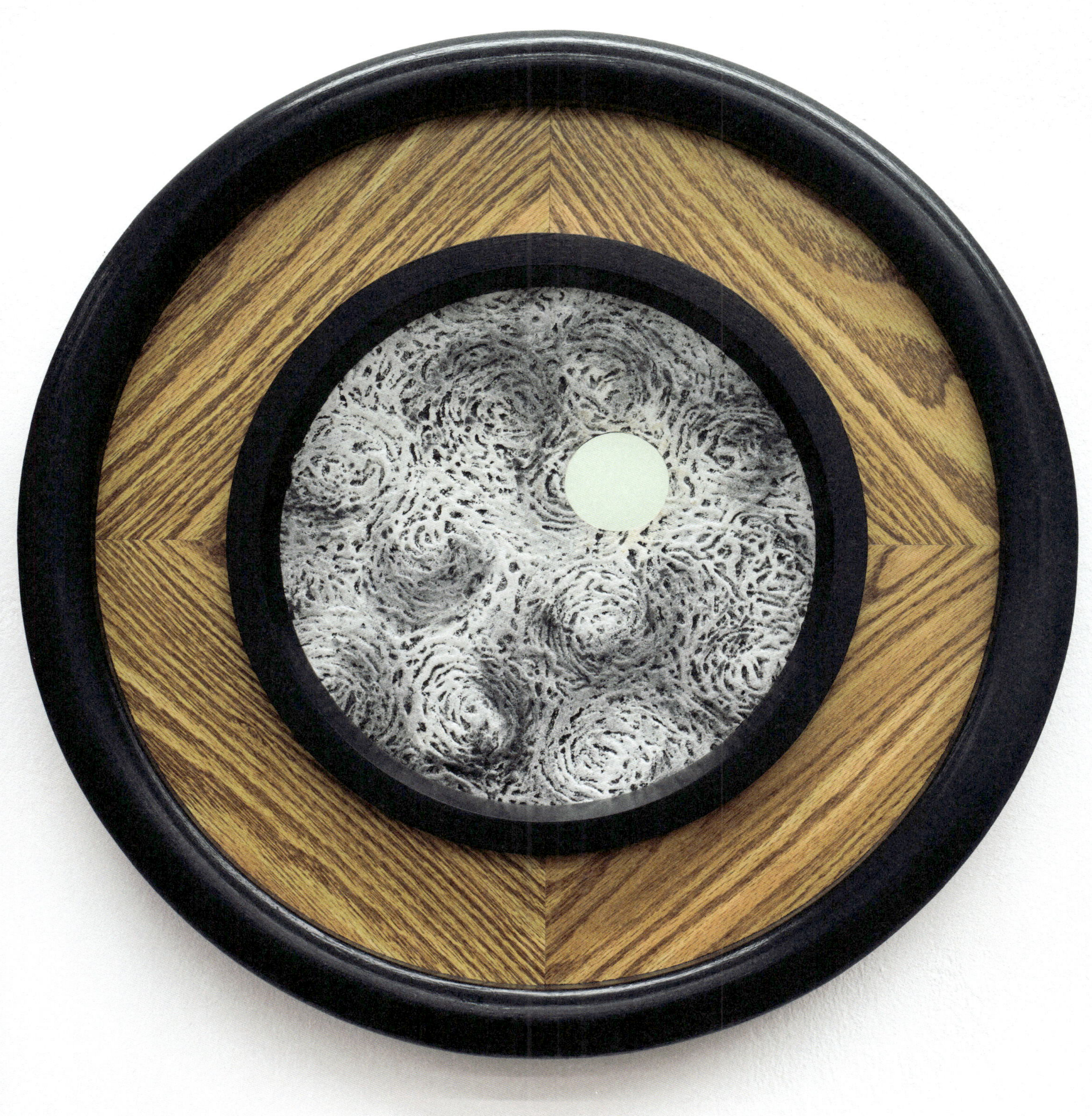

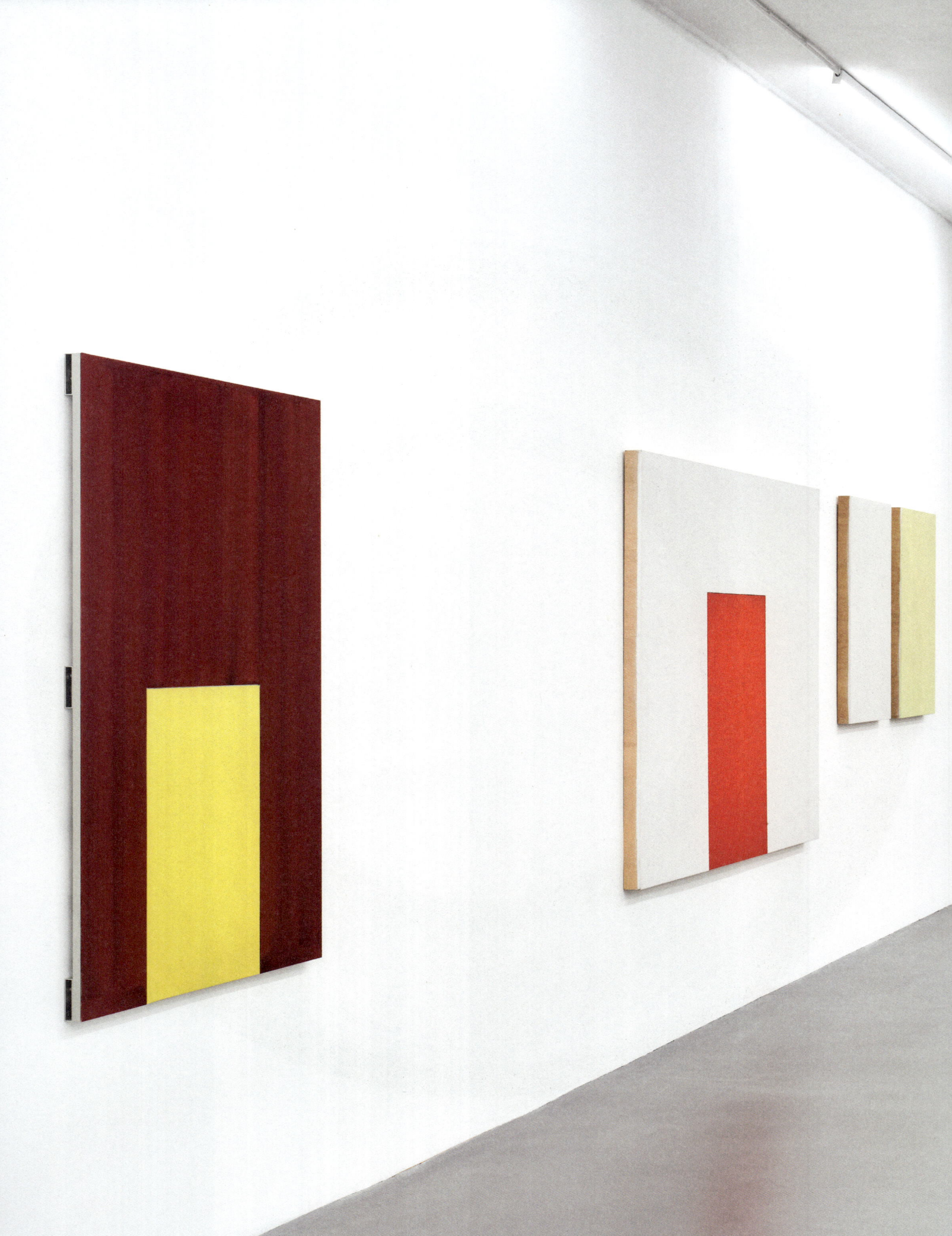

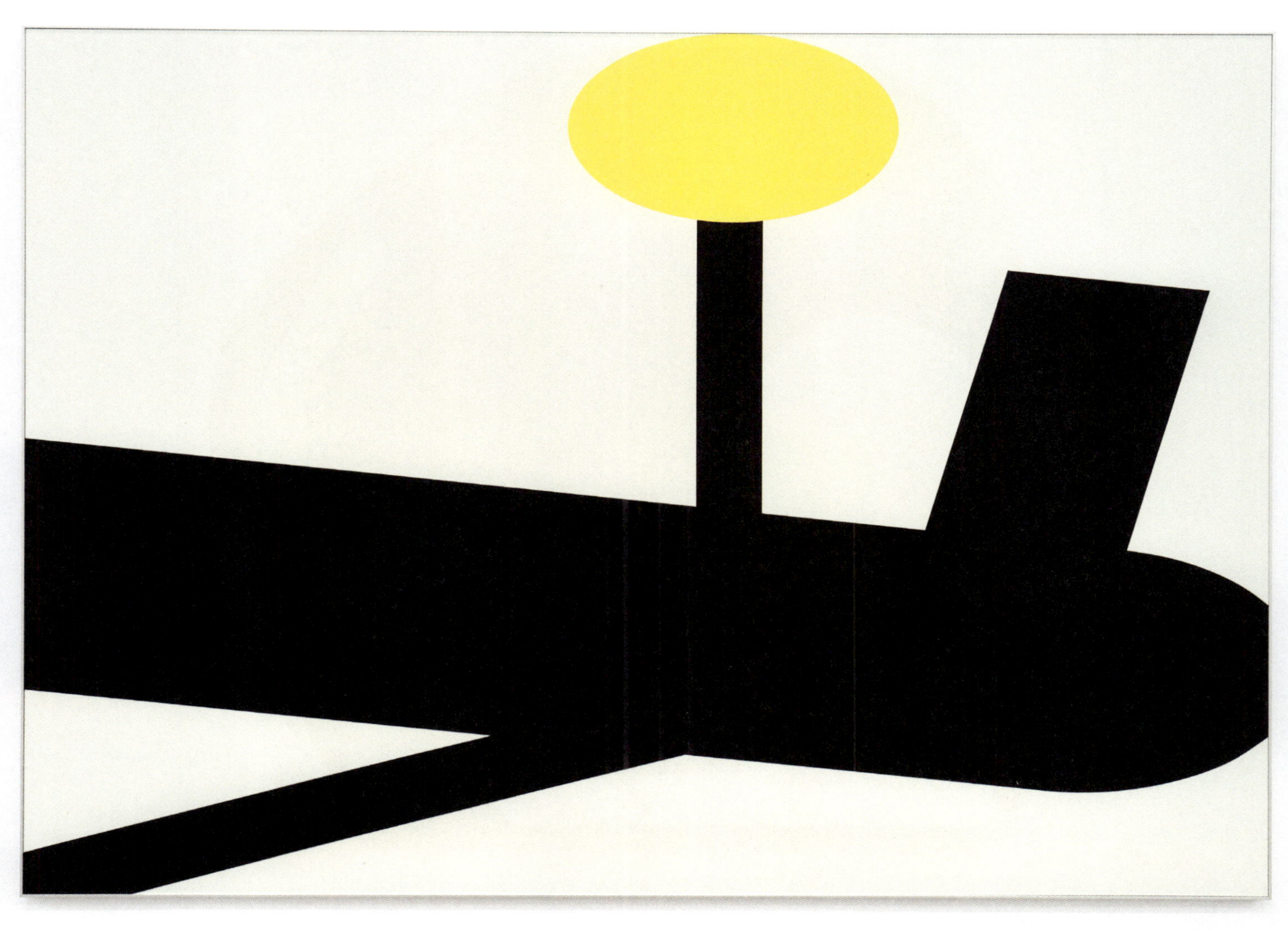

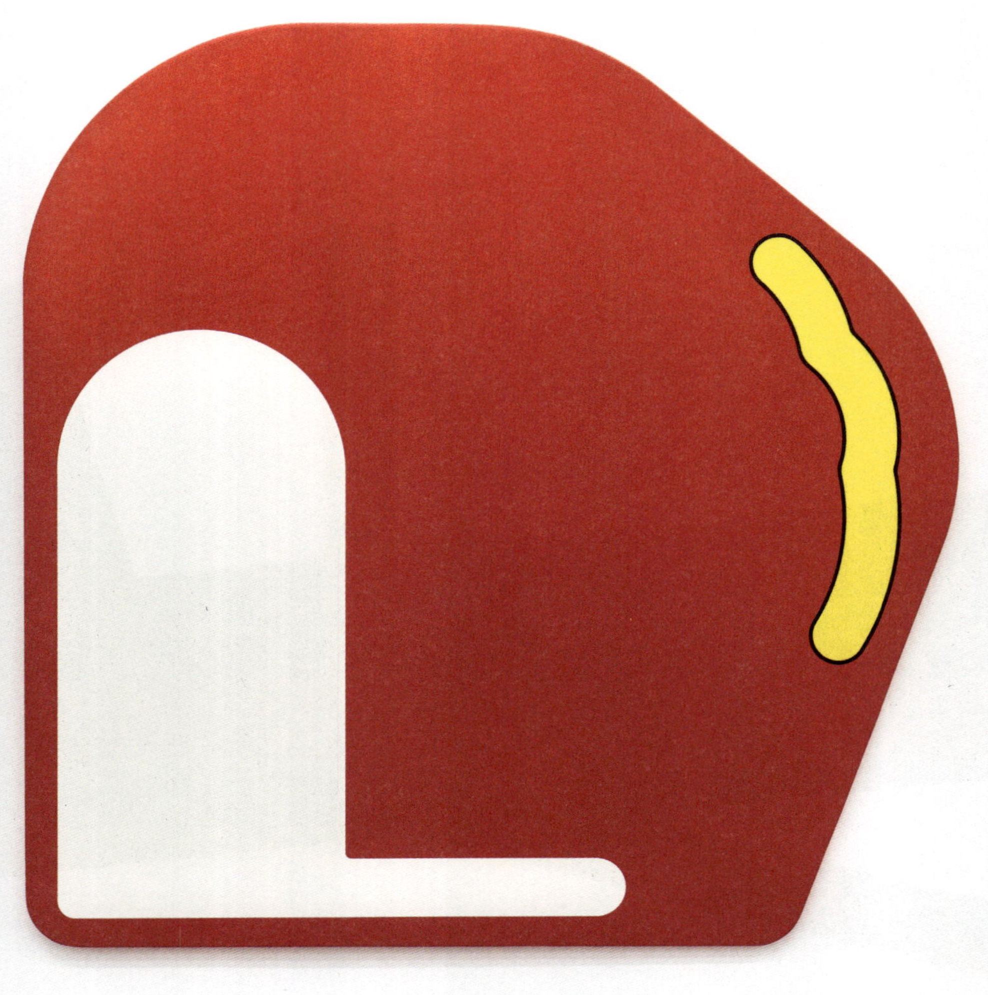

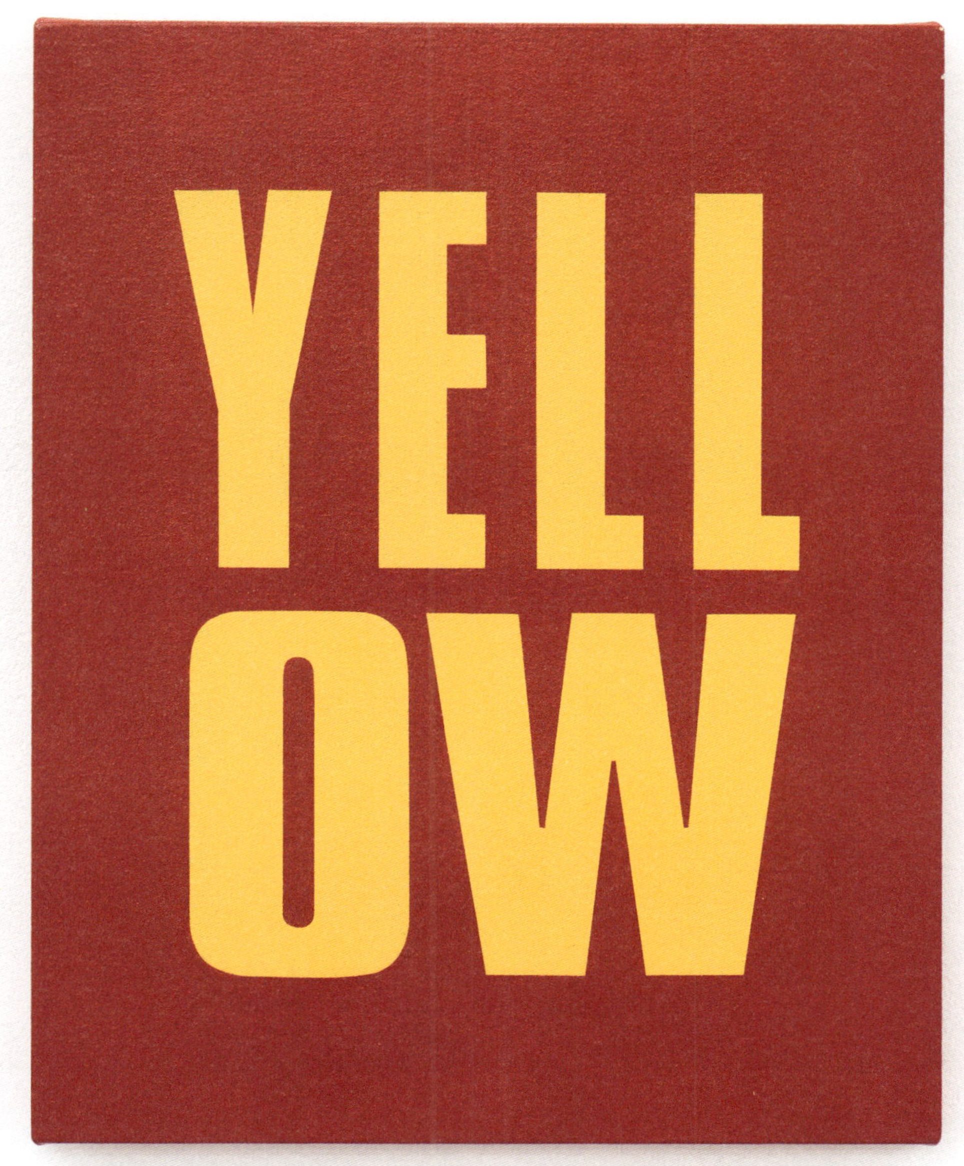

YELL
OW

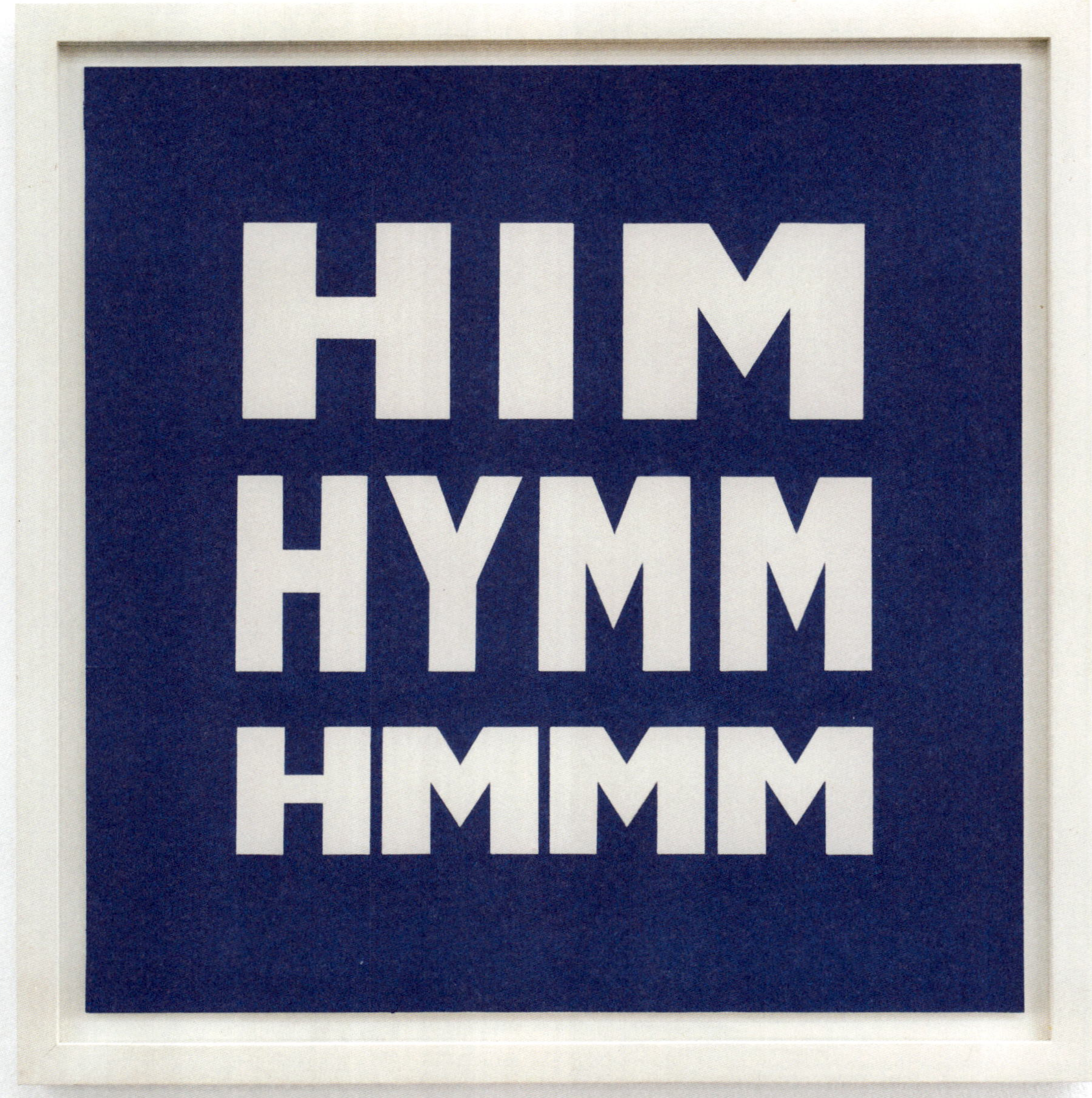
HIM
HYMM
HMMM

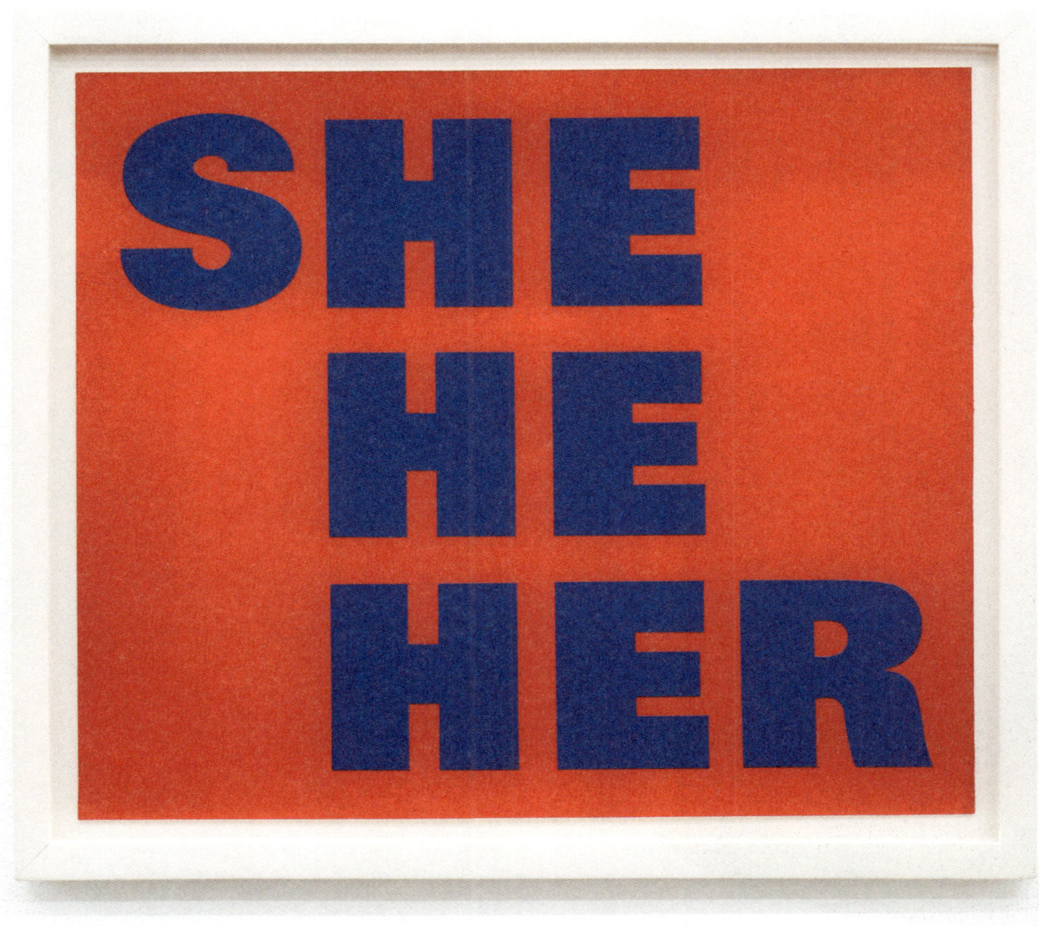

SHE
HE
HER

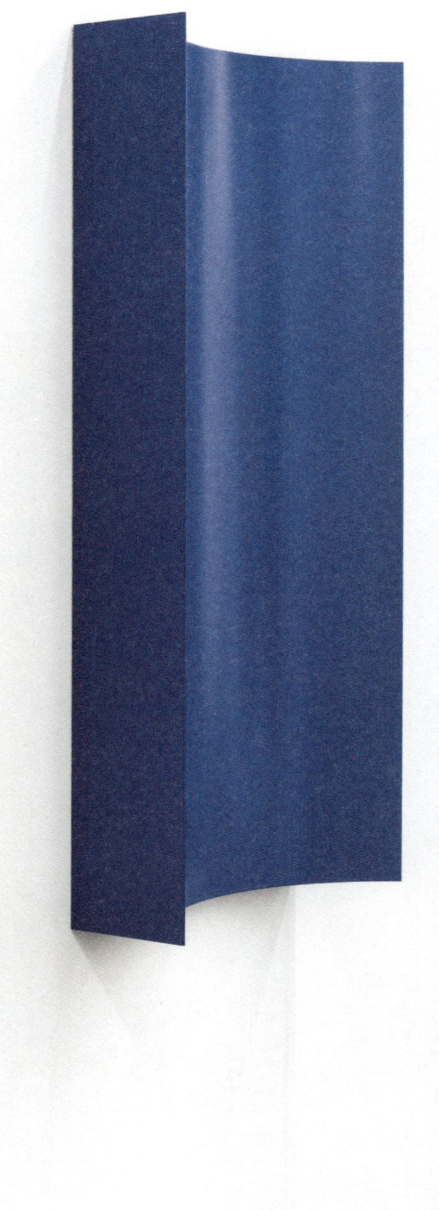

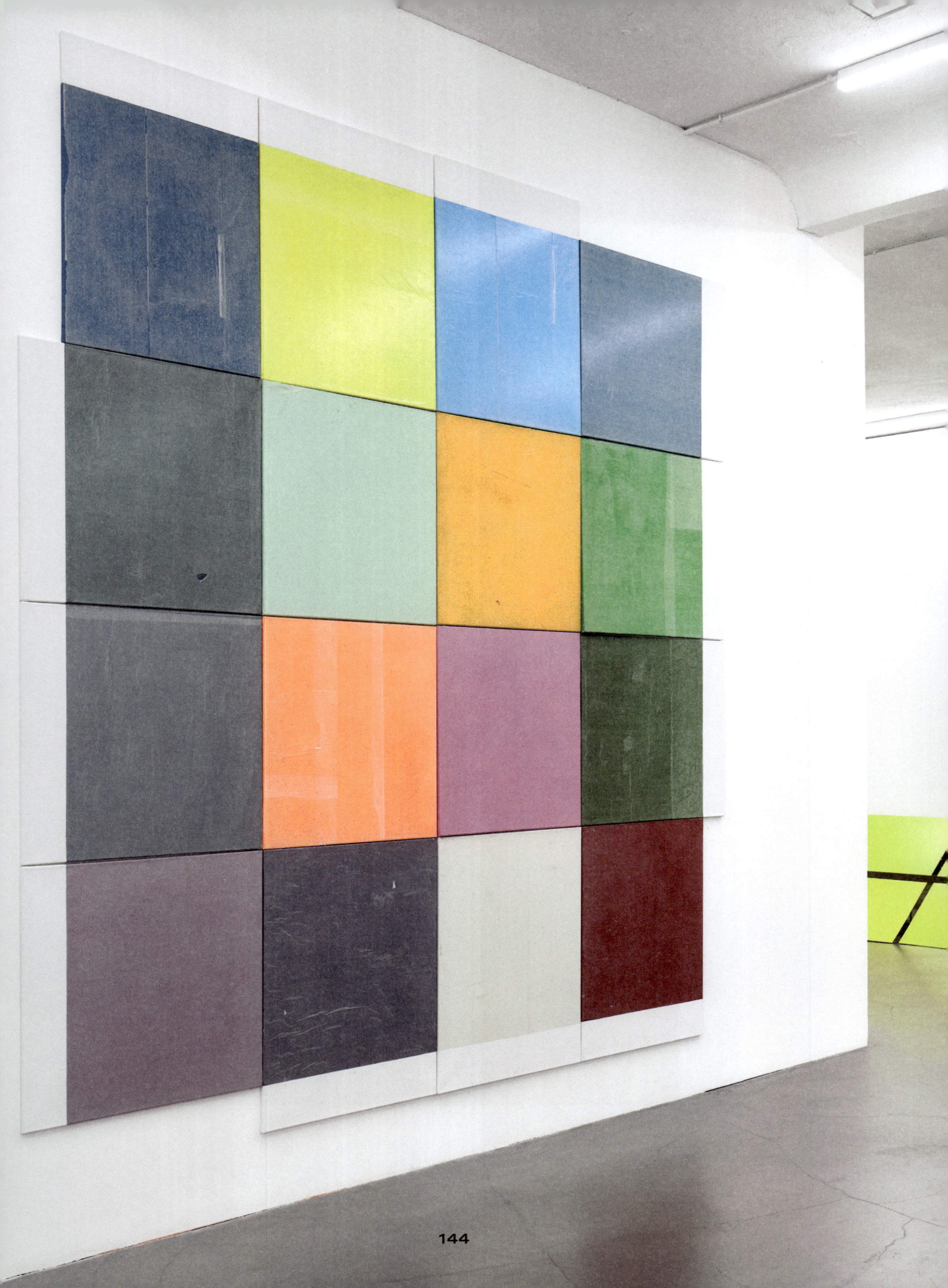

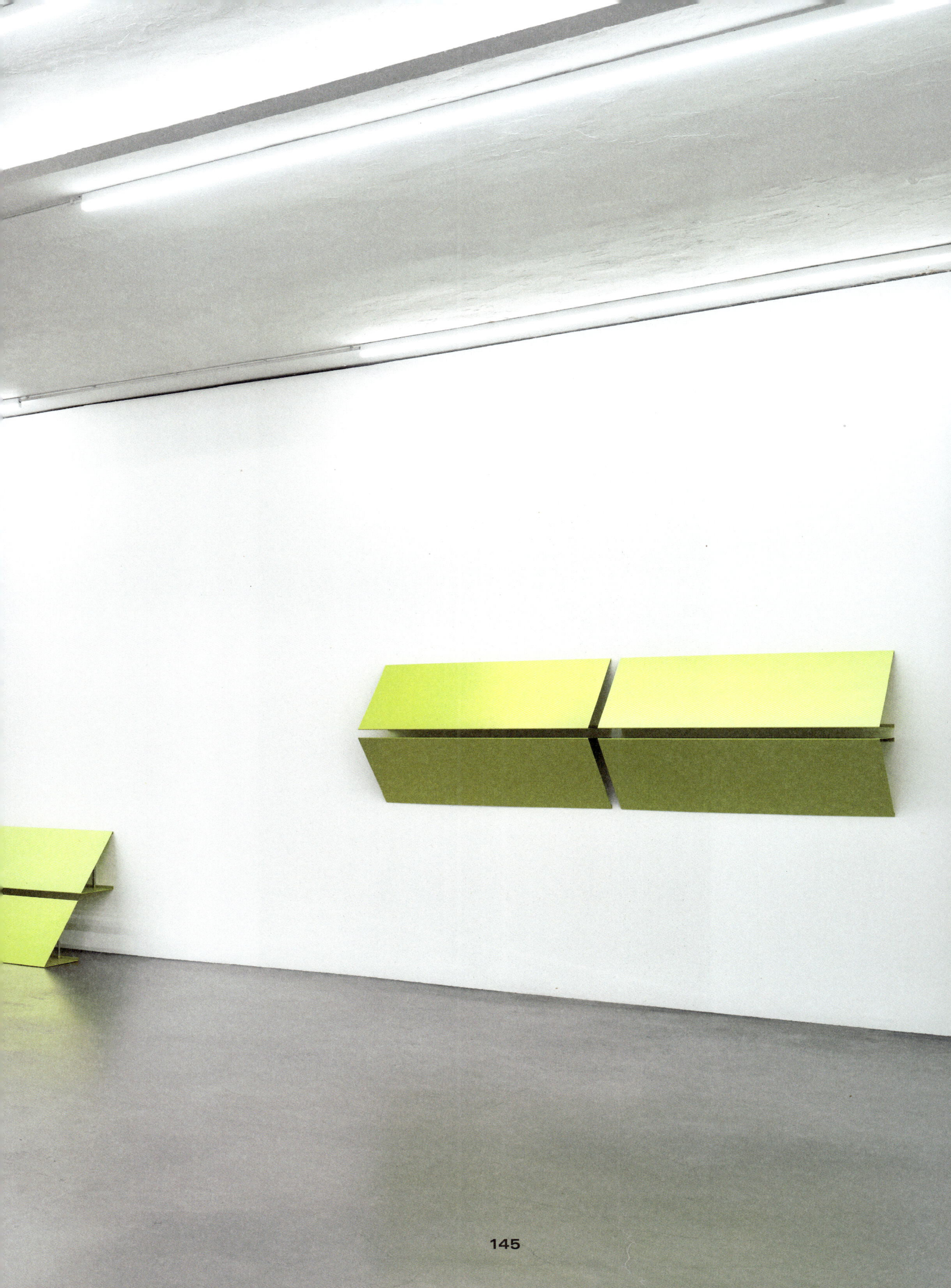

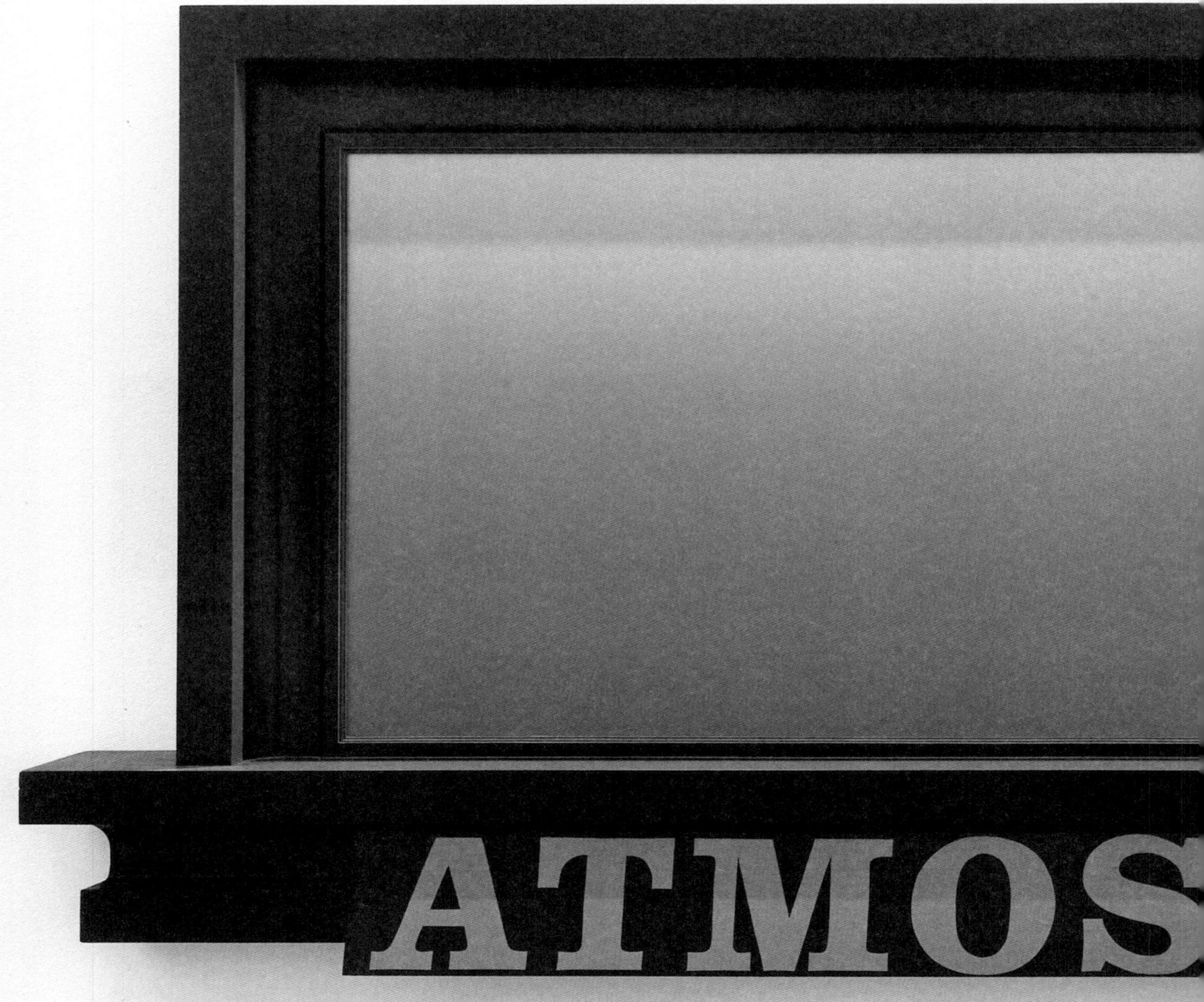

ATMOS

PHERE

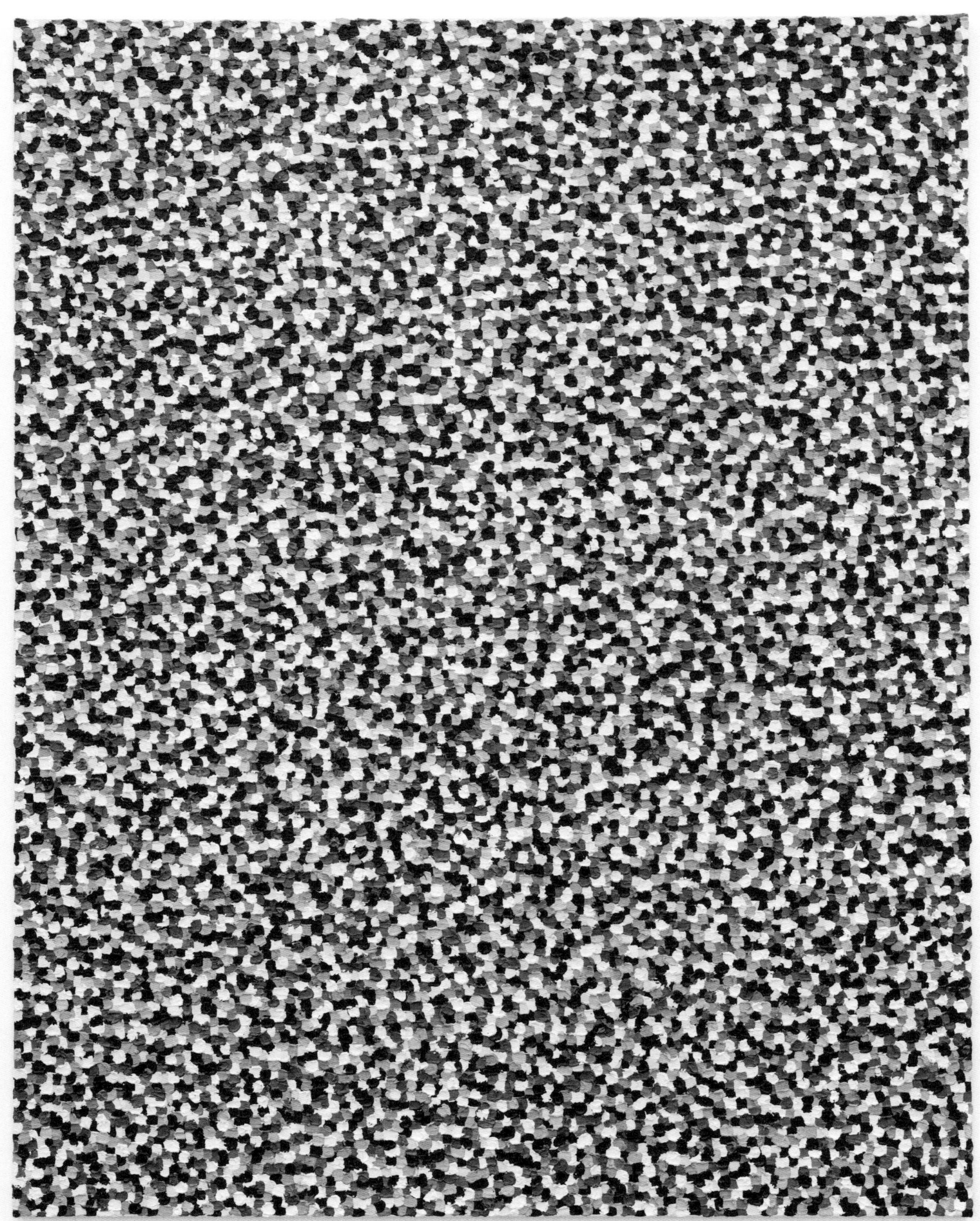

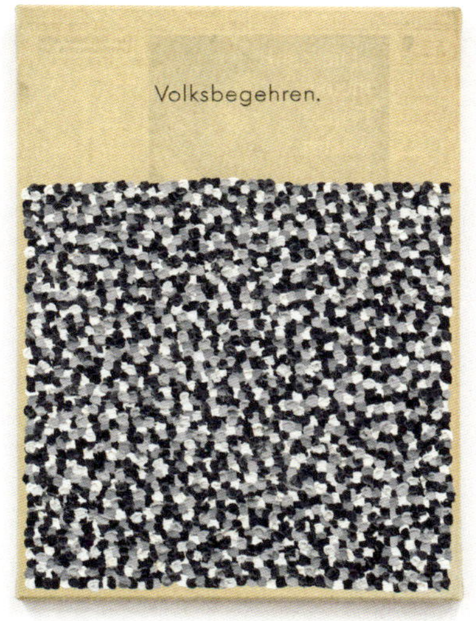
Volksbegehren.

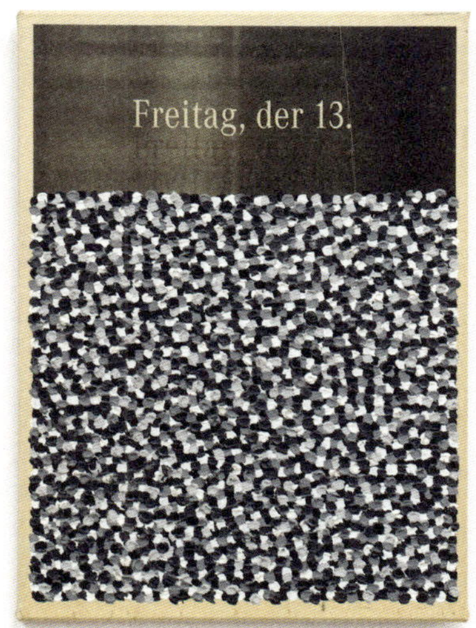
Freitag, der 13.

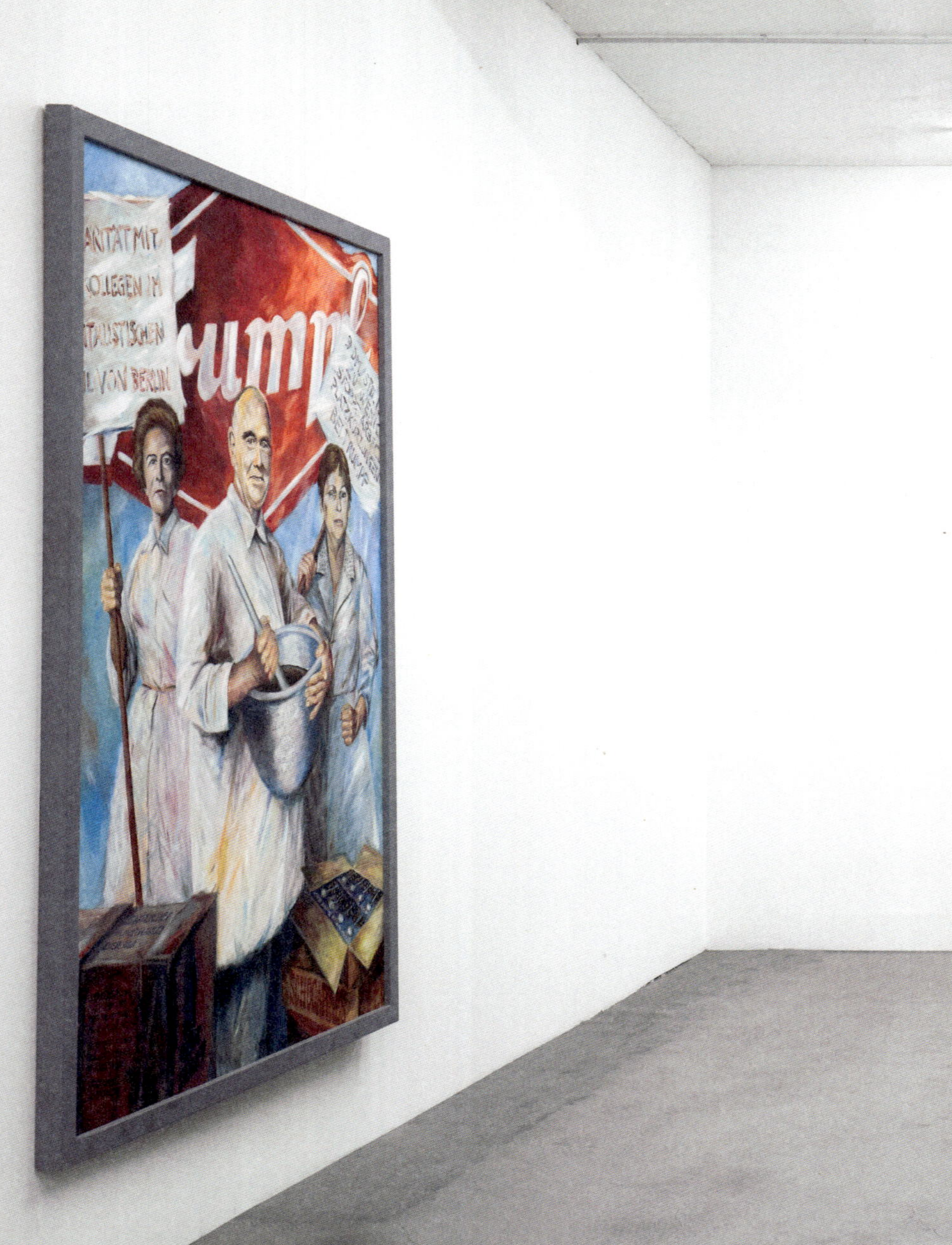
...ANTÄT MIT
...OLLEGEN IM
...TALISTISCHEN
...L VON BERLIN

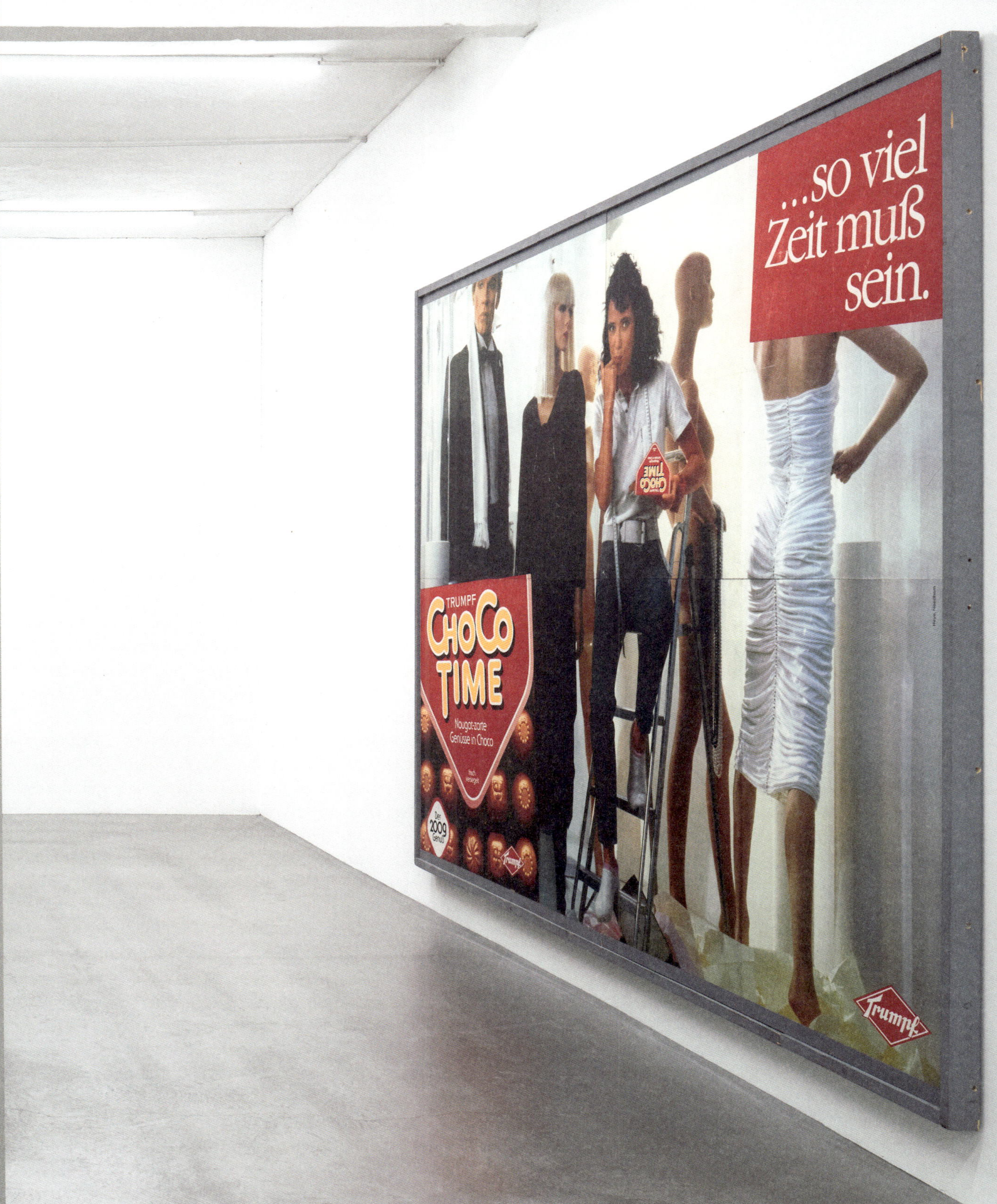
...so viel
Zeit muß
sein.
TRUMPF
ChoCo
TIME
Nougat-zarte
Genüsse in Choco
Trumpf

Harald's World: Sprechende Bilder und konzeptuelle Versuchsanordnungen

Isabelle Graw im Gespräch mit Goesta Diercks und Dirk Luckow

–

Dirk Luckow / Goesta Diercks: In einem Aufsatz bezeichnet Harald Falckenberg die Ausstellung Backstage im Hamburger Kunstverein (1993) als Initialzündung für seine intensivere Auseinandersetzung mit zeitgenössischer Kunst und Avantgardepositionen. Die Schau versammelte Künstler*innen, die sich kritisch mit den Bedingungen des Ausstellens, der Produktion und der Institutionen befassten – Namen, die Falckenberg nach eigener Aussage zuvor völlig unbekannt waren.
Dieses damals entstandene Interesse an konzeptuellen und diskursiven Strategien spiegelt sich deutlich in der Sammlung Falckenberg wider, die oft als Sammlung des Grotesken oder als Manifestation der Counter Culture wahrgenommen wird. Doch wie lässt sich diese vermeintliche Diskrepanz in der aktuellen Ausstellung verorten? Und welche Rolle spielt in diesem Kontext das Medium Malerei?

Isabelle Graw: Die Ausstellung Backstage versammelte im Wesentlichen zwei künstlerische Strömungen der damaligen Zeit. Die zweite Generation der kontextbezogen arbeitenden Institutionskritik – Künstler*innen wie Mathias Poledna, Dorit Margreiter oder Maria Eichhorn – traf hier auf Vertreter*innen der sogenannten Relational Aesthetics, also auf Künstler*innen wie Jorge Pardo, Rirkrit Tiravanija oder Philippe Parreno, die auf Partizipation setzten. Malerische Praktiken waren in dieser Ausstellung bis auf Ausnahmen wie Luc Tuymans oder Gerwald Rockenschaub, deren Arbeiten in der jetzigen Ausstellung How's My Painting? zu sehen sind, nicht vertreten, worin sich die malereifeindliche Atmosphäre der frühen 1990er-Jahre widerspiegelte. Dass sich Falckenberg nicht nur für die Methoden der Institutionskritik interessierte – etwa für Arbeiten von Hans Haacke und Andrea Fraser, die sich in seiner Sammlung befinden –, sondern auch für Maler wie Albert Oehlen oder Daniel Richter, deren Bilder zuweilen Zeichen für Expressivität aussenden, ist aus meiner Sicht kein Widerspruch. Ich verweise in diesem Zusammenhang nur auf die ersten Ausgaben von Texte zur Kunst, die Harald sicherlich rezipiert hat. Hier standen Texte über die diskursiv-institutionskritischen Ansätze von Michael Asher, Hans Haacke oder Dan Graham unmittelbar neben Texten über die Malerei von Jörg Immendorff oder Martin Kippenberger. Für uns war klar, dass die institutionskritische Kunst durchaus eine ästhetische, wenn nicht sogar malerische Formensprache aufweist, und umgekehrt interessierten wir uns für die Bilder von Immendorff oder Kippenberger, weil sie die Lektionen von Fluxus, Conceptual Art und Institutionskritik in sich aufgenommen hatten.
Auch mit Blick auf die aktuelle Sammlungspräsentation How's My Painting? lässt sich zeigen, dass sich Harald vor allem für diskursive Strategien innerhalb der Malerei interessierte. Als Beispiel sei auf John Baldessaris Gemälde Falling Cloud (1965) verwiesen, das sowohl malerische Zonen als auch diagrammatische Elemente aufweist. Es zeigt eine betont naiv-comichaft gemalte Wolkenformation, aus der eine Wolke herausfällt, begleitet von einem zeichenhaften Pfeil, der ihren offenkundigen freien Fall anzeigt. Man könnte die kleine Wolke deshalb als Metapher für den möglichen Absturz des jungen Malers John Baldessari lesen (Abb. S. 30).
Noch bemerkenswerter ist jedoch, dass dieses Bild eigentlich gar nicht existieren dürfte. Denn der Legende nach hat Baldessari all seine zwischen 1953 und 1966 gemalten Bilder anlässlich seines Cremation Projects (1970) verbrannt. Diese Performance ist gut dokumentiert, es gibt sogar Relikte, die materiell für sie einstehen, so etwa eine Urne mit Cookies, die angeblich aus der Asche der Bilder gebacken wurden. Wie konnte Falling Cloud dieser Verbrennungsaktion entgehen? Die Antwort scheint mir auf der Hand zu liegen: Das Bild wurde vor 1970 von einem Privatsammler erworben. Bekanntlich haben Künstler*innen keine Kontrolle über den Verbleib ihrer Arbeiten, sobald diese in die Hände von Sammler*innen übergehen. Irgendwann muss Harald seinem*seiner letzten Besitzer*in dieses Bild abgekauft haben – eine Rarität, die von der eigentlich unbekannten malerischen Produktion Baldessaris vor 1970 zeugt.
Dass Harald ausgerechnet dieses Conceptual Painting erworben hat, in dem sich malerische und diagrammatische Zeichen überlagern, scheint mir symptomatisch für seine Sensibilität zu sein. Er schlug immer dann begeistert zu, wenn sich die

Arbeit einer konzeptuellen Versuchsanordnung verdankte, wie etwa die von lauter schwarzen Kaviarkörnern bedeckte Leinwand 19002 (1989) von Georg Herold (Abb. S. 46/47). Nach meiner Erinnerung hatte Herold seinen damaligen Assistenten Josef Strau damit beauftragt, eine große Menge Kaviarkörner auf die Leinwand zu kleben. Künstlerische Arbeit nähert sich dadurch sinnloser Fließbandarbeit an. Martin Kippenbergers I Hate You (1990) wiederum gleicht einem linguistischen Sprechakt (Abb. S. 55). Es handelt sich um ein Bild, das buchstäblich spricht (und das die Bedeutung der Aggression für unsere psychische Ökonomie unterstreicht).

Mit Counter Culture haben die in der Ausstellung gezeigten Bilder aus meiner Sicht nur bedingt etwas zu tun, obwohl Pettibons betont bad-painting-haft hingeschmierte Landschaft No title (The View well) (1991) durchaus die Do-it-yourself-Atmosphäre des Punkrock verströmt (Abb. S. 23). Auch Nicole Eisenmans Guy on Blue (2005), das dieser Ausstellung den Titel gab, weist zahlreiche Eigenschaften nachmoderner Malerei auf, die Harald interessierten (Abb. S. 69). Einmal mehr handelt es sich um ein Bild, das cartoonhaft anmutet und buchstäblich spricht: Es erkundigt sich selbst nach seinem Befinden mit der Frage „How's My Painting?", die diesem Porträt eines männlichen Kopfes mit roter Nase links oben eingeschrieben wurde. Der Witz besteht darin, dass diese Frage eigentlich der dargestellten männlichen Figur gelten müsste, die offenkundig Schnupfen hat. Eisenman setzt jedoch eine Verschiebung in Gang, sodass der Eindruck entsteht, dass sich nicht nur die dargestellte Figur und deren Urheberin, sondern auch das Bild selbst fragt, wie es ihm geht. Das Bild steigt dadurch zu einem Quasi-Subjekt auf und setzt die lange Tradition des „lebendigen Bildes" seit der frühen Neuzeit fort.
Harald hat sich immer wieder für solche Bilder interessiert, die wie ein Subjekt „sprechen" und bei denen zudem die Grenzen zwischen dem gemalten Produkt, dem Dargestellten und dem*der Urheber*in verschwimmen. Dazu passt, dass sich Harald nach meiner Erinnerung stets für die Person hinter dem Produkt interessiert hat, was im Falle von gemalten Bildern auch angemessen erscheint. Denn speziell in diesem Medium ist das Band zwischen Produkt und Person besonders eng geknüpft. Schon materielle Arbeitsspuren können suggerieren, dass der*die in Wahrheit abwesende Schöpfer*in des Produkts in ihm irgendwie enthalten sei. Und dieser Illusion einer im

Produkt selbst steckenden Person leisten zahlreiche Maler*innen mithilfe von unterschiedlichen Verfahren Vorschub, indem sie beispielsweise gefakte Arbeitsspuren oder expressive Effekte erzeugen.

Luckow / Diercks: Die Verbindung zwischen Merlin Carpenter und der Sammlung Falckenberg ist nicht allein auf dessen frühere Tätigkeit als Assistent und Kollaborateur von Martin Kippenberger zurückzuführen. Vielmehr schlagen Carpenters Arbeiten eine Brücke zwischen den konzeptuellen Interessen des Sammlers und einer malerischen Praxis, die sich wiederum als kritische Reflexion über Institutionen verstehen lässt. Sein Werk Tate Café 10 (2011) könnte etwa als „gemalte Institutionskritik" gelesen werden (Abb. S. 32/33). Auch die beiden Arbeiten Rosa Luxemburg und Giorgio de Chirico (2010) sind in diesem Zusammenhang aufschlussreich, wobei ihre spezifische Bedeutung in der aktuellen Präsentation nicht mehr unmittelbar ablesbar ist (Abb. S. 160/161). Was ist der ursprüngliche Kontext der Werke, und wie passen sie in die Sammlung?

Graw: Tate Café 10 gehört zu Merlin Carpenters aus 18 Gemälden bestehender Tate Café-Serie, die er 2011 in der Galerie Simon Lee in London gezeigt hat. Mit dem Motiv des Cafés der Tate Modern reagierte er einerseits darauf, dass die Betreiber*innen seiner New Yorker Galerie Reena Spaulings im Rahmen der Ausstellung Pop Life. Art in A Material World (2010) im Bookstore dieses Cafés eine Tapete und Strumpfhosen mit Motiven seiner The Opening-Bilder (2007–2009) gezeigt hatten – und zwar gegen seinen Willen.[1] Und zugleich verhandelte er in den Tate Café-Bildern die populistisch-nationalistische Ausrichtung der Tate Modern unter Tony Blair, deren demokratisch-pädagogisches Selbstverständnis eine Infantilisierung der Besucher*innen implizierte.
Für mich stellt diese Serie zudem ein gewitztes Update der Café Deutschland-Bilder von Jörg Immendorff dar. Denn wo Immendorff noch von der Existenz einer analogen Avantgarde ausgehen konnte, die im Modus der Freundschaft miteinander networkte, sehen wir uns in Carpenters Gemälde Tate Café 10 mit den Auswirkungen einer „Bewertungsgesellschaft"

1   Vgl. Merlin Carpenter (2012): WELCOME TO THE TATE CAFÉ. A conversation between Merlin Carpenter, Emily Sundblad and John Kelsey, in: Selected Texts by Merlin Carpenter, https://www.merlincarpenter.com/TATECAFE.pdf (abgerufen am 4. April 2025).

(Steffen Mau) konfrontiert, die uns unausgesetzt Ratings abverlangt, die, zu Evaluierungen herangezogen, ökonomisch verwertet werden. Auch in Carpenters Tate Café 10 hat sich das progressive Partizipationsideal der 1960er-Jahre in einen infantilisierenden Aufruf zum Mitmachen verkehrt. Carpenter nutzte sichtbar grob gesetzte Pinselhiebe in schwarzer Farbe, um die Konturen des Cafés und seiner Besucher*innen virtuos anzudeuten. Einige Figuren stehen, andere gehen – sie wirken isoliert, so als würde mit ihnen die einsame Existenz in einem autoritären Regime illustriert. Im Hintergrund des Cafés sieht man eine Art Pinnwand mit der in Schwarz hingeschmierten Frage „What do you think?". Diese Frage scheint mir symptomatisch für den pseudo-demokratischen Charakter der Tate Modern zu sein. Den Besucher*innen wird zwar suggeriert, dass ihre Partizipation gefragt sei und dass ihre Meinung zähle. In Wahrheit werden sie jedoch wie Kinder dazu angehalten, ihre Gedanken auf eine Pinnwand zu schreiben. Das einst emanzipatorisch ausgerichtete Partizipationsideal der Kunst der 1960er- und 1990er-Jahre hat sich in eine Verdummungsmaschinerie verkehrt. Vor der Pinnwand sieht man eine grob umrissene Figur, die wie ein Alter Ego Carpenters mit Malen oder vielleicht auch mit etwas anderem beschäftigt zu sein scheint. Diese Figur ist wie Carpenter selbst bestimmten Verhältnissen ausgeliefert, zu denen sie sich aber künstlerisch zu verhalten vermag. Als Harald das Bild bei mir im Wohnzimmer hängen sah, begeisterte er sich sofort dafür und kaufte es mir, mit Zustimmung des Künstlers, ab.

Als eine ergänzende Fußnote sei noch angemerkt, dass Carpenter das Tate Café der Tate Modern für seine nächste Ausstellung bei Reena Spaulings (2012) rekonstruierte – die Galerie wurde in ein Remake des Cafés verwandelt inklusive seiner niedrigen Tische, der schwarzen Metallstühle und seiner Theke mit Pappbechern, Drinks und abgepacktem Essen. Es gab auch rosafarbene „visitor comment cards", die das falsche demokratische Versprechen heutiger Museen reproduzieren und sich zugleich darüber lustig machten.[2]
Auch zu Carpenters Porträts von Rosa Luxemburg und Giorgio de Chirico gibt es viel zu sagen. Sie gehören zur 14-teiligen Bilderserie Heroes (2011), die er 2011 in seiner Ausstellung bei MD72 in Berlin präsentierte. Kaum jemand bekam sie jedoch zu sehen. Am Eröffnungstag standen die Besucher*innen auf dem Gang und im kleinen Bürovorraum der Galerie herum, da die Tür zum Ausstellungsraum geschlossen blieb. Auf ihr klebte ein Schild mit dem Wortlaut „Eintritt 5000 Euro". Nur wer diese Summe bezahlte, wurde reingelassen. Die 5000 Euro wurden allerdings beim Kauf eines Bildes wieder vom Preis abgezogen. Im Grunde lief diese Versuchsanordnung auf den Ausschluss all jener hinaus, die nicht bezahlen konnten oder wollten, was natürlich Unmut unter den Besucher*innen erzeugte. Genau darauf, auf die Widerlegung des Mythos einer für alle zugänglichen Kunstwelt, hatte es Carpenter jedoch abgesehen, und dies just zu dem Zeitpunkt, da die Kunstökonomie einen Strukturwandel durchlief und immer noch elitärer und geldorientierter wurde. Es gab zunehmend VIP-Events, etwa auf der Art Basel, bei denen die Reichen unter sich blieben.
Zwar verband Carpenter die Betrachtung seiner Bilder mit einem finanziellen Hindernis, sodass den Besucher*innen die von ihnen ersehnte ästhetische Erfahrung vorenthalten blieb – so als käme es weniger auf die ästhetische Erfahrung als auf Konzepte und soziale Interventionen an. Aber zugleich war es durchaus möglich, die Bilder en miniature zu betrachten, und zwar in Form eines Kartenspiels, das als Einladungskarte fungierte und auch im Vorraum der Galerie auslag: Aus je vier Karten konnte man sich eines der Heroes-Bilder zusammensetzen. Einmal mehr musste man zwar etwas dafür tun, um die Bilder in Augenschein nehmen zu können. Aber sie waren doch sichtbar, Informationen über sie zirkulierten.
Heroes, der Titel der Ausstellung, rekurriert auf Bowies gleichnamigen Song von 1977, und neben Kate Moss gehörte David Bowie zu den in dieser Serie porträtierten Celebrities. Das Konzept „hero" wird in dieser Serie allerdings auch unterlaufen. Obwohl persönliche Favoriten Carpenters wie der Schriftsteller J.G. Ballard, der Designer Stefano Pilati, der Maler Giorgio de Chirico oder die Ikone des Arbeiterkampfes, Rosa Luxemburg, gewürdigt wurden, findet sich auch das Porträt eines im angelsächsischen Raum populären Keramikkrugs namens Toby Jug in dieser Serie, der offenkundig nicht heroisiert wird. Die für die Porträts gewählte Bildsprache korrespondiert mit der der Karikaturen von Honoré Daumier, auch bei Carpenter haben die Figuren überdimensionierte Köpfe und

2   Vgl. Roberta Smith (2012): *Merlin Carpenter: 'Tate Café'*, in: The New York Times, http://www. reenaspaulings.com/images3/TATECAFE.reviews. pdf (abgerufen am 4. April 2025).

einen gedrungenen Körper. Ihr Hintergrund ist in intensiv leuchtenden Farben gehalten. Analog zum Kartenspiel setzt sich jedes Gemälde aus vier Leinwänden zusammen, die manchmal – wie in dem Porträt von Giorgio de Chirico – unterschiedlich groß sind, was zu einem Shaped-Canvas-Effekt führt.

Als ich Harald von diesem Projekt erzählte, war er gleich angetan von der Zumutung der Eintrittsforderung an die Ausstellungsbesucher*innen. Nach meiner Erinnerung zückte er sogleich seine Kreditkarte und bezahlte 5.000 Euro mithilfe des bereitstehenden Kartenlesegeräts, um die Bilder live sehen zu können. Er begeisterte sich speziell für die Porträts von De Chirico und Rosa Luxemburg, wobei zu Letzterem noch gesagt werden muss, dass Carpenter vor der Ausstellungseröffnung zu einer Performance am Landwehrkanal eingeladen hatte, an den Ort, an dem Rosa Luxemburg von einem Freikorpsleutnant in den Kanal geworfen worden war. Der Künstler Ian White las dort vor einer aus lauter Kunstinteressierten bestehenden Trauergemeinde Texte von Luxemburg vor. Anschließend wurde ein Set der Kartenspiele in den Kanal geworfen – eine Reminiszenz an Yves Kleins berühmte Performance von 1962, bei der er Gold in der Seine versenkt hatte. Wie damals das Gold von Klein landeten bei Carpenter die Stellvertreter seiner Bilder im Wasser. Sie wurden „ertränkt" zum Gedenken an Rosa Luxemburg, die, nachdem an anderer Stelle brutal ermordet, in den Kanal geworfen worden war.

Luckow / Diercks: Ein weiterer Aspekt, der in der Rezeption der Sammlung Falckenberg häufig diskutiert wird, ist die vermeintliche Dominanz männlicher Positionen. Während Harald Falckenberg die für seine Sammlung zentrale Generation der in den 1950er-Jahren geborenen Künstler (etwa Martin Kippenberger, Werner Büttner, Albert Oehlen, Mike Kelley oder Raymond Pettibon) in großen Konvoluten sammelte, sind Künstlerinnen erst der nachfolgenden Generation (Nicole Eisenman, Sarah Lucas, Monica Bonvicini, Ena Swansea) mit bedeutenden Werken vertreten, die Falckenberg allerdings bereits zu einem frühen Zeitpunkt erworben hat. Liegt dieser Unterschied im spezifischen Medium der Malerei begründet? Und wie spiegelt sich diese Entwicklung in der aktuellen Ausstellung wider? Muss der Begriff Counter Culture möglicherweise genderspezifisch für unterschiedliche Generationen geltend gemacht werden?

Graw: Es ist schon erstaunlich, dass Harald so viele Bilder von Albert Oehlen, Werner Büttner und Martin Kippenberger gesammelt hat, aber meines Wissens keine einzige Arbeit von Jutta Koether, Charline von Heyl oder Rosemarie Trockel[3], die ja zu derselben künstlerischen Formation gehörten. Das ist für mich schwer nachvollziehbar, zeigt aber auch, wie unterschiedlich Wertzuschreibungen je nach angenommenem Geschlecht ausfallen können. Um diesen Prozess der Wertattribuierung genauer zu verstehen, ist es meines Erachtens hilfreich, sich der Rezeptionstheorie zuzuwenden: Wenn ein Kunstwerk von Rezipient*innen betrachtet wird, imaginieren diese einen* eine Autor*in des Kunstwerks, abstrahieren aber auch von diesem*dieser und projizieren zugleich eine bestimmte Identität auf ihn*sie – so jedenfalls hat es der Rezeptionstheoretiker Wolfgang Kemp beschrieben.[4] Daraus folgt, dass Rezipient*innen automatisch Spekulationen über die Identität von Autor*innen anstellen.

Die daraus resultierenden Rückschlüsse, die immer auch reduktionistisch und essenzialistisch sind, können allerdings auch von den Künstler*innen selbst aufgegriffen und den Betrachter*innen zurückgespiegelt werden, wie etwa in Adrian Pipers Performance Catalys III (1970), in der Piper als Person of Color mit einem T-Shirt, auf dem „Wet Paint" stand, in New York herumlief. Dass ihr auf der Straße mit rassifizierenden Zuschreibungen begegnet wurde, dass die Leute z. B. Abstand zu ihr hielten wie zu einem Gebäude mit nasser Farbe, wurde den Passant*innen von ihr wie in einem Spiegel vorgeführt. Auf jeden Fall wirkt sich die angenommene Identität der Künstler*innen auf das Werturteil der Betrachter*innen aus, in dem zudem die jeweils vorherrschenden „unacknowledged value systems" (Linda Nochlin) mitschwingen, die etwa besagen, dass die Bilder von als Frauen identifizierten Personen weniger überzeugend sind als die ihrer männlichen Kollegen. Eine Überzeugung, die nebenbei bemerkt in der Kölner Kunstszene der späten 1980er und frühen 1990er durchaus verbreitet war. An die Arbeiten von Künstlerinnen knüpfte

3   In der frühen Phase der Sammlung Falckenberg waren zwei Werke von Rosemarie Trockel Teil des Bestands – Strickbild mit Hakenkreuzen (1987) und Ohne Titel (Nase) (1988) –, die später veräußert wurden. Heute befinden sich in der Sammlung nur noch Ohne Titel (Haare) (1993), eine Fotokopie auf Büttenpapier und eine Edition von 2014.

4   Vgl. Wolfgang Kemp (2008): Kunstwerk und Betrachter: Der rezeptionstheoretische Ansatz, in: Hans Belting, Heinrich Dilly, Wolfgang Kemp, Willibald Sauerländer und Martin Warnke (Hg.): Kunstgeschichte. Eine Einführung, Reimer, S. 247–265.

man schlicht keine „fiktionalen Erwartungen" (Jens Beckert) in Bezug auf deren zukünftige Wertsteigerung. Inzwischen hat sich die Situation zum Glück verändert, und dies gilt insbesondere für die Malerei. In New York sind es mittlerweile vor allem die Arbeiten von Malerinnen, die institutionelle Anerkennung erhalten und Markterfolge erzielen – vollkommen zu Recht, wie ich ergänzend hinzufügen möchte.
Zugleich hat Harald ja durchaus Arbeiten von Künstlerinnen wie der bereits erwähnten Nicole Eisenman, aber auch von Sarah Lucas oder Monica Bonvicini gesammelt. Ich vermute, dass ihm diese Arbeiten auch deshalb gefallen haben, weil sie eher laut und selbstbewusst auftreten, sie spielen mit einer „männlichen" Attitüde, um zugleich den Sexismus in der Kunstwelt anzuprangern. Dennoch, „let's face it": Falckenberg war mit Sicherheit kein Feminist. Ich kann mich an zahlreiche Auseinandersetzungen mit ihm über mein feministisches Engagement erinnern, in denen er die Einsichten der von mir zitierten feministischen Theorien entschieden zurückwies. Zugleich gehörte er aber auch zu einem aus heutiger Sicht selten gewordenen Sammler*innen-Typus, der viel liest und schreibt, der Arbeit von Intellektuellen Respekt zollt und die Kontroverse sucht. Es war immer eine Freude, mit ihm zu diskutieren, auch wenn wir selten einer Meinung waren.

Luckow / Diercks: Die Ausstellung ist Teil einer Reihe medienspezifischer Präsentationen, die sowohl zentrale Schwerpunkte als auch die Geschichte der Sammlung Falckenberg nachzeichnen. Während 2019 der Fokus auf Installationen und Objekten lag und für 2027 eine Ausstellung zu Konzeptkunst, Film und Fotografie geplant ist, stand diesmal weniger eine Bestandsaufnahme der malerischen Entwicklungen der letzten Dekaden im Vordergrund, sondern vielmehr die Frage nach der medialen Verortung von Malerei in dieser spezifischen Sammlung.
Grundsätzlich hatte Harald Falckenberg kein besonderes Interesse an Malerei als reiner Malerei, sein Blick richtete sich vielmehr auf deren Kontextualisierung, auf die Biografien und künstlerischen Anliegen der jeweiligen Positionen. Dennoch macht Malerei ein Viertel des Sammlungsbestands aus. An ihr lassen sich zentrale Aspekte seiner Sammlung ablesen: das Interesse an Counter Culture, an gesellschaftspolitischen Diskursen und an der Darstellung von Begrifflichkeit – etwa durch den Einsatz von Schrift und Text in Bildern. Lässt sich der Begriff Male-

rei auch jenseits der klassischen Definition denken – etwa als „semiotische Aktivität" oder als performativer Akt des Subjekts?

Graw: In meinem Buch Die Liebe zur Malerei. Genealogie einer Sonderstellung (2017) habe ich mir genau diese Frage gestellt: Was ist spezifisch an der Malerei, wenn sie sich doch längst erweitert und entgrenzt, also entspezifiziert, hat? Wenn also nicht-malerische (konzeptuelle, institutionskritische) Strategien in die Malerei einfließen oder wenn, umgekehrt, andere Kunstformen wie Skulptur oder Fotografie mit malerischen Tropen arbeiten? Trotz oder gerade wegen dieser Entgrenzung der Malerei hat sie in der heutigen Kunstwelt immer noch einen Sonderstatus, wofür es meines Erachtens medienspezifische, historische und ökonomische Gründe gibt. Als ich beispielsweise im letzten November (2024) in New York war, gab es dort überall – ob in Blue-Chip-Galerien oder in den Offspaces downtown – Malerei zu sehen, so als gäbe es gar keine andere Kunstform mehr. Der Grund war hier eher ökonomischer Natur: Nur mit dem Format „Leinwandbild" verbindet sich in einem schwächelnden Kunstmarkt die Hoffnung auf Verkäufe.
Aber zurück zu eurer Frage: Ich denke schon, dass Malerei eine Sprache ist, allerdings eine, die sich von der gesprochenen und der geschriebenen Sprache unterscheidet. Die Texte, die sich in den Bildern der Sammlung Falckenberg finden – etwa bei Raymond Pettibon, „Bringing with me my own cup of paint, which runneth over", oder in Peter Sauls I'm wrong / So what (2000) – haben jeweils ganz unterschiedliche Funktionen (Abb. S. 192, 62). Mal stellen sie wie bei Saul die Möglichkeit in den Raum, dass der Maler und sein Gegenstand falsch liegen, was aber egal sein soll („so what"). Oder das gemalte Bild übt Kritik an der Malerei, wie bei Pettibon, der seinen Horror über die „various sorts of disgusting dishes sent up to look like painting" in seinem Bild selbst schriftlich bekannt gibt. Malerei gegen Malerei. Indessen darf ein Text, der sich in einem Bild befindet, keinesfalls für bare Münze genommen werden, er steht dort immer unter Anführungszeichen.
Dass sich Maler*innen in ihren Bildern selbst performen, ohne dass sie dadurch ihr authentisches Selbst preisgeben würden – denn was in der Malerei als Selbst erscheint, ist aufgeführt und inszeniert –, ist seit den 1980er- und 1990er-Jahren verstärkt der Fall. So haben Maler wie Kippenberger, Büttner und Oehlen vor allem die „Haltung"

des Künstlers großgeschrieben, eine Gewichtung, die sich interessanterweise schon in Giorgio Vasaris Lebensbeschreibungen der berühmten Maler, Bildhauer und Architekten (1550) findet. Auch in diesen Viten ist ständig vom Auftritt und vermeintlichen Habitus der jeweiligen (stets männlichen) Künstler die Rede, und weniger von ihren Werken. Und wenn Vasari Künstler wie Raphael als Personen überzeugten, dann dehnte sich diese Glaubwürdigkeit metonymisch auf ihre Werke aus, die er nun ebenfalls als glaubwürdig befand. Nur bedeutet dieser Fokus auf Haltung, Performance etc. natürlich auch, dass es männliche Künstler diesbezüglich einfacher haben. Denn sie können zur Orientierung auf eine lange Geschichte erfolgreicher Selbstinszenierungen zurückblicken, ich denke hier beispielsweise an Courbets Selbstportrait als Verzweifelter (1843–45), das die Verzweiflung in eine pathetisch-kraftvolle Pose verwandelt. Zwar stehen auch Künstlerinnen in puncto Selbstinszenierung zahlreiche Vorbilder zur Verfügung, von Suzanne Valadon über Gabriele Münter bis zu Eva Hesse. Doch erproben sie in der Regel keine selbstgewiss auftrumpfenden Selbstinszenierungen, weil sie nicht über die sozialen Privilegien der Männer verfügen. Wobei sich diesbezüglich im Zuge der Globalisierung der Kunstwelt und im Zuge von #MeToo und der Durchsetzung des Diversity-Imperativs viel getan hat. Inzwischen gibt es zahlreiche weibliche Selbstinszenierungen, in denen die Subjekte als zweifelnd, unvollständig, gespalten, skeptisch und selbstreflexiv performt werden. Beim Gang durch die Sammlungspräsentation fiel mir auch auf, dass es einen bestimmten Humor gibt – etwa der Witz über die „phallische Frau" in dem Bild Draussen (2004) von Jonathan Meese und Albert Oehlen, in dem der weiblichen Figur, hineingeschmiert, ein schiefer Penis angehängt wird –, der sich nicht gut hält (Abb. S. 66). Harald hat das aber immer gewusst, dass das einst Gutgeheißene und lustig Gefundene unter veränderten Bedingungen seinen Witz und seine Überzeugungskraft verlieren kann.

Luckow / Diercks: Für viele Künstler*innen war Harald Falckenberg ein intelligenter Mitstreiter, mit dem sich nächtelang über Kunst und weltanschauliche Dinge diskutieren ließ. Was macht für dich, nochmal zusammengefasst, die Besonderheit seiner Person und seiner Sammlung im Kontext anderer bedeutender Sammlungen zeitgenössischer Kunst aus?

Graw: Als Person war Harald unter den mir bekannten Sammler*innen der Gegenwartskunst sicherlich eine Ausnahmeerscheinung. Denn er liebte es, intellektuelle Debatten zu führen, befasste sich mit Kunstkritik und ästhetischer Theorie, schrieb selbst kunsttheoretische Texte. Während sich heute zahlreiche Sammler*innen von Intellektuellen eher bedroht fühlen und sich beim Sammeln auf ihr viel zitiertes „Bauchgefühl" verlassen – von dem sie natürlich entsprechend oft fehlgeleitet werden –, schätzte Harald das Gespräch mit Kunstkritiker*innen und Kunsthistoriker*innen. Er respektierte deren Arbeit. Jede Diskussion mit ihm war lebendig und darauf angelegt, endlos fortzudauern – es kam eigentlich nie zu einem Schlusspunkt, und oft ging es am Telefon weiter. In seiner Sammlung spiegelt sich diese intellektuelle Neugierde und Offenheit meines Erachtens wider. Harald arbeitete ja im Unterschied zu zahlreichen heutigen Sammler*innen nicht mit Berater*innen zusammen, sondern informierte sich selbst, recherchierte, was in der jeweiligen Arbeit historisch auf dem Spiel steht. Er kannte auch die theoretischen Diskussionen um eine erweiterte Malerei, die der Kunsthistoriker David Joselit auf die Formel „Painting beside itself" gebracht hatte. Die Grenze zwischen dem, was innerhalb und außerhalb der Malerei passiert, ist durchlässig geworden. Ich hatte immer den Eindruck, dass Harald mit einer solchermaßen „transitiven" Malerei mehr anfangen konnte als mit einer rein immanent angelegten. Die Bilder, die er sammelte, sind entsprechend entweder wie ein Sprechakt konstruiert, handeln also scheinbar qua Sprache, oder sie sprengen ihren Rahmen, indem sie symbolisch in die Lebenswelt ausgreifen und/oder Lebenswirklichkeit in sich aufnehmen. Oft suggerieren die von ihm gesammelten Bilder auch die Anwesenheit der faktisch abwesenden Urheber*innen. Harald mochte es zudem, wenn Bilder zunächst einmal verstören, wenn man sie also nicht sofort einordnen oder auf ein Anliegen herunterbrechen kann. Er schätzte Herausforderungen, Provokationen und abgründigen Humor, worauf er grundsätzlich positiv reagierte. Ich vermisse die anregenden Gespräche mit ihm.

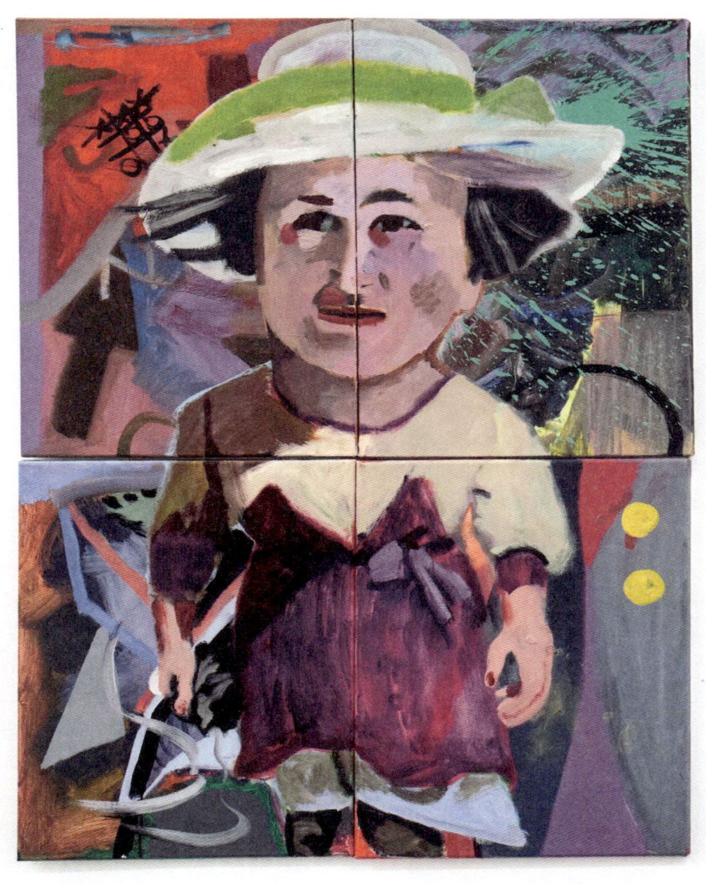

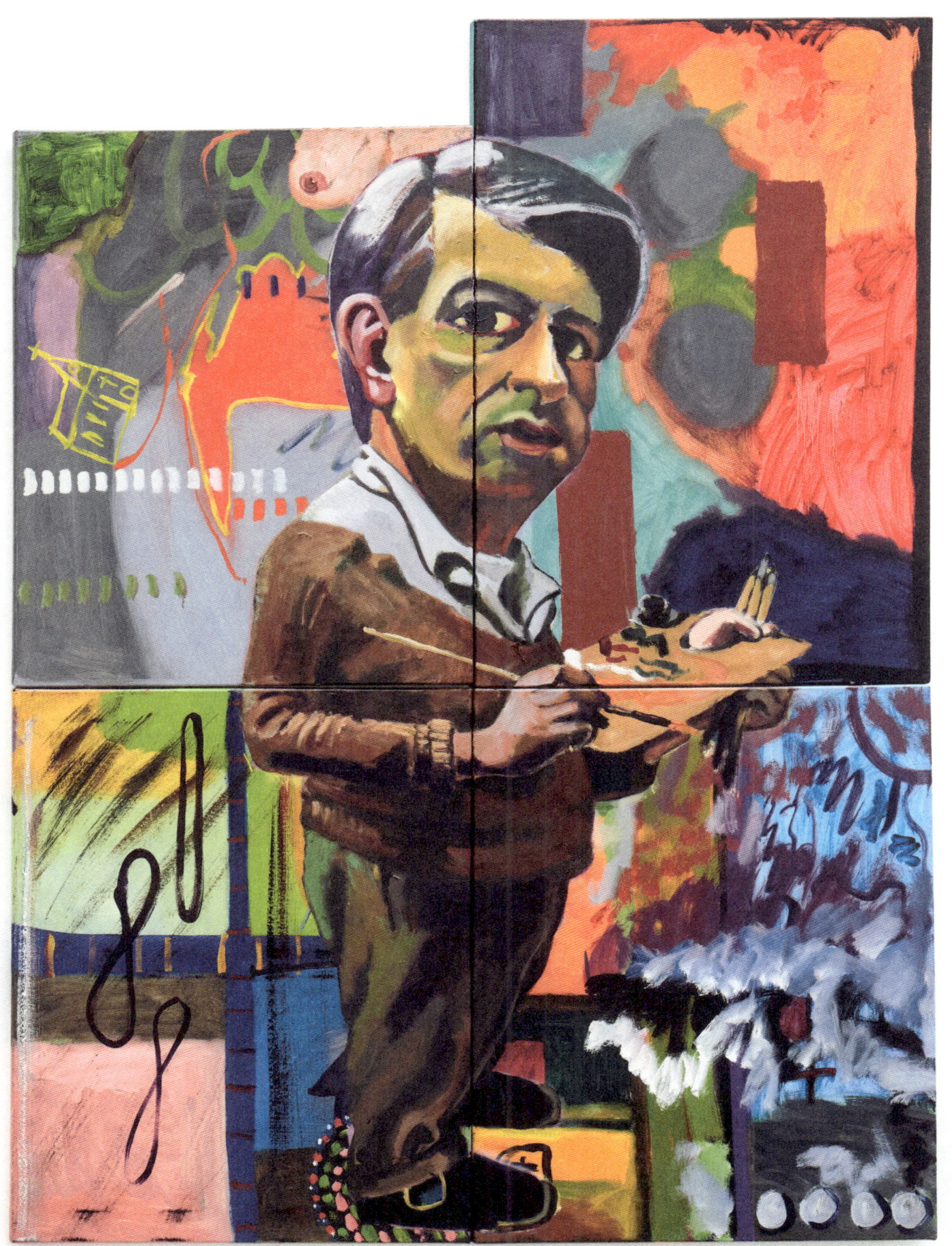

Harald's World: Speaking Images and Conceptual Experimental Set-Ups

Isabelle Graw in conversation with Goesta Diercks and Dirk Luckow
–

Dirk Luckow / Goesta Diercks: In one of his essays, Harald Falckenberg referred to the exhibition Backstage *at Hamburg Kunstverein (1993) as the spark that ignited his deeper engagement with contemporary art and avant-garde practices. The show brought together artists who critically examined the conditions of exhibiting, artistic production, and institutions—names that Falckenberg, by his own admission, had been completely unfamiliar with at the time.*

The then emerging interest in conceptual and discursive strategies is clearly reflected in the Falckenberg Collection, which is often perceived as a collection of the grotesque or as a manifestation of counterculture. But how can this apparent discrepancy be identified within the current exhibition? And what role does the medium of painting play in this context?

Isabelle Graw: Backstage *essentially brought together two major artistic tendencies of the time. The second generation of context-reflexive institutional critique—artists such as Mathias Poledna, Dorit Margreiter, and Maria Eichhorn—encountered proponents of what became known as Relational Aesthetics, including artists like Jorge Pardo, Rirkrit Tiravanija, and Philippe Parreno, who focused on artistic participation. With the exception of artists like Luc Tuymans and Gerwald Rockenschaub, whose works are included in the current exhibition* How's My Painting?, *painterly practices were largely absent from* Backstage, *reflecting the anti-painting sentiment of the early 1990s. That Falckenberg was interested not only in the methods of institutional critique—such as the works of Hans Haacke and Andrea Fraser, both represented in his collection—but also in painters like Albert Oehlen and Daniel Richter, whose canvases at times emit signs of expressivity, is not, in my view, a contradiction. I would point here to the early issues of* Texte zur Kunst, *which Harald surely read. There, texts on discursive and institu-tion-critical approaches of artists like Michael Asher, Hans Haacke, or Dan Graham appeared side by side with writings on painting by artists like Jörg Immendorff and Martin Kippenberger. For us, it was clear that institution-critical art did, in fact, possess an aesthetic—if not painterly—formal language, and conversely, we were interested in the paintings of Immendorff or Kippenberger because they had absorbed the lessons of Fluxus, Conceptual Art, and institutional critique.*

Looking at the current collection presentation, How's My Painting?, *it becomes clear that Harald was especially interested in discursive strategies within painting. One example is John Baldessari's painting* Falling Cloud *(1965), which features both painterly zones and diagrammatic elements (fig. p. 30). The work depicts a deliberately naïve, cartoon-like cloud formation, from which a single cloud is falling, accompanied by a graphic arrow indicating its obvious descent. One could read this small cloud as a metaphor for the potential fall—or failure—of the young painter John Baldessari. Even more remarkable, however, is the fact that this painting theoretically shouldn't exist at all. According to legend, Baldessari burned all the paintings he had created between 1953 and 1966 as part of his* Cremation Project *(1970). This performance was documented by Baldessari; he even made sure that there exist physical relics that bear witness to it, including an urn filled with cookies allegedly baked from the ashes of the destroyed works. So how did* Falling Cloud *escape this act of burning? The answer seems obvious: the painting had been acquired by a private collector before 1970. As is well known, artists have no control over the whereabouts of their works once they are in the hands of collectors. At some point, Harald must have purchased this piece from its previous owner—a rarity that bears witness to Baldessari's otherwise unknown painterly production prior to 1970.*

That Harald acquired this particular conceptual painting—one in which painterly and diagrammatic signs overlap—strikes me as symptomatic of his sensibility. He was always particularly enthusiastic and quick to act when a work emerged from a conceptual experimental set-up, such as Georg Herold's canvas 19002 *(1989), which is covered entirely in black caviar eggs. As I recall, Herold had tasked his then-assistant Josef Strau with gluing a large quantity of caviar eggs onto the canvas (fig. pp. 46/47). Artistic labor here comes to resemble senseless*

*assembly-line work. Martin Kippenberger's
I Hate You (1990), by contrast, functions
as a linguistic speech act (fig. p. 55). It is a
painting that literally speaks (and under-
scores the significance of aggression in our
mental economy).
From my perspective, the works shown in
this exhibition have only a limited connection
to counterculture, even though Raymond
Pettibon's deliberately sloppily painted
landscape No Title (The View Well) (1991)
does exude the DIY atmosphere of punk
rock (fig. p. 23). Nicole Eisenman's Guy on
Blue (2005), from which the exhibition de-
rives its title, also displays many of the post-
modern painterly traits that Harald found
compelling (fig. p. 69). Once again, it's a painting that takes on a cartoon-like quality and
quite literally speaks, as it inquires about its
own condition by asking, "How's My Painting?"—a phrase inscribed in the top left of
this portrait of a male head with a red nose.
The joke here is that the question should
be addressed to the depicted male figure,
who clearly has a cold. However, Eisenman
enacts a kind of displacement, creating the
impression that not only the depicted figure and its creator, but the painting itself is
asking how it's doing. In this way, the painting rises to the level of quasi-subject, con-
tinuing the long tradition of the "living picture" that dates back to the early modern
period.
Harald was repeatedly drawn to such
works that "speak" like a subject, and in
which the boundaries between painted
product, depicted subject, and creator become blurred. This aligns with my recol-
lection that Harald was always interested
in the person behind the product—a fitting
concern in the case of painted works. In
painting in particular, the bond between the
product and its maker is particularly close.
Even visible traces of material labor can
suggest that the artist, though in reality absent, is somehow present in the work. And
many painters actively foster this illusion
of the creator being embedded in the product through various artistic devices such
as fabricating traces of labor or fake expressive gestures.*

*Luckow / Diercks: The link between Merlin
Carpenter and the Falckenberg Collection
is not solely due to his earlier role as assistant and collaborator to Martin Kippenberger. Rather, Carpenter's work connects
the collector's conceptual interests and a
painterly practice that, in turn, can be seen
as a critical reflection on institutions. His
Tate Café 10 could be read, for instance, as*

*"painted institutional critique" (fig. pp. 32/33).
The two paintings Rosa Luxemburg and
Giorgio de Chirico are also instructive in
this context, though their specific significance is no longer directly evident in the
current presentation (fig. pp. 160/161).
What is the original context of these works,
and how do they fit into the collection?*

*Graw: Tate Café 10 (2011) is part of Merlin
Carpenter's Tate Café series of 18 paintings, which he presented in 2011 at Simon
Lee Gallery in London. Carpenter made the
café at Tate Modern a subject partly because the people behind his New York gallery, Reena Spaulings, had, against his will,
used imagery from his The Opening paintings (2007–2009) for wallpaper and tights
and displayed these in the bookstore of the
Tate Modern café as part of the exhibition
Pop Life: Art in a Material World (2010).[1] At
the same time, in the Tate Café paintings,
he addressed the populist-nationalist orien-
tation of Tate Modern during the Blair era
when its democratic and educational self-
image implied a kind of infantilization of its
visitors.
To me, this series is also a clever update of
Jörg Immendorff's Café Deutschland paintings. While Immendorff could still operate
under the assumption that an analog avant-
garde existed whose members networked
by way of friendships, Carpenter's Tate
Café 10 confronts us with the effects of
what sociologist Steffen Mau has called the
"metric society," one that constantly de-
mands evaluations, which are then exploit-
ed economically. In Tate Café 10, the once
progressive, 1960s ideal of participation
has turned into an infantilizing call to "get
involved." Carpenter made masterly use of
visibly rough black brushstrokes to suggest
the outlines of the café and its visitors.
Some figures are standing, others walking
they appear isolated, as if illustrating the
solitary existence of life under an authori-
tarian regime. In the background of the
café is a sort of bulletin board, on which the
question "What do you think?" is scrawled
in black paint. To me, this question is emblematic of the pseudo-democratic charac-
ter of Tate Modern. Visitors are made to
feel as if their participation is wanted and
their opinions matter, but in reality they're
treated like children encouraged to scrib-
ble their thoughts on a noticeboard. The*

1   Cf. Merlin Carpenter (2012): *WELCOME TO
THE TATE CAFÉ. A conversation between Merlin
Carpenter, Emily Sundblad and John Kalsey*, in:
Selected Texts by Merlin Carpenter, https://
www.merlincarpenter.com/TATECAFE.pdf (last
accessed April 4, 2025).

once-emancipatory participatory ideal of 1960s and 1990s art has become a machinery of stultification. In front of the board stands a roughly outlined figure that seems to be an alter ego of Carpenter—engaged in painting or perhaps something else. This figure, like Carpenter himself, is subject to specific conditions, but is nevertheless capable of responding to them artistically. When Harald saw the painting hanging in my living room, he was immediately enthusiastic and—with the artist's consent—bought it from me.

As a footnote, it's worth adding that Carpenter went on to reconstruct the Tate Modern café for his next exhibition at Reena Spaulings (2012)—transforming the gallery into a remake of the café, complete with low tables, black metal chairs, and a counter stocked with paper cups, drinks, and packaged food. There were also pink "visitor comment cards" that replicated—and simultaneously mocked—the false democratic promise of today's museums.[2]

There is also much to say about Carpenter's portraits of Rosa Luxemburg and Giorgio de Chirico. They belong to a 14-part painting series titled Heroes (2011), which he presented in his 2011 exhibition at MD72 in Berlin. Yet hardly anyone got to see them. On the opening day, visitors lingered in the hallway and small front room of the gallery, as the door to the exhibition space remained closed. A sign on the door read: "Admission €5,000." Only those who paid this amount were allowed in. However, the €5,000 were subtracted from the purchase price if one bought a painting. Basically, this experiment caused anyone unwilling or unable to pay to be excluded, which naturally stirred resentment among visitors. But that was precisely Carpenter's aim: to debunk the myth of an art world accessible to all—at a moment when the art economy was undergoing structural transformation and becoming increasingly elitist and money-driven. VIP-only events, such as those at Art Basel, were becoming more common, restricting access to the wealthy few. Although Carpenter added a financial barrier to the viewing of his paintings and denied viewers the aesthetic experience they had come for—as if emphasizing that the point was less the aesthetic encounter and more the underlying concept and social intervention—the works were still visible in miniature. A card game, which served as the exhibition invitation and was also available in the gallery's front room, allowed visitors to assemble one of the Heroes paintings from a set of four cards. Once again, viewers had to make an effort to see the images—but they were visible, and information about them circulated.

Heroes, the title of the exhibition, references Bowie's song of the same name from 1977, and alongside Kate Moss, David Bowie himself is among the celebrities portrayed in the series. However, the concept of the "hero" is also subverted within the series. While Carpenter pays tribute to personal favorites such as the writer J.G. Ballard, the fashion designer Stefano Pilati, the painter Giorgio de Chirico, and the workers' movement icon Rosa Luxemburg, the series also includes a portrait of a ceramic mug known as the Toby Jug, popular in the Anglo-American world—an object that is clearly not heroized. The visual language chosen for the portraits recalls the caricatures of Honoré Daumier: Carpenter's figures, too, have oversized heads and compact bodies. Their backgrounds are rendered in intensely vibrant colors. In keeping with the card game, each painting is composed of four canvases whose dimensions sometimes vary, as in the portrait of Giorgio de Chirico, resulting in a shaped-canvas effect.

When I told Harald about this project, he was immediately taken with the provocation of demanding a huge entrance fee from exhibition visitors. As I recall, he promptly pulled out his credit card and paid the €5,000 using the card reader provided, just to be able to see the paintings in person. He was especially enthusiastic about the portraits of De Chirico and Rosa Luxemburg. Regarding the latter, it's worth noting that, prior to the exhibition opening, Carpenter had invited people to a performance at the Landwehr Canal in Berlin—the very site where Rosa Luxemburg was thrown into the water by a Freikorps officer. There, the artist Ian White read texts by Luxemburg to a mournful gathering of art world attendees. At the end of the performance, a set of the card decks was thrown into the canal—a nod to Yves Klein's famous 1962 performance, in which he dumped gold into the Seine. Just as Klein's gold disappeared into the river, Carpenter's proxies of his canvases were consigned to the water. They were "drowned" in remembrance of Rosa Luxemburg, who, after having been brutally murdered elsewhere, was cast into the canal.

2   Cf. Roberta Smith (2012): Merlin Carpenter: 'Tate Café', in: The New York Times, http://www.reenaspaulings.com/images3/TATECAFE.reviews.pdf (last accessed April 4, 2025).

Luckow / Diercks: Another frequently debated aspect in discussions of the Falckenberg Collection is the apparent predominance of male artists. While Harald Falckenberg assembled substantial holdings of male artists born in the 1950s—figures such as Martin Kippenberger, Werner Büttner, Albert Oehlen, Mike Kelley, and Raymond Pettibon, who form a core generation within the collection—it was not until the subsequent generation that major works by women artists such as Nicole Eisenman, Sarah Lucas, Monica Bonvicini, and Ena Swansea were added, although Falckenberg did acquire these pieces at an early stage. Might this disparity be rooted in the medium of painting itself? And how is this shift reflected in the current exhibition? Does the notion of counterculture need to be reconsidered in gender-specific terms across generational lines?

Graw: It is indeed striking that Harald collected so many works by Albert Oehlen, Werner Büttner, and Martin Kippenberger, yet to my knowledge, not a single work by Jutta Koether, Charline von Heyl, or Rosemarie Trockel[3]—artists who were part of the same artistic cohort. I find that difficult to comprehend, but it also highlights how value attributions can differ significantly depending on perceived gender. To better understand this process of attributing value, I believe it is helpful to turn to reception theory: when a viewer engages with a work of art, they imagine a creator behind it yet simultaneously abstract from that creator and project a certain identity onto them—or so reception theorist Wolfgang Kemp has argued.[4] The implication is that every viewer inevitably speculates about the identity of the work's creator.
The conclusions that result from such projections—always in some way reductive and essentialist—can, however, be taken up and reflected back by the artists themselves, as in Adrian Piper's performance Catalysis III *(1970). In it, Piper, as a person of color, walked around New York City wearing a T-shirt with the words "Wet Paint." The racialized reactions she encountered—such as people keeping their distance from her as if she were a freshly painted wall—were held up to the passersby like a mirror. In any case, the perceived identity of an artist has a direct impact on viewers' judgments of value, which are also shaped by prevailing "unacknowledged value systems" (Linda Nochlin)—for example, the persistent belief that works by artists identified as women are inherently less compelling than those by their male counterparts.*
This was, incidentally, a widely held belief in the Cologne art scene of the late 1980s and early 1990s. There were simply no "fictional expectations" (Jens Beckert) attached to the works of women artists in terms of their future market value. Fortunately, the situation has since changed, especially in painting. In New York today, it is primarily the work of women painters that receives institutional recognition and commercial success—and rightly so, I would add.
At the same time, Harald did in fact collect works by female artists such as the aforementioned Nicole Eisenman, as well as Sarah Lucas and Monica Bonvicini. I suspect he was drawn to these works in part because they present themselves in a bold and self-assured manner—they play with a "masculine" attitude in order to simultaneously critique the sexism of the art world. Still, let's face it: Falckenberg was certainly not a feminist. I recall numerous arguments with him about my involvement in feminist causes, during which he flatly rejected the insights of the feminist theories I cited. And yet, he also belonged to a type of collector that has become increasingly rare today—someone who read and wrote extensively, who respected intellectuals and sought out controversy. It was always a pleasure to engage in debate with him, even if we rarely agreed.

Luckow / Diercks: The exhibition is part of a series of medium-specific presentations that retrace both central themes and the history of the Falckenberg Collection. While the 2019 exhibition focused on installations and sculptural objects, and a show on conceptual art, film, and photography is planned for 2027, the present exhibition is less a survey of recent developments in painting than an inquiry into the place of the medium of painting within this particular collection.
Harald Falckenberg was never especially interested in painting per se. His focus was

---

3   In the early days of the Falckenberg Collection, two works by Rosemarie Trockel were part of the holdings—*Strickbild mit Hakenkreuzen* (Knitted Picture with Swastikas) (1987) and *Ohne Titel (Nase)* (Untitled [Nose]) (1988)—both of which were later sold. Today, the collection contains only *Ohne Titel (Haare)* (Untitled [Hair]) (1993), a photocopy on handmade paper, and an edition from 2014.

4   Cf. Wolfgang Kemp (2008): *Kunstwerk und Betrachter: Der rezeptionstheoretische Ansatz*, in: Hans Belting, Heinrich Dilly, Wolfgang Kemp, Willibald Sauerländer, and Martin Warnke (eds.): *Kunstgeschichte. Eine Einführung*, Reimer, pp. 247–265.

always on its broader context—on the biographies and artistic agendas of the individual artists. Still, painting accounts for roughly a quarter of the collection. It reflects key aspects of his approach as a collector: an interest in counterculture, in sociopolitical discourse, and in the expression of conceptual content—for instance, through the use of text and writing within images. Can the concept of painting be understood beyond its classical definition—perhaps as a "semiotic activity" or as a performative act of the subject?

Graw: In my book The Love of Painting: Genealogy of a Success Story *(2018), I asked precisely this question: What is specific to painting, given that it has long since expanded and broken free of all restraints, become de-specified? Given that non-painterly (conceptual, institutional-critical) strategies flow into painting, or conversely, that other art forms such as sculpture or photography employ painterly tropes? Despite—or perhaps because of—this breaking-free, painting continues to hold a special status in today's art world. In my view, this has to do with medium-specific, historical, and economic factors. For example, when I was in New York last November (2024), painting was everywhere—whether in blue-chip galleries or downtown off-spaces—as if no other art form existed. The reason, in that case, was largely economic: in a faltering art market, only the "painting on canvas" as a format still holds out the hope of sales.*
But back to your question: I do believe that painting is a language—albeit one that differs from spoken or written language. The texts found in paintings in the Falckenberg Collection—for instance, in Raymond Pettibon's "Bringing with me my own cup of paint, which runneth over" (1991) or in Peter Saul's I'm Wrong/So What *(2000)—each serve very different functions (figs. pp. 192, 62). In Saul's work, the text suggests that the artist and his subject might be wrong, which, however, is said to not matter ("so what"). Or the painted image itself mounts a critique of painting—such as in the work of Pettibon, who explicitly voices his horror at the "various sorts of disgusting dishes sent up to look like painting" directly within the image. Painting against painting. At the same time, any text embedded in a painting should never be taken at face value—it should always be understood as placed in quotes.*
That painters perform themselves in their works without thereby revealing an

"authentic" self—since what appears in painting as a self is always staged and constructed—has become more common since the 1980s and 1990s. Of particular importance to artists like Kippenberger, Büttner, and Oehlen was the stance of the artist—an emphasis that, interestingly, already appears in Giorgio Vasari's Lives of the Most Excellent Painters, Sculptors, and Architects *(1550). In those biographies, too, it is consistently the presence and assumed habitus of the (invariably male) artists—and less often their works—that are discussed. When Vasari found artists like Raphael convincing as individuals, this credibility extended metonymically to their works, which he also then considered compelling. But of course, this focus on attitude, performance, etc. means that male artists have had it easier. They can draw on a long tradition of successful self-staging. I'm thinking, for instance, of Gustave Courbet's* Self-Portrait as a Desperate Man *(1843–45), in which despair is transformed into a dramatically powerful pose. Female artists, too, have access to numerous models in terms of self-staging—Suzanne Valadon, Gabriele Münter, Eva Hesse, among others—but they have rarely engaged in similarly self-confident, if not boastful, forms of self-dramatizations, simply because they have lacked the same social privileges as their male counterparts. That said, a great deal has changed with the globalization of the art world, the impact of #MeToo, and the implementation of the diversity imperative. Today, there are numerous examples of female self-staging in which the subject appears uncertain, incomplete, fractured, skeptical, and self-reflexive. As I toured the current presentation of the collection, I also noticed a particular kind of humor—take, for instance, the joke about the "phallic woman" in* Draussen *(2004) by Jonathan Meese and Albert Oehlen, where a sideways penis is roughly painted onto a female figure (fig. p. 66). It's a kind of humor that simply doesn't age well. But Harald always knew that things once embraced or found amusing could, under different conditions, no longer be funny and lose their persuasive power.*

Luckow / Diercks: For many artists, Harald Falckenberg was an intelligent ally—someone with whom one could discuss art and ideological questions for nights on end. In summary, what do you think made him, and his collection, so distinctive compared to other major collections of contemporary art?

Graw: As a person, Harald was certainly an exceptional figure among the collectors of contemporary art I've known. He loved intellectual debate, engaged deeply with art criticism and aesthetic theory, and wrote theoretical texts of his own. At a time when many collectors feel threatened by intellectuals and prefer to rely on their oft-cited yet often misleading "gut feeling" when collecting, Harald valued conversations with art critics and art historians—he respected their work. Every discussion with him was lively and seemed designed to go on indefinitely; there was rarely a clear endpoint, and often the conversation would continue by phone. His intellectual curiosity and openness are reflected in his collection, in my view. Unlike many collectors today, Harald didn't work with advisors—he informed himself, researching what was at stake historically in each work. He was also familiar with theoretical debates around "expanded painting," a concept historian David Joselit captured in the phrase "painting beside itself." The boundary between what happens inside and outside of paintings has become porous. I always had the impression that Harald responded more to this kind of "transitive" painting than to strictly self-contained forms. Accordingly, the works he collected are often constructed like speech acts—seemingly operating through language—or they break through their frames by symbolically extending into the real world and/or by absorbing aspects of real life. Many of the works he collected also suggest the presence of the (factually absent) artist. Harald appreciated paintings that initially unsettle the viewer—works that resist immediate interpretation or reduction to a simple message. He valued challenges, provocation, and dark, cryptic humor, to which he generally responded positively. I miss the stimulating conversations I had with him.

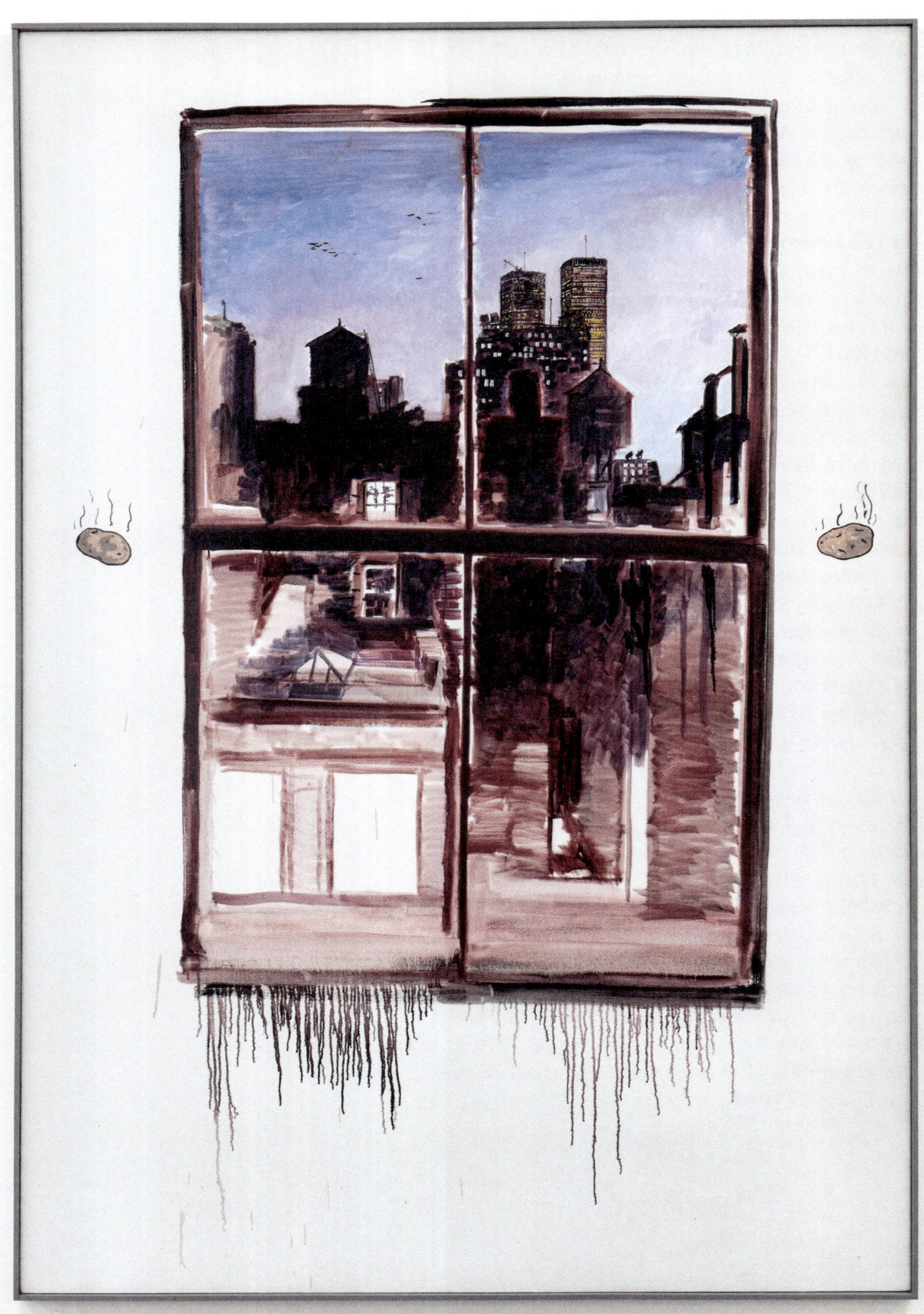

Harald Falckenberg: Der Kunstsammler, den wir verdienen?

–

Kennengelernt habe ich Harald Falckenberg vor über zwanzig Jahren, in den frühen 2000er-Jahren, durch Max Hollein, den notorischen Museumsdirektor, der heute das Metropolitan Museum of Art leitet. Mir wurde mitgeteilt, dass er daran interessiert sei, Werke von Paul Thek zu sammeln – einem Künstler, für den ich mich seit Jahrzehnten in meiner kunstkritischen, kuratorischen und sammlerischen Tätigkeit engagierte. Ich wusste sofort, dass ich Harald kennenlernen wollte, war jedoch entschlossen, ihm keines von Theks Werken zu verkaufen – was ich in unseren ersten Gesprächen bequemerweise unterschlug. Dennoch war dies der Beginn einer über Jahrzehnte andauernden Beziehung, die gemeinsame Vorträge in London und Zürich, die wechselseitige kritische Lektüre von Textentwürfen sowie zahlreiche gemeinsame Mahlzeiten und Gespräche beinhaltete. Diskussionen zwischen uns dauerten nicht selten bis tief in die Nacht – so lange, bis ich nicht mehr stehen, ja nicht einmal mehr sitzen konnte (dazu später mehr). Der Rahmen unserer ersten Begegnung war – erstaunlich genug – die Nova-Sektion der Art Basel Miami Beach, in der experimentellere kuratorische Ansätze geduldet werden, obwohl die Messe selbst nicht gerade für Wagemut oder Risikobereitschaft bekannt ist. Obwohl ich keineswegs ein Galerist im eigentlichen Sinne war, sondern nur ein (lausiger) Kunsthändler aus der Not heraus (auf andere Weise konnte ich meine Kunst-, Schreib- oder Lehrpraxis nicht finanzieren), erschlich ich mir einen Standplatz im Messezentrum, indem ich mich mit dem Projektraum bewarb, den ich in London betrieb, allerdings ziemlich unprofessionell (wie so vieles, was ich unternehme – was Harald sehr gut verstand).

Da ich stets allein arbeite und mich nicht mit kleinkarierten Alltagsregeln aufhalte, hatte ich es versäumt, die Bestimmungen der Nova-Sektion zur Kenntnis zu nehmen. Diese schreiben vor, dass Galerien ein bis drei Kunstschaffende mit neuen Arbeiten präsentieren, die in den letzten Jahren entstanden sind. Ich hingegen zeigte in Petersburger Hängung Werke von fast zwei Dutzend Künstler*innen – von historisch etablierten (Vito Acconci, Robert Smithson, Dennis Oppenheim und der nicht verkäuf-liche Thek) bis zu damals aufstrebenden Positionen wie Rachel Harrison oder Sarah Lucas –, was den Kriterien in keiner Weise entsprach. Es erübrigt sich zu sagen, dass ich kurzerhand von einer weiteren Teilnahme an der Art Basel ausgeschlossen wurde (wofür ich dankbar bin). Indessen ging aus dem Scherbenhaufen dieses Unterfangens meine Beziehung zu Harald Falckenberg hervor.

Inmitten des Sammelsuriums klassisch-konzeptueller (und zeitgenössischer) Positionen, das ich zeigte – eine chaotische Ästhetik, die Harald teilte –, hing ein großes Foto von Vito Acconci, auf dem er sich selbst beißt: eine legendäre, ihrer Zeit weit vorausgreifende Arbeit von 1970 mit dem Titel Trademarks. Mit diesem humorvoll aufgeladenen Akt der Selbstverstümmelung setzte sich Acconci auf invasive (und geniale) Weise mit der Idee des Künstler*innen-Brandings und -Marketings auseinander – ein Thema, das seither im Kunstmarkt und darüber hinaus zunehmend an Bedeutung gewonnen hat. Eben jenes Bild von Acconci (einem Künstler, für den wir beide eine Obsession hegten) war das Leitmotiv eines bemerkenswerten, ebenso aufschlussreichen wie prophetischen Artikels, den Harald 2014 für die Financial Times verfasste.[1] Dessen Überschrift The art world we deserve? (Die Kunstwelt, die wir verdienen?) lieferte die Inspiration für den Titel dieses Beitrags.

Falckenberg schrieb in der Financial Times: „Richard Prince, Jeff Koons und Haim Steinbach wurden zu führenden Figuren einer Bewegung, die jegliche Skrupel gegenüber der kommerziellen Verwertung von Kunst über Bord warf und sich aggressiv dem Kunstmarkt andiente, wodurch Preise in bisher unvorstellbare Höhen getrieben wurden. Die Idee eines künstlerischen Lebenswerks, eines Œuvres, war ihnen keinerlei Überlegung mehr wert. Schlechte Malerei, Entkunstung und blitzschnelle Karrieren nach dem Vorbild des Showbusiness prägten die Kunstwelt jener Zeit."

Wie so oft hatte Harald die Zeichen der Zeit früher erkannt als die meisten anderen. Mit Blick auf künstlerische Praktiken, die den Mammon und den dadurch ermöglichten Lebensstil im Blick haben, schrieb er, dass kurz nach den 1980er-Jahren „die Spekulanten und Finanzjongleure auf den Plan traten, die auf junge Kunst wetteten, indem sie langfristig in zweifelhaften Fonds investierten und kurzfristig Kunst bei

1 Quelle auch für die nachfolgenden Zitate: Harald Falckenberg (2014): *The art world we deserve?*, in: Financial Times, https://www.ft.com/content/498f5cca-bfce-11e3-b6e8-00144fe-abdc0 (abgerufen am 15. April 2025).

Auktionen zurück auf den Markt warfen". Dem würde ich hinzufügen, dass wir uns nach der zuletzt desolaten Entwicklung in nahezu allen Bereichen des Kunstmarkts nunmehr seit über einem Jahrzehnt in einem historischen Abschwung befinden. Das Positive daran ist, dass die meisten engstirnigen Spekulant*innen sich davongemacht haben. Und mit diesen Individuen, die Kunst durch die Brille des Geldes und mit den Scheuklappen der Kurzsichtigkeit betrachteten (und erwarben) anstatt mit einer reflektierten Haltung, die Herz und Verstand verbindet, hat sich auch ein Kunstmarkt weitgehend verflüchtigt, der sich exzessiv vom Hype um das Junge und Neue nährte.

Heute bedienen Künstler*innen wie KAWS und Daniel Arsham nach wie vor die gierigen, kurzfristig denkenden Käufer*innen – eine Rolle, die auch neuere Werke von Damien Hirst und Jeff Koons erfüllen. Ich prägte vor einigen Jahren das Kofferwort „Speculector" (Speku-Sammler*in), um darauf hinzuweisen, dass nur sehr wenige Kunstkaufende der letzten zwanzig Jahre über Grundkenntnisse der Kunstgeschichte verfügten – geschweige denn über einen echten Willen, längere Zeit mit Kunst zu leben. Stehen wir nun auch vor dem Ende des Kennertums, abgelöst von „Asset"-Händler*innen mit der Aufmerksamkeitsspanne einer Stechmücke? Kunst ist ein langsamer Prozess. Die meisten übersehen das – nicht nur Spekulierende, sondern auch Galerist*innen, die auf den nächsten schnellen Kunstmessekick hoffen, junge und wiederentdeckte Talente und auch solche Kunstschaffende, die nach schnellem Geld und Ruhm streben.

Falckenberg schrieb in der Financial Times über die Clique der Kurator*innen-Impresarios, die (traurige) Berühmtheit erlangt haben, indem sie „Künstler als lebende Argumente und Belege für ihre eigenen Ideen" nutzen. Dieses Phänomen nannte er „Kuratorismus". Unsere zahlreichen von Geltungsdrang und Steuervorteilen getriebenen Privatmuseumsgründer*innen (man könnte sie „Museumisten" nennen) könnten sich ein Beispiel an der Initiative der Sammlung Falckenberg nehmen, die 2001 in den Phoenix-Hallen in Hamburg-Harburg gestartet wurde. Harald schrieb: „Museen und andere Kunstinstitutionen sind finanziell und zeitlich durch ihre Ausstellungsprogramme so beansprucht, dass kaum noch Raum für den Aufbau eigener Sammlungen bleibt. Sie wollen keine kompletten Sammlungen mehr. Nur wenige Werke oder Werkgruppen werden bevor-

zugt. Dies ist ein wichtiger Grund dafür, dass in den letzten Jahren so viele Privatmuseen entstanden sind." Das erinnert mich an ein Gespräch, das ich vor fast 20 Jahren mit einer bedeutenden New Yorker Kuratorin führte, die mir anvertraute, dass ihrem Museum die Mittel fehlten, um die Wände zwischen den Ausstellungen neu zu streichen.

Das Programm vieler privater Ausstellungshäuser besteht heute fast ausschließlich aus Lieblingen des Kunstmarktes, politisch korrekten Missionierer*innen und topaktuellen Kunstproduzierenden. Haralds Harburger Hallen verfolgten das genaue Gegenteil. Die Sammlung Falckenberg war lebendig – ein regelrechtes skatologisches Durcheinander – und zugleich in einer intellektuellen und konzeptuellen Disziplin und Strenge verankert, die Haralds Ansehen und seiner gesellschaftlichen Stellung in bestimmten Kreisen sicherlich geschadet haben. Es handelte sich bei ihr um einen Zufluchtsort, ein Refugium für Übersehene, Nicht-Vertretene und nicht hinreichend Gewürdigte.

Harald hatte schon vor über einem Jahrzehnt erkannt, dass die Kunstwelt zunehmend mit gedankenlosen Spektakeln, kommerziell gesponserten Events und Großveranstaltungen überschwemmt wurde – Ereignissen, die das demokratische, kommunikative und vor allem nicht-hierarchische Grundprinzip und Erleben des Kunstmachens, -lernens und -betrachtens untergraben und entwerten. Verglichen mit der Vorstellung von Kunst als Luxusaccessoire und Statussymbol war Falckenberg ein bescheidener Asket. Er übernachtete oft bei mir in New York und später in London, um überflüssige Ausgaben zu vermeiden und mehr Mittel für seine Kunstleidenschaft zur Verfügung zu haben. In einer zunehmend materialistischen Gesellschaft war Harald der Hohepriester einer radikalen, abtrünnigen Alternative zur etablierten Religion der Kunst als Investitionsobjekt. Er war einer der letzten Vertreter*innen einer aussterbenden Gattung, die Kunst ohne jede Rücksicht auf ihren zukünftigen Marktwert sammelte und präsentierte. So gesehen gehörte er selbst in eine Vitrine eines naturhistorischen Museums.

Harald Falckenbergs Sammlung begann mit einer Gruppe von Kunstschaffenden, die sich der Punk-Ästhetik verbunden fühlten – einer von Jugendlichen getragenen Bewegung von Anarchist*innen, die an so gut wie nichts mehr glaubten. Harald war ein Business-Punk (wenn man das so überhaupt sagen kann) und ein militanter kultureller Agitator – aber einer, der die Hoffnung nie aufgab. Getragen wurde er von einer tief verwurzelten Liebe und Leidenschaft für die Kunst. Als aufrührerischer Unruhestifter kümmerte er sich kein bisschen um Urteile oder Meinungen anderer – insbesondere nicht um das inzestuöse Volk einer klaustrophobischen, konsensorientierten Kunstwelt, die weitgehend von einem lähmenden, unflexiblen, konservativen Denken geprägt ist. Falckenberg bewegte sich auf den Grenzen zwischen institutionellen, akademischen und kommerziellen Bereichen. Seine breit gefächerte Tätigkeit als Kunstsammler, Verleger, Vortragender, Kurator und Autor lässt sich unmöglich in Einzelteile zerlegen und in Schubladen stecken. Er widmete sein Leben der Unterstützung von Kunst, Kunstschaffenden und Autor*innen – und daneben, zur Abwechslung, ein bisschen dem Golfspiel.

Das Band, das dieses Kunst-Leben zusammenhielt, war eine unbändige, sehnsüchtige Neugier, getrieben von einem gerissenen, ungezogenen (ja, pubertären) Impuls. 2019 schrieb ich in einem Essay über die Malerei von Werner Büttner – einem Künstler, den mir Harald vorgestellt hatte und der später ein Freund wurde: „Der Alkohol, dem er aus Überzeugung als Lebenselixier wie auch als Ermöglicher – zugleich Befreiungsinstanz und Sklavenmacher – anhängt, ist Büttners andere Bewältigungsstrategie und zugleich eine Metapher für die Malerei selbst."[2] (Ein Empfinden, das Harald und ich teilten, bevor ich vor einigen Jahren nüchtern wurde.) Ich verbrachte viele Tage und Nächte im vergeblichen Bemühen, mit Haralds eisenharter Konstitution mitzuhalten – Glas für Glas, Flasche für Flasche. Doch ich konnte seiner unerschütterlichen Standfestigkeit nicht das Wasser reichen. Ich habe nur noch eine vage Erinnerung (wenn überhaupt) an ein alkoholreiches Mittagessen vor einem Universitätsseminar, das wir gemeinsam abhalten sollten – welche Universität es war und zu welchem Thema wir sprechen sollten, entzieht sich mir bis heute. Was ich noch weiß, ist, dass wir durch einen schrillenden Feueralarm mitten in der Veranstaltung gerettet wurden. Wir zogen uns – mit der gesamten Klasse – in einen gegenüberliegenden Park zurück. Es ging alles gut aus.

Ein anderes Mal tauchte ich unangekündigt mit meiner Kinderschar in Hamburg auf, weil ich Harald und sein Museum sehen wollte – nur um zu erfahren, dass er gerade mitten in der Hochzeitsfeier seiner Tochter steckte. Mit offenen Armen wurden wir alle eingeladen, uns ins Getümmel zu stürzen – auch wenn wir als Einzige in Sportkleidung zu diesem ganz und gar formellen Galaempfang erscheinen sollten. Harald nahm es gelassen. Regeln waren dazu da, gebogen, wenn nicht gleich gebrochen zu werden. Er missachtete Konventionen auf Schritt und Tritt. In dieser Hinsicht verband uns eine gemeinsame Liebe zur Selbstentfaltung, zur Kommunikation und dazu, dem Status quo so oft wie möglich in den Hintern zu treten.

Für eine von ihm kuratierte Ausstellung des belgischen Künstlers Philippe Vandenberg im Jahr 2014 bei Hauser & Wirth in Zürich – seine erste in der Schweiz – mit dem Titel Dog Day lud mich Falckenberg zu einer Podiumsdiskussion mit den hinterbliebenen Angehörigen Vandenbergs ein. Der nihilistische Künstler, der sich 2009 im Alter von 57 Jahren das Leben nahm, schuf raue Werke, in denen häufig Schusswaffen und knallharte Texte wie „Kill them all" auftauchen (Abb. S. 86). Harald und ich waren im Vergleich dazu Unschuldslämmer. Zwischen der Aufforderung zur Teilnahme an der Gesprächsrunde und meinem Flug nach Zürich lag kaum Zeit – ich hatte also keine Gelegenheit, die Gemälde vorab zu sehen; aber ich las so viele Texte des Künstlers und sah so viele Abbildungen seiner Werke wie möglich. Zeit für ein paar Drinks kurz vor unserem Auftritt auf der Bühne blieb (Überraschung!) dennoch. Am Ende gratulierten mir Vandenbergs Kinder zur bislang besten Zusammenfassung des Werks ihres Vaters, was einzig und allein Haralds Anstoß und Inspiration zum Lernen und Absorbieren zu verdanken war.

Haralds Unternehmungen, sein Sammeln von Werken von Vito Acconci und anderen, ermöglichte es mir, weiter Kunst zu machen, zu unterrichten und zu schreiben, da sie mich zu einer Zeit von enormem finanziellem Druck entlasteten, in der ich kaum in der Lage war, mit anderen Mitteln zu überleben. Ich bin zu ungeduldig und zu wenig kompromissbereit, um als Verkäufer – ob von Kunst oder was auch immer – zu bestehen. Harald war das, was ich einen institutionellen Sammler nennen würde: jemand, der keinerlei Bestätigung von außen braucht, um den Sprung zu wagen. Er unterstützte Kunst und Kunstschaffende, die in Ungnade gefallen waren, kein Glück und kein Geld hatten. Seine Frau Larissa, verlässlicher Rückhalt – und zugleich seine Lektorin –, begleitete ihn auf jedem Schritt seines Weges. Die Paul Theks, auf die er

2   Werner Büttner (2019): *Something very blond comes to town*, Marlborough Gallery.

jahrelang scharf war, verkaufte ich ihm
zunächst nicht, bis ich mich in einer meiner
vielen finanziellen Notlagen schließlich von
einigen meiner Schätze trennte. Ich war
nicht der Einzige, dem durch seine unkon-
ventionellen Ankäufe geholfen wurde.
Es nagt immer noch an mir, dass ich mich
von einigen meiner wertvollsten Besitz-
tümer getrennt habe. Gleichzeitig bin ich
aber dankbar für die Hilfe, die Harald mir
im Laufe meines Lebens geleistet hat.
Wirtschaftliche Notwendigkeit ist eine
bittere, aber unumgängliche Pille, die man
schlucken muss. Gemeinsam mit Harald
war ich vom frühesten Stadium an in die
kuratorische Entwicklung der großen, in
mehreren Museen – dem ZKM, der Sammlung Falckenberg und dem Museo Reina
Sofía – Station machenden Paul-Thek-Aus-
stellungen (und der begleitenden Publika-
tion der MIT Press) involviert. Es freut mich
sehr, dass die Thek-Werke, die ich Harald
verkauft habe, weiterhin öffentlich zugäng-
lich sind. Im Jahr 1988, dem Jahr von Theks
frühem Tod, befand sich nur ein einziges
Werk von ihm in einem US-Museum – und
das war lediglich eine Zeichnung. Der Weit-
blick von Institutionen und Kurator*innen
wie Harald hat viel dazu beigetragen, diesen
geradezu kriminellen Mangel an Anerkennung zu korrigieren.
Hatten wir Harald Falckenberg verdient?
Heute, mehr denn je, sind bahnbrechende
Nonkonformisten in der Kunstwelt erschre-
ckend rar gesät. Harald war ein Impresario
– wie der Theatererneuerer und Künstler
Robert Wilson (der zugleich Testaments-
vollstrecker des Nachlasses von Thek war),
mit dem Harald ebenfalls künstlerisch zu-
sammenarbeitete, oder Leonard Bernstein,
der amerikanische Dirigent, Komponist,
Pianist, Musikpädagoge und Autor. Selbst
mit 80 Jahren kam Haralds Tod zu früh, viel
zu früh. Ich schließe mit Haralds eigenen
Worten, durchdrungen von seiner Überzeugung und seinem Glauben an die besondere
Schöpferfähigkeit des Menschen: „Während andere glauben, dass die Evolution
immer zu etwas Besserem führt, sehe ich
darin keine Moral. Nur Wandel. Das Ende
der Kunst ist schon oft ausgerufen worden.
Aber es gibt kein Ende: Kunst ist immer
offen für neue Entwicklungen. Jede ernst-
zunehmende Sammlung muss sich dieser
Herausforderung stellen." – Eine Herausforderung, der er sich sein ganzes von Kunst
erfülltes Leben lang ohne jedes Wenn und
Aber gewachsen gezeigt hat.

Kenny Schachter

Harald Falckenberg: The Art Collector We Deserved?

–

I was introduced to Harald Falckenberg more than 20 years ago, in the early '00s, by Max Hollein, the serial museum director who now leads the Met. I was informed that he was interested in collecting Paul Thek, of whom I had been a decades-long supporter via my writing, curating, and collecting. I knew I wanted to meet Harald, though I was determined not to sell him any of Thek's works—a fact I conveniently left out of our initial conversations. Nevertheless, this was the start of a relationship that spanned decades and involved lecturing together in London and Zurich, reading preparatory drafts of each other's writings, and sharing many a meal and discussion. Often, those talks lasted into the night, until I could no longer stand or, for that matter, sit (more on that below).

The context of that initial encounter was, oddly enough, the Nova section of Art Basel Miami Beach, where more adventurous curatorial initiatives are countenanced within an event otherwise not known for experimentation or risk-taking. Though I was certainly not a gallerist by any definition, and only a (lousy) dealer by default (I was unable to fund my art-making, writing, or teaching by any other means), I conned my way into a berth in the convention center by applying with the project space I operated in London that was fairly unprofessional (as are most things I undertake, which Harald related to).

Being that I've always worked alone and am not one to spend time on petty, mundane rules, I failed to take note of the Nova regulations that state that galleries must present "one to three artists showing new works that have been created within the last few years." I presented works by nearly two dozen artists, hung salon style, from the historical (Vito Acconci, Robert Smithson, Dennis Oppenheim, and not-for-sale Thek) to the more emerging (like Rachel Harrison and Sarah Lucas), which did not satisfy the criteria. Needless to say, I was unceremoniously rejected from ever exhibiting again at Basel. (I am grateful.) Nevertheless, from the ashes of that enterprise, my relationship with Harald Falckenberg was forged.

In the hodgepodge of classic conceptual (and more contemporary) fare that was on display—a mess of an aesthetic that I held in common with Harald—was a large photograph of Vito Acconci biting himself in a legendary, prescient 1970 work titled Trademarks. In this act of self-mutilation infused with humor, Acconci invasively (and ingeniously) addressed the notion of artist branding and marketing, which has since gained prominence in the marketplace, and everywhere else. That very Acconci (an artist we both had a fixation for) was the lead image in an astounding feature Harald wrote for the Financial Times (FT) in 2014 that was as revelatory as it was prophetic.[1] Its headline, "The art world we deserve?," was the inspiration for the title of this essay.

As Falckenberg wrote: "Richard Prince, Jeff Koons and Haim Steinbach became leading figures in a movement that abandoned all scruples about the commercial use of art, and aggressively courted the art market, driving prices to previously inconceivable heights. They no longer wasted a thought on the notion of an artistic body of a life's work, an oeuvre. Bad painting, deskilling and fast-paced careers modelled after showbiz defined the art world of that era."

As usual, Harald saw the writing on the wall before most. In relation to artistic practices with more than a nod to money and the lifestyle it afforded, he wrote that shortly after the '80s came the "speculators and financial jugglers who bet on young art, investing over the long term in dubious funds and in the short-term throwing art back on the market at auctions." I would add, after the recent dismal performance in nearly every corner of the art market, that we have now been in a historical downturn for more than a decade. The upside of that is that most of the narrow-minded speculators have disappeared—individuals who came to view (and buy) art through financial filters and myopic blinders, rather than with a more thoughtful and concerted approach that combines the heart and mind. And with them, an art market that relied excessively on the hype of the young and the new has largely receded.

Today, artists such as KAWS and Daniel Arsham still feed short-sighted, voracious short-term buyers. (The recent works of Damien Hirst and Jeff Koons also fill this role.) I coined a word some years ago, spec-u-lector, to note that very few art buyers of the last 20 years have had a basic

1	For this and the following quotes, see Harald Falckenberg (2014): *The art world we deserve?*, in: Financial Times, https://www.ft.com/content/498f5cca-bfce-11e3-b6e8-00144feabdc0 (last accessed April 15, 2025).

understanding of art history, much less a commitment to living with art over time. Are we fast approaching the death of connoisseurship, too, only to be replaced by "asset" traders with the attention spans of mosquitoes? Art is a slow-burning process. Most fail to take heed of that—not just speculators, but also dealers looking for the next quick art fair fix, young talent and rediscovered talent, and even artists questing after easy money and stardom. Falckenberg wrote in the FT of the cabal of curatorial impresarios who have garnered notoriety and fame, "who use artists as living arguments and evidence of their own ideas." He termed this phenomenon "curatism." Our many private museums, driven by prestige, social cachet, and tax breaks (call them museumists), might benefit from studying the initiative of Sammlung Falckenberg, which was established in the Phoenix-Hallen building in Hamburg-Harburg in 2001. Said Harald: "Museums and other art institutions are now financially and time-wise so taxed with their exhibition programs that there is little room for the building of their collections. They no longer want complete collections. Only a few works, or groups of works, are preferred. This is one important reason why so many private museums have emerged in recent years." This reminds me of a meeting I had nearly 20 years ago with a major New York curator who confided to me that there were no spare funds to paint the walls between exhibitions at her institution.

The programming at many private exhibition spaces these days is composed almost exclusively of market darlings, politically correct proselytizers, and ultra-contemporary art makers. Harald's space took the opposite approach. Sammlung Falckenberg was vital—a veritable scatological free-for-all—and it was couched in an intellectual and conceptual discipline and rigor that must have chipped away at his respectability and social standing in some quarters. It was a sanctuary, a refuge for the overlooked, unrepresented, and underappreciated.

Harald was able to foresee, over a decade ago, that the art world was becoming increasingly filled with mindless spectacles, commercially sponsored happenings, and large-scale events that degrade and diminish the democratic, communicative, and above all else, non-hierarchical rationale and experience of making, learning, and looking at art. In contrast to the idea of art as a luxury accessory and status symbol, Falckenberg was a humble ascetic. He frequently stayed with me in New York, and later in London, to save on frivolous expenditures and thus have more funds to pursue all things art. In an ever more materialistic society, Harald was the high priest of a radical, rogue alternative to the established religion of art as investment. He was one of the last of a dying breed that collected and displayed art without so much as a nod to future value. In that respect, he belonged in a vitrine in a natural history museum.

Harald Falckenberg's collection began with a group of artists that identified with a punk aesthetic, a youth-driven movement of anarchists who had all but given up believing in anything. Harald was a businessman punk (if such a thing could be said to exist) and a militant cultural agitator, but one who never abandoned hope. He was grounded in a deep-seated love and passion for art. As a rabble-rousing firebrand, he did not care one jot about the judgments or opinions of anyone, especially the incestuous denizens of a claustrophobic, consensus-driven art world largely defined by a stultifying, unbending, conservative mindset. Falckenberg straddled the fence between the institutional, academic, and commercial spheres. His wide-ranging activities in art, publishing, lecturing, curating, and writing are impossible to compartmentalize or pigeonhole. He surrendered his life to supporting art, artists, and writers, with a bit of golf thrown in on the side to cleanse his palate.

The thread that held this art-life together was an unbridled, yearning curiosity, driven by a devious, naughty (yes, adolescent) impulse. As I wrote in a 2019 essay on the paintings of Werner Büttner, an artist Harald introduced me to, and who became a friend: "The booze he constitutionally espouses as both sustenance and enabler—a freeing agent and enslaver simultaneously—is Büttner's other coping mechanism, and a metaphor for painting itself."[2] (That's a sensibility Harald and I shared, before I sobered up years ago.) I spent many a day and night futilely trying to match his iron constitution, glass for glass, bottle for bottle, but I was no match for his unfailing fortitude. I have a hazy memory (at best) of an alcohol-fueled lunch prior to a university class we were to teach together, though exactly which school and on which subject we were to lecture evades me still. What I do recall is that we were saved by a blaring fire alarm mid-course. We retreated, with class in tow, to a park across the street. It all worked out.

2   Werner Büttner (2019): *Something very blond comes to town*, Marlborough Gallery.

Another time, I popped up with my cluster of kids, unannounced, in Hamburg for a dose of Harald and his museum, only to be informed that he was in the midst of his daughter's wedding reception. With open arms, we were all invited to join the fray, though we were the only ones clad in athletic wear at the full-blown formal gala. Harald was anything but nonplussed. Rules were meant to be bent, if not broken altogether. He flouted conventions at every turn. In that regard, we shared a mutual love of self-expression, communication, and kicking the status quos in the behind, as often as possible.

For a 2014 exhibition at Hauser & Wirth in Zurich by the Belgian artist Philippe Vandenberg (his first in Switzerland) that Falckenberg curated, Dog Day, he invited me to participate in a panel discussion with the artist's family. The nihilistic artist, who took his own life in 2009 at the age of 57, made raw works that often incorporate guns and brutal texts such as "Kill them all" (fig. p. 86). Harald and I were innocents in comparison. With barely any notice between the time I was notified of the talk and my flight to Zurich, I didn't have a second to preview the paintings before the talk, but I read as much of the artists' texts and viewed as many reproductions of the works as I could. We did have time to imbibe a few just before setting out on stage (surprise, surprise). At the end, I was congratulated by Vandenberg's children for the best encapsulation of their dad's works to date, which was solely the result of Harald's impetus and inspiration to learn and absorb. Harald's actions, collecting works by Vito Acconci and others, enabled me to continue to make art, teach, and write, by alleviating daunting financial pressures when I was all but incapable of surviving by any other means. I am too impatient and intolerant to be a salesperson, of art or otherwise. Harald was what I would call an institutional collector, one who needs no affirmations from anyone or anywhere to take the plunge. He supported art and artists that were out of favor, out of luck and money. I didn't sell him the Paul Theks he was hankering after for years, until I parted with some of my treasures when I was in dire financial straits—one of many times. I was not the only one helped by his freewheeling acquisitions.

To this day, I am a little resentful of having been alleviated of some of my prized possessions, though simultaneously appreciative for the help Harald provided throughout my life. Economic necessity is a bitter but necessary pill to swallow. Together with Harald, I contributed to the curatorship from the embryonic stages of Thek's major touring museum exhibitions at the ZKM, Sammlung Falckenberg, and the Reina Sofía (and MIT tome). I am thrilled that the Thek works I sold to Harald remain on public view. In 1988, the year of the artist's untimely death, only a single U.S. museum held his work—and only a drawing at that. The vision of institutions and curators like Harald has gone a long way to rectifying such criminal neglect.

Did we deserve Harald Falckenberg? More so than ever in the art world, trailblazing mavericks are woefully few and far between. Harald was an impresario, like theater innovator and artist Robert Wilson (the executor of Thek's estate), whom he worked with as well in his capacity as an artist, and Leonard Bernstein, the American conductor, composer, pianist, music educator, and author. Even at 80 years of age, Harald was lost too soon, way too soon. Concluding with Harald's words, imbued with his conviction and faith in the distinct human capacity to create: "While others might think that evolution always leads to something better, to me there is no morality in the process. Just change. The end of art has repeatedly been announced. But there is no end: art is always open to new developments. Every serious collection has to face this challenge." A challenge he was up for, unfailingly, throughout his entire art-infused life.

Kenny Schachter

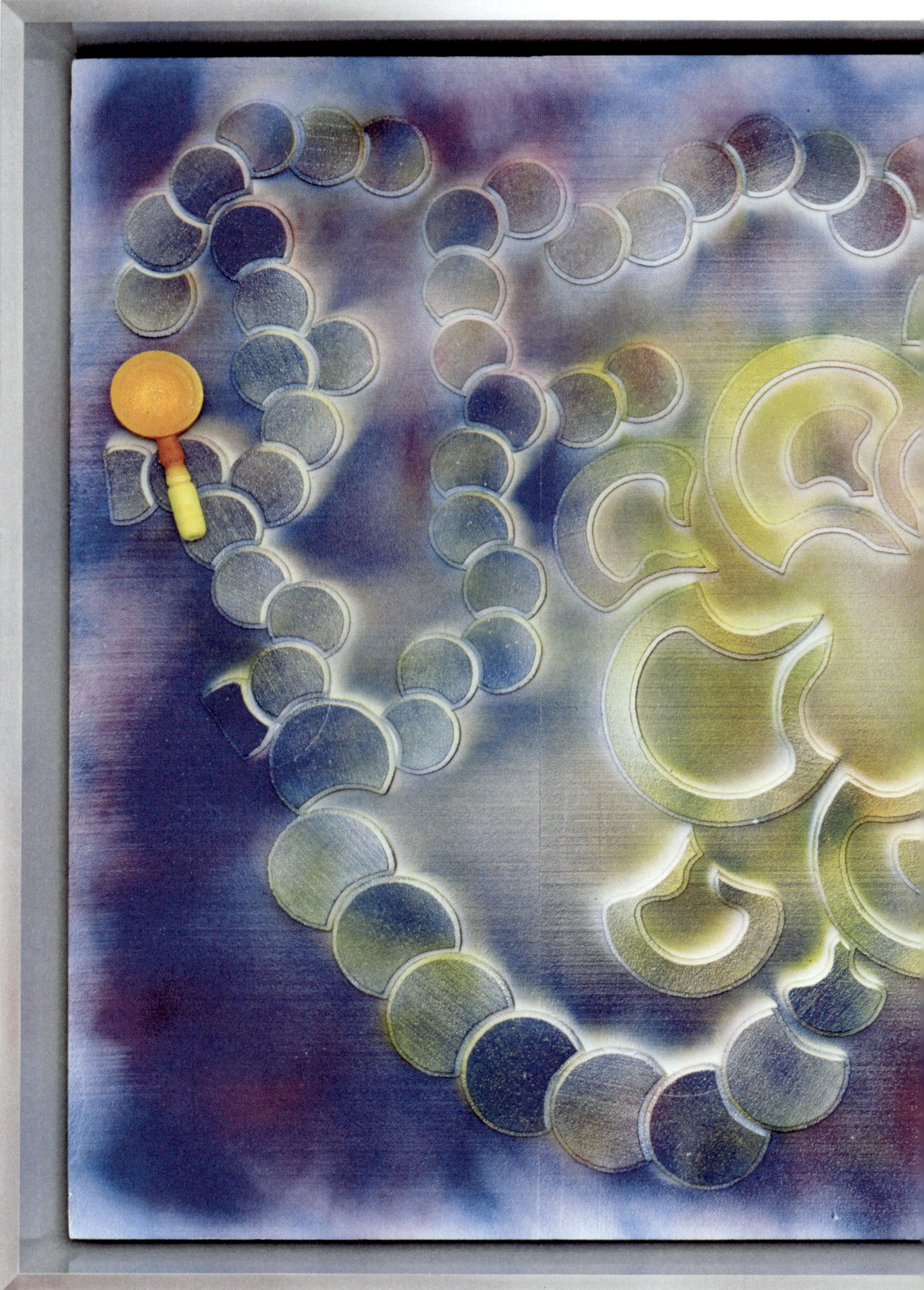

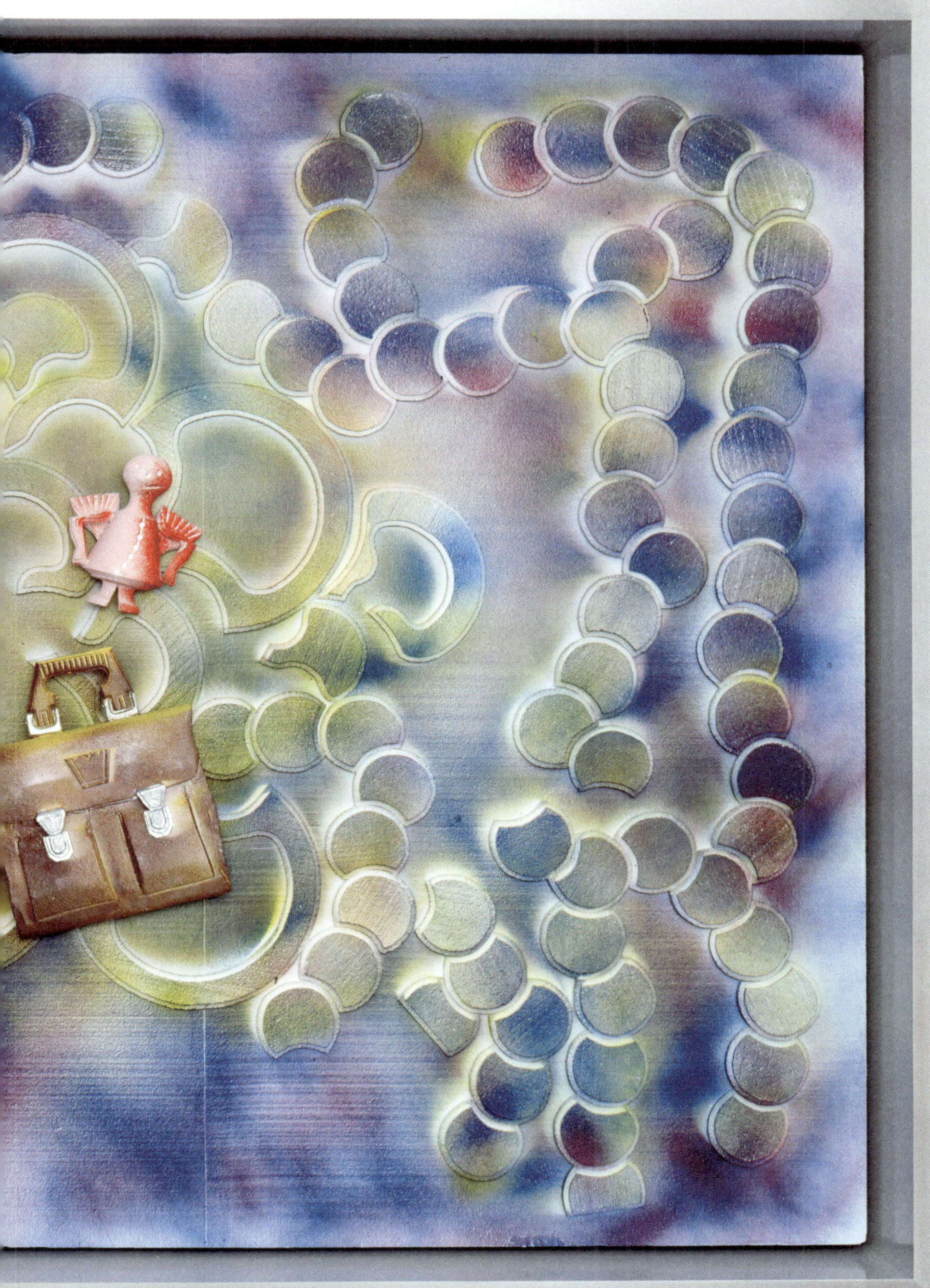

6   Bill Beckley
Running from Spots, *1982, Wachs, Farbe,
Papier auf Leinwand, 2-teilig / wax, paint,
paper on canvas, 2 parts, je / each
204 × 106 cm*

10   Bjarne Melgaard
Son and Dad exploring the flowerfield of
selflove, Yoga son, *2005/2006, Öl auf Leinwand / oil on canvas, 200 × 300 cm*

14\15   Albert Oehlen
Ohne Titel, *1982, Öl auf Leinwand, 2-teilig /
oil on canvas, 2 parts, je / each 260 × 180 cm*

16\17   Monica Bonvicini
Hurricanes and Other Catastrophes (#3 & 2),
*2008, Tempera, Sprühfarbe auf Papier,
2-teilig / tempera, spray paint on paper,
2 parts, 150 × 197 cm, 150 × 209 cm*

18   Monica Bonvicini
Hurricanes and Other Catastrophes (#21),
*2008, Schwarze Temperafarbe, Sprüh-
farbe auf Papier / black tempera, spray
paint on paper, 200 × 150 cm*

19   Paul Morrison
Snowblind, *2000, Acryl auf Leinwand /
acrylic on canvas, 214 × 308 cm*

20   Vito Acconci
Project # 1 for Land & Lake (Scene 1 and
Scene 2), Project # 2 for Land & Lake
(Scene 1 and Scene 2), Project # 3 for Land
& Lake (Scene 1 and Scene 2), *1988, Pas-
tellkreide auf Papier, montiert auf Holz /
pastel on paper, mounted on wood, je /
each 30 × 40 cm*

21   Dieter Roth
Scheißhaufen / Kleines Inselbild, *1968,
Mischtechnik auf Sperrholz in Künstlerrahmen / mixed media on plywood in
artist's frame, 51 × 45 cm*

22   C. O. Paeffgen
Die türkische Küste ist schön, *1989, Acryl
auf Fotoleinwand / acrylic on photo canvas,
115 × 115 cm*

23   Matt Mullican
24\25
Untitled (Fireworks), *1991, Acryl, Ölstift-
Frottage auf Leinwand, 3-teilig / acrylic,
oil stick rubbing on canvas, 3 parts, insge-
samt / in total 303 × 317 cm*

23   Raymond Pettibon
No Title (The view well), *1991, Öl auf Leinwand / oil on canvas, 117 × 152 cm*

26   Dirk Skreber
Ohne Titel (Lokomotive), *1988, Mischtechnik auf Nessel / mixed media on nettle,
90 × 112 cm*

27   Dirk Skreber
Ohne Titel, *1990, Öl auf Leinwand / oil on
canvas, 240 × 150 cm*

28   Sean Landers
I Was Here, *2018, Öl auf Leinen / oil on
linen, 197 × 151 cm*

29   Nicole Eisenman
Finding Pink, *2005, Öl auf Leinwand / oil on
canvas, 153 × 198 cm*

30   John Baldessari
Falling Cloud, *1965, Öl auf Leinwand / oil on
canvas, 172 × 143 cm*

31   Franz West
Sitzskulptur (türkis), *2004, Aluminium,
Lack / aluminium, varnish, 54 × 99 × 84 cm*

32\33   Merlin Carpenter
TATE CAFÉ 10, *2011, Acryl auf Leinen /
acrylic on linen, 200 × 300 cm*

34   Rodney McMillian
Untitled (Flag), *2002, Acryl, Latex, Teppich
auf Leinwand / acrylic, latex, carpet on
canvas, 310 × 330 cm*

35   Thomas Zipp
Vision: A.B. red – Battle of England 2044,
*2003, Öl, Tempera auf Nessel, auf Stel-
zen an die Wand gelehnt / oil, tempera on
nettle, on stilts leaning against the wall,
300 × 450 cm*

36\37   Ena Swansea
Backlit waves of Los Angeles, *2012, Öl auf
Grafit auf Leinen / oil on graphite on linen,
229 × 457 cm*

38   Anna Guðjónsdóttir
Im Thingvallasee (Wasserblick), *1998, Öl
auf Nessel / oil on nettle, 190 × 260 cm*

40   Sigmar Polke
Ohne Titel, *1982/1990, Gouache auf
Papier auf Gaze / gouache on paper on
gauze, 200 × 210 cm*

41   Urs Fischer
Partisan Hangover, *2000, Mischtechnik, Holz, Spanplatte, Acrylfarbe, Ölfarbe,
Klarsichtfolie, Holzleim, Sprühleim, Gips,
Marker, Schrauben, Metallwinkel, Glas,
Klebeband / mixed media, wood, chipboard, acrylic paint, oil paint, transparent
film, wood glue, spray glue, plaster, markers, screws, metal brackets, glass, tape,
188 × 251 × 12 cm*

42   Urs Fischer
Nurse Random, 2000, Mischtechnik, Holz,
Spanplatte, Dispersionsfarbe, Acrylfarbe,
Ölfarbe, Klarsichtfolie, Holzleim, Sprühleim,
Gips, Marker, Schrauben, Metallwinkel,
Glas, Klebeband / mixed media, wood, chip-
board, emulsion paint, acrylic paint, oil
paint, transparent film, wood glue, spray
glue, plaster, markers, screws, metal brack-
ets, glass, tape, 190 × 237 × 12 cm

43   Markus Oehlen
Ohne Zeit, 1982, Dispersion, Wachs auf
Leinwand / dispersion, wax on canvas,
150 × 120 cm

44   Mike Kelley
Angels, 1975, Mischtechnik auf Papier /
mixed media on paper, 61 × 46 cm

44   Mike Kelley
Shrimp, Head, Pot, 1976, Mischtechnik auf
Papier / mixed media on paper, 48 × 69 cm

44   Mike Kelley
Head, 1976, Mischtechnik auf Papier /
mixed media on paper, 48 × 69 cm

45   Mike Kelley
William Burroughs in Mexico, 1976, Mischtechnik auf Papier / mixed media on paper,
61 × 61 cm

45   Mike Kelley
Untitled (Indian Maiden), 1976/93, Mischtechnik auf Papier / mixed media on paper,
61 × 61 cm

45   Mike Kelley
Cottage Cheese, 1974/94, Mischtechnik
auf Papier / mixed media on paper,
61 × 48 cm

46\47   Georg Herold
19002, 1989, Beluga-Kaviar, nummeriert
auf Leinwand / beluga caviar, numbered on
canvas, 200 × 280 cm

48   Martin Kippenberger
Capri bei Nacht (Für Morgenmuffel,
Zerstörter Capri, Wartende Menschen auf
dem Bahnsteig), 1982–1983, Mischtechnik
auf Leinwand, 3-teilig / mixed media on canvas, 3 parts, 50 × 60 cm, 40 × 60 cm,
60 × 60 cm

49   Werner Büttner
Angeschlagene Figur, 2004, Öl auf Leinwand / oil on canvas, 240 × 190 cm

50, 52   Albert Oehlen
The Red Cloud, 1999, Öl auf Leinwand /
oil on canvas, 239 × 239 cm

51   Albert Oehlen
Ohne Titel, 1986, Öl, Lack, Spiegel auf
Leinwand in Künstlerrahmen / oil, varnish, mirror on canvas in artist's frame,
200 × 240 cm

53   Sarah Lucas
Excalibur (Spam), 2004, Polystyrol, Jes-
monit, Farbe, Wachs, Vaseline / polystyrene, jesmonite, paint, wax, vaseline,
92 × 120 × 60 cm

54   Philip Guston
Plotters, 1969, Öl auf Holzfaserplatte /
oil on fiber panel, 76 × 102 cm

55   Martin Kippenberger
I Hate You, 1990, Öl auf Leinwand / oil on
canvas, 50 × 40 cm

56\57   Bjarne Melgaard
Untitled (bow ties), 2006, Öl auf Leinwand /
oil on canvas, 200 × 300 cm

58   Manuel Ocampo
The Inheritance – future generations will
understand little, 2002, Öl auf Leinwand /
oil on canvas, 193 × 130 cm

59   Martin Kippenberger
KAG (Kerzen anstatt Gummi), 1984, Mischtechnik auf Leinwand / mixed media on
canvas, 160 × 133 cm

60   Martin Kippenberger
Selbstjustiz durch Fehleinkäufe (aus der
Serie Die I. N. P. Bilder), 1984, Mischtechnik,
Sprühfarbe, Silikon, Leinwand mit Garn
auf Leinwand genäht / mixed media, spray
paint, silicone, canvas sewn with thread on
canvas, 120 × 100 cm

61   Raymond Pettibon
No Title (The accumulated sins), 1988, Öl
auf Leinwand / oil on canvas, 153 × 122 cm

62   Peter Saul
I'm Wrong / So What, 2000, Acryl auf Leinwand / acrylic on canvas, 129 × 139 cm

63   Peter Saul
I Am Not, 1999, Acryl auf Papier / acrylic
on paper, 102 × 127 cm

64\65   Jonathan Meese
Schach dem Balthys (Saalmüde Balthys),
2001, Öl auf Leinwand, 3-teilig / oil on canvas, 3 parts, 210 × 420 cm

66   Jonathan Meese / Albert Oehlen
Draussen, 2004, Öl, Inkjet auf Leinwand /
oil, inkjet on canvas, 232 × 169 cm

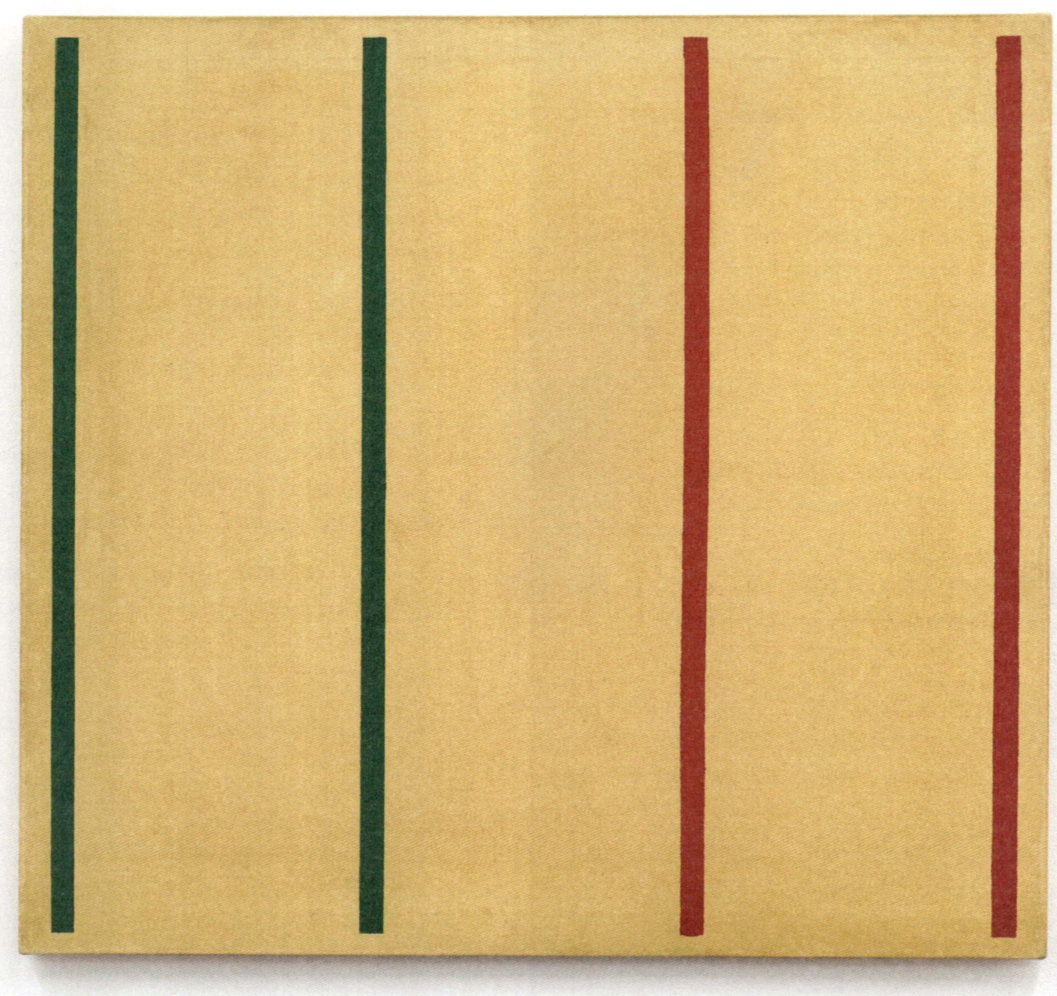

67 Nicole Eisenman
Grandma's Bed, 2007, Schaumstoff, Öl auf Holz / foam, oil on wood, 56 × 56 × 10 cm

68 Nicole Eisenman
Chin Up, 2002, Aquarell auf Papier / watercolor on paper, 123 × 120 cm

69 Nicole Eisenman
Guy on Blue, 2005, Öl, Kunststoffaufkleber auf Leinwand / oil, plastic sticker on canvas, 54 × 44 cm

70 Nicole Eisenman
Artist's Block, 2005, Öl auf Leinwand / oil on canvas, 127 × 105 cm

71 Nicole Eisenman
Invisible Woman, 2000/2002, Öl auf Leinwand / oil on canvas, 148 × 122 cm

72\73 Daniel Richter
Phienox, 2000, Öl auf Leinwand / oil on canvas, 252 × 368 cm

74 Daniel Richter
Tuanus, 2000, Öl auf Leinwand / oil on canvas, 252 × 368 cm

75 Tal R
Enter Yellow, 2004, Öl, Collage auf Leinwand / oil, collage on canvas, 254 × 254 cm

76 Donald Baechler
Untitled (Composition with Guitar), 1987, Acryl, Collage auf Leinwand / acrylic, collage on canvas, 270 × 270 cm

77 Nam June Paik
Two in One, Yves Klein and John Cage combined, 1994, Acryl auf Leinwand, Monitor, Video / acrylic on canvas, monitor, video, 46 × 61 × 5 cm

78 Joyce Pensato
Bird Dog, 2009, Emaillelack auf Leinen / enamel on linen, 122 × 102 cm

79 Michel Majerus
Enough, 1999, Acryl auf Baumwolle / acrylic on cotton, 280 × 200 cm

80 Robert Lucander
Ausdruck einer wundersamen Freundschaft, 2003, Acryl, Buntstift auf Holz / acrylic, colored pencil on wood, 170 × 120 cm

81 Robert Lucander
Full Head Mask, 2000, Acryl, Buntstift auf Holz / acrylic, colored pencil on wood, 81 × 61 cm

82 William N. Copley
Swiss Cheese (Model for Swiss Flag), 1961, Öl auf Leinwand / oil on canvas, 64 × 81 cm

83 William N. Copley
Drapeau Français, 1962, Öl auf Leinwand / oil on canvas, 64 × 81 cm

84 William N. Copley
AIDS, 1983, Holz, Acryl auf Leinwand, Mixed Media, Öl auf Pappe / wood, acrylic on canvas, mixed media, oil on cardboard, 66 × 58 cm

85 Eric Fischl
The Offspring of a Murderous Love, 1996, Öl auf Leinwand / oil on canvas, 249 × 279 cm

86 Philippe Vandenberg
No title, 2005/08, Kreide auf Papier / pastel on paper, 86 × 100 cm

87 C. O. Paeffgen
Bühler Höhe, 1991, Acryl auf Fotoleinwand / acrylic on photo canvas, 117 × 175 cm

88\89 Marilyn Minter
Tasks #2, 1988, Emaillelack auf Leinwand / enamel on canvas, 163 × 234 cm

90\91 Peter Land
9 Studier (9 Studies), 2008, Öl auf Leinwand, 9-teilige Serie / oil on canvas, series of 9 paintings, je / each 55 × 46 cm

92 Andreas Schulze
Ohne Titel, 1991, Acryl auf Nessel / acrylic on nettle, 180 × 220 cm

93 Heike Kati Barath
Ohne Titel (Jäger), 2004, Öl, Spray auf Leinen / oil, spray on linen, 200 × 150 cm

94\95 Gunter Reski
Pimpled view, 2007, Acryl auf Nessel / acrylic on nettle, 140 × 180 cm

96 Erró
Deux fois la meme scéne, 1977, Sigma auf Leinwand / sigma on canvas, 95 × 100 cm, Sammlung Michael Grau

97 Jean-Jacques Lebel
Perception hallucinatoire active (De Gaulle), 1968, Acryl auf Leinwand / acrylic on canvas, 118 × 178 cm

98 Arthur Köpcke
Reading Work Piece No. 97: 4, 14, 5, ..., 1965, Öl, Tinte, Collage auf Leinwand / oil, ink, collage on canvas, 102 × 80 cm

99 Arthur Köpcke
Reading Work Piece No. 58: Original ..., 1965, Öl, Tinte, Collage auf Leinwand / oil, ink, collage on canvas, 105 × 76 cm

100\101 Öyvind Fahlström
Sixteen Elements from "Chile 1",
1976/1989, Siebdruck in 25 Farben auf bel-
gischem Leinen / silkscreen in 25 colors
on Belgian linen, 125 × 245 cm

102\103 Franz Ackermann
Ohne Titel, 2007, Wandmalerei, 3 Blätter,
Mischtechnik auf Papier / mural painting,
3 sheets, mixed media on paper, Wand /
wall 358 × 1262 cm, je / each 19 × 13 cm

104 Gianfranco Baruchello
Turn on, 1970, Mischtechnik (Acryl, Fineliner, Öl) auf Aluminiumplatte / mixed
media (acrylic, fineliner, oil) on aluminium
plate, 128 × 128 cm

105 Gianfranco Baruchello
La Piena dei sentimenti sembra indicare
la prossima fine dei sentimenti in Piena,
1970, Mischtechnik (Acryl, Fineliner, Öl) auf
Aluminiumplatte / mixed media (acrylic, fineliner, oil) on aluminium plate, 128 × 128 cm

106 John Baldessari
Two Books With Persons and Observers
(Courtroom), 1995, Farbfotografie,
Schwarzweißfotografie, Acryl, Buntstift
auf Papier / color and black-and-white
photographs, acrylic, pencil on paper,
153 × 107 cm

107 John Baldessari
Untitled (Maquette), 1994, Farb- und
Schwarzweißfotografien mit Acryl, Öl-
pastell, Klebeband auf Acetat und Millime-
terpapier / color and black-and-white photographs with acrylic, oil pastel, tape on
acetate and graph paper, 79 × 38 cm

107 John Baldessari
Boxing Gloves, Large Yellow Shape & Two
Shapes, 1994, Farbfotografie, Acryl, Öl,
Buntstift auf Papier / color photograph,
acrylic, oil, and pencil on paper,
190 × 226 cm

108 John Baldessari
Two Persons on Horseback (One Fallen),
Version 1, 1991, Acryl auf Farbfotografien /
acrylic on color photographs, 153 × 97 cm

109 John Baldessari
Two rooms (with Cornucopia, Urn and Frag-
ment), 1991, Acryl und Farbaquatinta auf
Schwarzweißfotografien / acrylic and color
aquatint on black-and-white photographs,
156 × 210 cm

110 Richard Prince
Disappointment, 1997, Öl auf Leinwand / oil
on canvas, 154 × 122 cm

111 Richard Prince
Untitled (Drink Canada Dry), 1989, Acryl,
Siebdruck auf Leinwand / acrylic, silk-
screen on canvas, 170 × 123 cm

113 Richard Prince
my name, 1991, Acryl, Siebdruck auf
Leinwand / acrylic, silkscreen on canvas,
132 × 107 cm

114\115 Luc Tuymans
The Rumour, 2002/2003, Installation aus
7 Farblithografien auf bemalten Holz- und
Acrylglasplatten, Holz-Vogelkäfig / installation of 7 color lithographs mounted on
panels of painted wood and plexiglas,
wooden birdcage, 91 × 683 cm

116 Ouattara Watts
Untitled, 2002, Mischtechnik auf Leinwand /
mixed media on canvas, 183 × 122 cm

117 Martin Kippenberger
Meinetwegen, 1983, Mischtechnik auf
Leinwand / mixed media on canvas,
160 × 133 cm

118\119 Ouattara Watts
Untitled, 2000, Mischtechnik auf Leinwand /
mixed media on canvas, 260 × 400 cm

120\121 General Idea
Ghent Poodle Paintings, 1984, Acryl auf
Leinwand, 3-teilig / acrylic on canvas,
3 parts, je / each 200 × 200 cm

122 Roni Horn
Tiger Tiger, 1984, Gouache, Klarlack auf
Papier / gouache, polymer varnish on
paper, 27 × 31 cm

123 Andy Hope 1930
Le peintre absolu, 2013, Acryl, Lack, Collage auf Karton / acrylic, varnish, collage on
cardboard, 41 × 30 cm

124 Michael Ray Charles
Liberty Bros. Permanent Daily Circus Presents ... – Da Rise n Fall of a Prapa Nigguh,
1998, Acryl, Latex, Beize, Kupferpfennig
auf Leinwandplane / acrylic, latex, stain,
copper penny on canvas tarp, 348 × 242 cm

125 Michael Ray Charles
Liberty Bros. Permanent Daily Circus Presents ... – N Anatomy of Class Construction,
1998, Acryl, Latex, Beize, Kupferpfennig
auf Papier / acrylic, latex, stain, copper
penny on paper, 254 × 152 cm

126\127 Günther Förg
Ohne Titel, 1988, Acryl auf Blei auf Holz,
12-teilig / acrylic on lead on wood, 12 parts,
unterschiedliche Maße / various dimensions

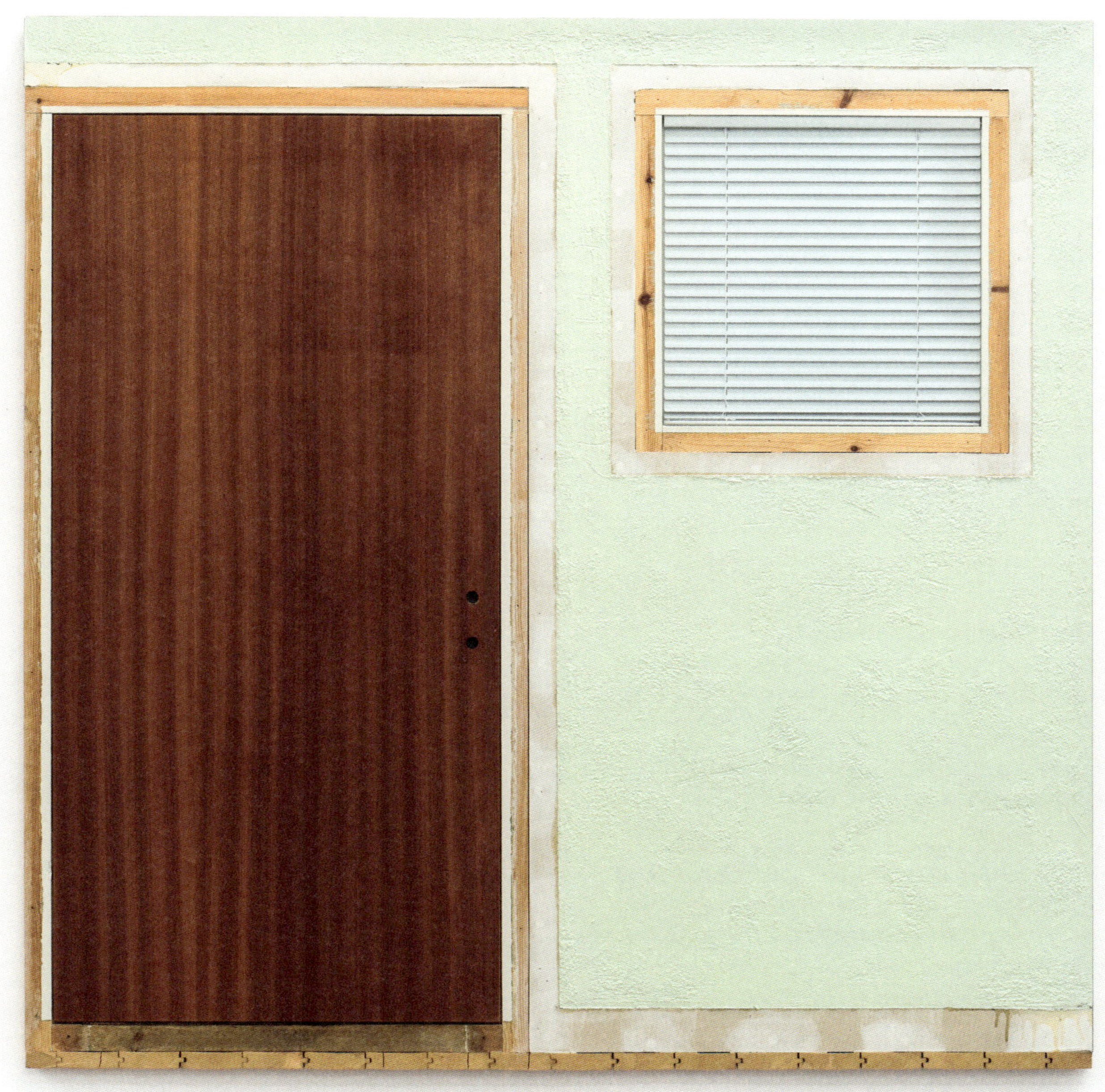

128   Rolf Rose
Ohne Titel, *1994*, Öl auf Leinwand auf Holz /
oil on canvas on wood, 84 × 96 × 11 cm

129   Martin Kippenberger
Kälte an Leinwand, *1987*, Kunststoff auf
Leinwand / synthetic on canvas, Auflage,
5 + 2 e.a. / edition 5 + 2 a.p., 61 × 49 cm

130\131 Richard Artschwager
Two Dinners, *1989*, Acryl auf Celotex, Formica auf Holz / acrylic on Celotex, Formica
on wood, 151 × 215 cm

132   Richard Artschwager
Calling Person, *2002*, Acryl, Faserplatte
auf Celotex in Künstlerrahmen / acrylic,
fiber panel on Celotex in artist's frame,
64 × 58 cm

133   Richard Artschwager
Parallel, *2004*, Acryl auf Faserplatte in
Künstlerrahmen / acrylic on fiber panel in
artist's frame, 128 × 190 cm

134   Richard Artschwager
Haltestelle, *2001*, Acryl auf Faserplatte in
Künstlerrahmen / acrylic on fiber panel in
artist's frame, 77 × 100 cm

135   Richard Artschwager
Port, *1991*, bemaltes Holz, Celotex, Formica /
painted wood, Celotex, Formica, ø 51 × 8 cm

136   Imi Knoebel
Pure Freude 49, *2002*, Acryl auf Aluminium /
acrylic on aluminium, 159 × 114 × 5 cm

136   Imi Knoebel
Figurenbild, *1988*, Acryl auf Tischlerplatte
und MDF-Platte, 3-teilig / acrylic on block-
board and fiberboard, 3 parts, 170 × 237 cm,
116 × 79 cm

137   Gerwald Rockenschaub
Untitled, *2006*, Farbfolie auf lackiertem
Alucore / colored foil on lacquered Alucore,
150 × 210 cm

138   Greg Bogin
day in day out, *2004*, Acryl, Emaillelack
auf Leinwand / acrylic, enamel on canvas,
142 × 140 cm

139   Kay Rosen
Pain, *1997*, Schilderfarbe auf Leinwand /
sign paint on canvas, 51 × 40 cm

140   Kay Rosen
Various Strata (Him Hymn Hmm),
1985/1996, Schilderfarbe auf Museumskarton / sign paint on museum board,
37 × 36 cm

141   Kay Rosen
She Man, *1996*, Schilderfarbe auf
Museumskarton / sign paint on museum
board, 32 × 36 cm

142   Charlotte Posenenske
Relief Serie B, *1967/2021*, Aluminium, konvex gewölbt, matt RAL-schwarz gespritzt /
aluminium, convexly curved, sprayed RAL
matt black, 100 × 50 × 14 cm

142   Charlotte Posenenske
Relief Serie B, *1967/2021*, Stahlblech, kon-
kav gewölbt, matt RAL-blau gespritzt /
sheet steel, concavely curved, sprayed
RAL matt blue, 100 × 50 × 14 cm

143   Reiner Ruthenbeck
Gelehnte Platte mit weißen Ecken, oben l,
1987/88, Aluminium, Lack / aluminium, varnish, 200 × 100 cm

144   Johannes Wohnseifer
Colourfield Disaster, *1998*, Acryl, doppel-
seitiges Klebeband auf Leinwand, 16-teilig /
acrylic, double-sided tape on canvas, 16
parts, 330 × 330 cm

145   Charlotte Posenenske
Relief Serie C, *1967/2021*, Aluminium,
konvex gekantet, matt RAL-gelb gespritzt /
aluminium, convexly edged, sprayed RAL
matt yellow, je / each 40 × 40 × 125 cm

146   Frank Gerritz
SOURCE DIRECT (*aus der Serie PARALLEL
UNIVERSE*), *2000*, Paintstick (Ölkreide) auf
eloxiertem Aluminium / paintstick (oil pastel) on anodised aluminium, 60 × 60 cm

147   Frank Gerritz
TRANQUILIZER (*aus der Serie PARALLEL
UNIVERSE*), *2000*, Paintstick (Ölkreide) auf
eloxiertem Aluminium / paintstick (oil pastel) on anodised aluminium, 180 × 100 cm

148\149 Neil Jenney
Atmosphere, *1986*, Öl auf Platte in Künstlerrahmen / oil on panel in artist's frame,
83 × 202 cm

150   Volker Hildebrandt
Ohne Titel, *1995*, Acryl auf Leinwand /
acrylic on canvas, 220 × 170 cm

151   Volker Hildebrandt
Volksbegehren, *1998*, Acryl auf Zeitungs-
papier auf Leinwand / acrylic on newspa-
per on canvas, 55 × 40 cm

151   Volker Hildebrandt
Freitag, der 13., *1998*, Acryl auf Zeitungs-
papier auf Leinwand / acrylic on newspa-
per on canvas, 55 × 40 cm

152\153 Hans Haacke
Weite und Vielfalt der Brigade Ludwig,
*1984, Rauminstallation: Öl auf Leinwand,
Originalplakate der Firma Ludwig auf vier
Tafeln, Trennwand / room installation: oil
on canvas, original posters of the Ludwig
company on four panels, partition wall,
Maße variabel / dimensions variable*

160   Merlin Carpenter
Rosa Luxemburg, *2010, Öl auf Leinwand,
4-teilig / oil on canvas, 4 parts, 56 × 41 cm,
51 × 41 cm*

161   Merlin Carpenter
Giorgio de Chirico, *2010, Öl auf Leinwand,
4-teilig / oil on canvas, 4 parts, 92 × 61 cm,
77 × 61 cm*

168   Paul Thek
**Untitled (Sodom & Gomorrha with Hot
Potatoes),** *1972, Acryl auf Leinwand /
acrylic on canvas, 245 × 167 cm*

176\177 Andreas Slominski
xHy678z, *2009/2011, Polystyrol, Acryl /
polystyrene, acrylic, 230 × 340 × 26 cm*

180   Robert Barry
Untitled, *1965, Acryl auf Leinwand / acrylic
on canvas, 86 × 92 cm*

183   Clay Ketter
Lund Basement Wall, *2001, Mischtechnik,
Haushaltslack, Sandfarbe, Wandplatten-
verbund, Hartholztür mit Rahmen und
Schwelle, Glasfenster mit Jalousie, Kiefern-
fußboden, Gipskartonplatte, Stahleckleiste,
Holzrahmen / mixed media, household
enamel paint, sand paint, wallboard com-
pound, hardwood door with frame and
threshold, glass window with blind, pine
flooring, plasterboard, steel corner bead,
wood frame, 174 × 172 cm*

186   Joachim Grommek
**Empty Warhol (Five Deaths on Orange,
1963),** *2000, Öl, Grundierung auf kunst-
stoffbeschichteter Spanplatte (gelb) /
oil, primer on plastic-coated chipboard
(yellow), 112 × 84 cm*

189   Norbert Schwontkowski
**Wie die Herde zusammenhalten, wie den
Tieren die Wolle nehmen,** *2001, Pigment,
Leinöl auf Leinwand / pigment, linseed oil
on canvas, 180 × 200 cm*

192   Raymond Pettibon
No Title (BRINGING WITH ME), *1991, Acryl
auf Hartfaserplatte / acrylic on hardboard,
63 × 63 cm*

Dieter Roth
Pseudo-Doesburg, *1983–1989, Fotos, Pin-
sel, Schnur, diverse Objekte, Farbe, Lack
auf Sperrholzplatte / photos, brushes,
string, various objects, paint, varnish on
plywood panel, 87 × 184 cm*

Jessica Stockholder
Sex in the Office, *2007, Sperrholz, Kunst-
stoffunterlage, Acryl, Öl, Sprühfarbe, Glas,
stuckbeschichtetes Tischgestell, Bücher-
regal, Metalltischbeine, Rahmen, Plexiglas,
Garn, Knetmasse, Kabelbinder, Faden,
Muscheln, Autogummimatte, Klebeband,
Leinwand / plywood, plastic floor liner,
acrylic, oil, spray paint, glass, stucco-finished
table base, book shelf, metal table legs,
frame, plexi-glass, yarn, plasticine, zip ties,
thread, shells, rubber car mat, tape, canvas, 262 × 113 × 119 cm*

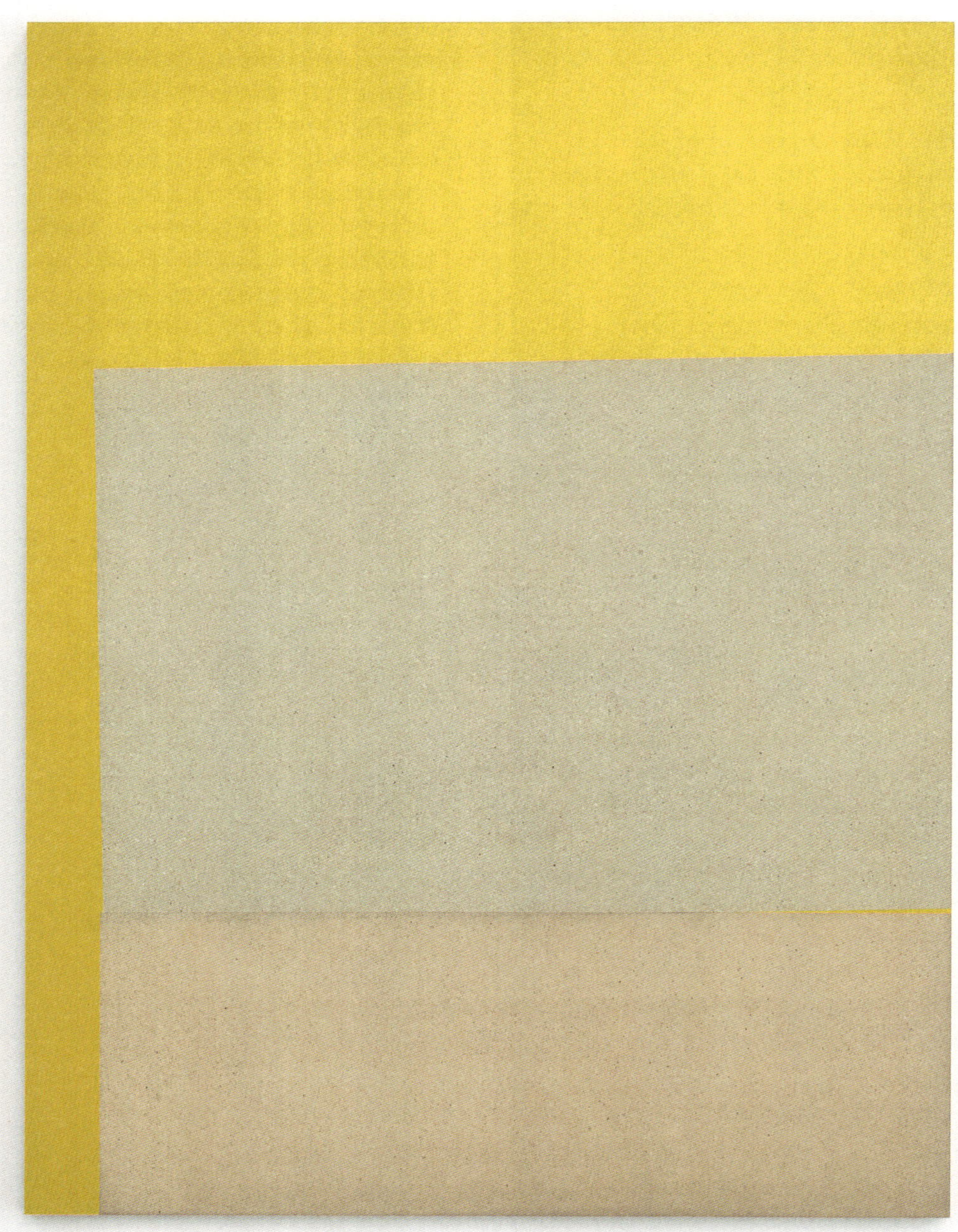

Impressum / Imprint

Dieser Katalog erscheint anlässlich der Ausstellung How's My Painting? Malerei aus der Sammlung Falckenberg *in den Deichtorhallen Hamburg / Sammlung Falckenberg vom 1. März bis 7. September 2025.*

This catalog is published in conjunction with the exhibition How's My Painting? Paintings from the Falckenberg Collection *at Deichtorhallen Hamburg / Falckenberg Collection from March 1 until September 7, 2025.*

DEICHTORHALLEN
SAMMLUNG
FALCKENBERG
HAMBURG

Herausgeber / Editors

Dirk Luckow, Goesta Diercks

Redaktion / Catalogue editing

Clara Brandt, Goesta Diercks

Redaktionsassistenz / Editorial assistance

Juliane Mehlan

Gestaltung / Graphic design

Sarah Lamparter, Nastia Protsenko, Büro Otto Sauhaus

Texte / Texts

Isabelle Graw, Dirk Luckow, Kenny Schachter

Übersetzung Deutsch–Englisch / Translation German–English

Bram Opstelten

Lektorat / Editing

Clara Brandt, Hans-Jörg Huhn, Juliane Mehlan

Installationsfotografien / Installation photography

Henning Rogge

Herstellung / Production

**Snoeck Verlagsgesellschaft mbH
Dürener Str. 245, 50931 Köln
www.snoeck.de
@snoeck_verlagsgesellschaft**

Alle Rechte vorbehalten / All rights reserved

**ISBN: 978-3-86442-461-8
Printed in Germany**

Hinweis der Herausgeber / Note of the editors

Michael Ray Charles (geb. 1967 in Lafayette, Louisiana, USA) beschäftigt sich in seinen Arbeiten (Abb. S. 124/125) mit den visuellen Strategien rassistischer Stereotypisierung in der US-amerikanischen Werbegeschichte und Populärkultur. Die Werkserie Liberty Bros. Permanent Daily Circus *greift formal die Ästhetik von Zirkusplakaten des 19. Jahrhunderts auf und integriert zentrale Elemente der Minstrel Shows – darunter das sogenannte Blackfacing, eine diskriminierende Form populärer Unterhaltung, in der weiße Darsteller*innen mit geschwärzten Gesichtern rassifizierte Rollenbilder reproduzierten. Charles' Arbeiten bewegen sich bewusst im Spannungsfeld zwischen der Reproduktion historischer rassistischer Bildwelten und deren kritischer Re-Kontextualisierung.*

Michael Ray Charles (b. 1967 in Lafayette, Louisiana) explores in his work (figs. pp. 124/125) the visual strategies of racist stereotyping in American advertising history and popular culture. The series Liberty Bros. Permanent Daily Circus *formally draws on the aesthetics of 19th-century circus posters and incorporates central elements of minstrel shows—including so-called blackface, a discriminatory form of popular entertainment in which white performers with blackened faces perpetuated racialized role models. Charles' works deliberately operate in the field of tension between the reproduction of historical racist imagery and its critical recontextualization.*

"A lot of Blacks don't want to see images like mine; perhaps they bring up too much pain … A lot of whites are embarrassed and feel ashamed by them. But out of sight, out of mind doesn't mean that it doesn't exist. It happened, and I feel it has not been dealt with."– *Michael Ray Charles*[1]

1   Zit. n. / As quoted by Steven Heller (2012): *Michael Ray Charles: When Racist Art Was Commercial Art*, in: PRINT, https://www.printmag.com/daily-heller/michael-ray-charles-when-racist-art-was-commercial-art/ (abgerufen am / last accessed 13.05.2025).

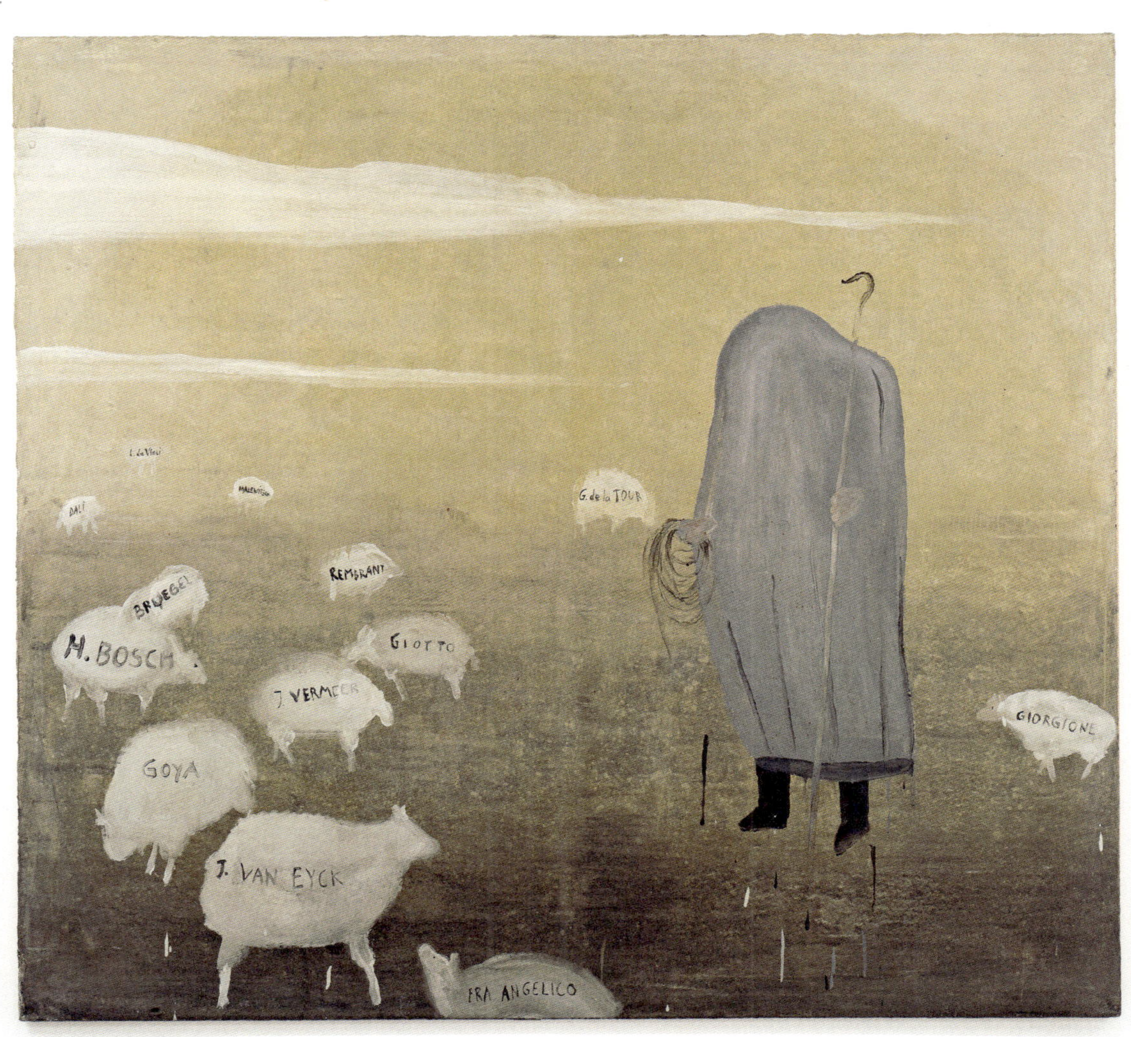

L. de Vinci
MALEVITCH
DALI
G. de la TOUR
BRUEGEL
REMBRANT
H. BOSCH
GIOTTO
J. VERMEER
GIORGIONE
GOYA
J. VAN EYCK
FRA ANGELICO

Deichtorhallen Hamburg
Geschäftsführung / Management

Intendant / General director
Dirk Luckow

*Kaufmännischer Direktor /
Managing director*
Bert Antonius Kaufmann

*Assistenz der Geschäftsführung /
Management assistance*
**Sabine Seidel, Maren Willenbrock,
Pauline Sander**

Sammlung Falckenberg
/ Falckenberg Collection

*Sammlungs- und Ausstellungs-
management / Collection and exhibition
management*
Goesta Diercks

Projektmanagement / Project management
Clara Brandt

Projektassistenz / Project assistance
Isabelle Altmann, Juliane Mehlan

*Restauratorische Betreuung /
Conservation*
Aika Schnacke

Ausstellungsgrafik / Exhibition graphics
Michael Pfisterer

*Medientechnische Betreuung /
Media technology*
Hartmut Gerbsch

Aufbauteam / Art handling team
**Christoph Blawert, Rahel Bruns, Baldur
Burwitz, Michael Göster, Finn Kistner,
Felix Krebs, Tobias Sandberger, Tillmann
Terbuyken, Jochen Weber, Kai Wichmann**

*Führungen und Workshops /
Guided tours and workshops*
**Rahel Bruns, Lola Bott, Angela Holzhauer,
Flora Fee Mayrhofer, Stefanie Reimers,
Veronika Schöne, Jeff Turek**

Halle für aktuelle Kunst
/ Hall for Contemporary Art

*Ausstellungsmanagement /
Exhibition management*
Annette Sievert

Volontariat / Trainee
Vilja Gunzelmann

Registrarin / Registrar
Lydia Jung

Buchhandlung, Halle für aktuelle Kunst /
Bookshop, Hall for Contemporary Art
Tania-Maria Goos, Tobias Theen

PHOXXI. Haus der Photographie temporär
/ Temporary House of Photography

*Kuratorin Haus der Photographie /
Curator House of Photography*
Nadine Isabelle Henrich

*Kuratorin der Sammlung F.C. Gundlach /
Curator F.C. Gundlach Collection*
Sabine Schnakenberg

Volontariat / Trainee
Sarah Gramotke, Viktoria Weber

*Bibliothek F.C. Gundlach, Haus der
Photographie / F.C. Gundlach Library,
House of Photography*
Maike Mewes

Kommunikation / Communications

*Assistenz Marketing und Media Relations /
Marketing and media relations*
Caroline Huzel

Digitale Projekte / Digital projects

*Leitung Digitale Projekte / Head of digital
projects*
Matthias Schönebäumer

Digitale Projekte / Digital projects
Priska Dolling

Werkstudentin / Working student
Gabriela Basso

Kulturelle Bildung / Education

*Leitung Education und Outreach /
Head of education and outreach*
Simon Wyrwol

Referentin Kulturelle Bildung / Education
Birgit Hübner

*Kulturelle Bildung Sammlung Falckenberg /
Education Falckenberg Collection*
Isabel Abele

Volontariat / Trainee
Chiara Steinmann

Projektassistenz / Project assistance
Ramona Schmidt

Triennale der Photographie
/ Triennial of Photography

Projektmanagement / Project management
Bettina Freimann

Digitale Kommunikation / Digital communications
Klara Thiele

Verwaltung / Administration

Leitung Verwaltung, Finanzen und Controlling / Head of administration, finance and controlling
Ole Stark

Assistenz Finanzen / Finance
Hendrik Günther

Assistenz Verwaltung / Administration
Angelina Durchina

*Besucher*innenservice, Ticketshop / Visitor service, ticketshop*
Pedram Ranjkardar

Sponsoring, Marketing und Vermietung / Sponsoring, marketing und event spaces

Leitung Marketing und Fundraising / Head of marketing and fundraising
Sonja Ostendorf

Personal / Human resources

Leitung Personal / Head of human resources
Sandra Freimane-Franke

Assistenz Personal / Human resources
Hendrik Günther

Werkstudentin / Working student
Nina Loesch

Schichtleitung Aufsichtsdienste / Custodial staff
René-Martin Kellmann

Technik / Technical department

Technische Leitung / Head of technical staff
Henning Best

Architektur und Grafik / Architecture and graphics
Jutta Wasser

Haus- und Medientechnik / Building services and media technology
Nils Handschuh

Haus- und Betriebstechnik / Building services and operations maintenance
Karsten Chmielewski

Cover Vorderseite / Front

Nicole Eisenman, **Walk, it's the Mummy**, 2006, Öl auf Leinwand / oil on canvas, 36 × 28 cm

Cover Rückseite / Back

Donald Baechler, **Still Life**, 1985–1986, Acryl, Collage auf Leinwand / acrylic, collage on canvas, 61 × 76 cm

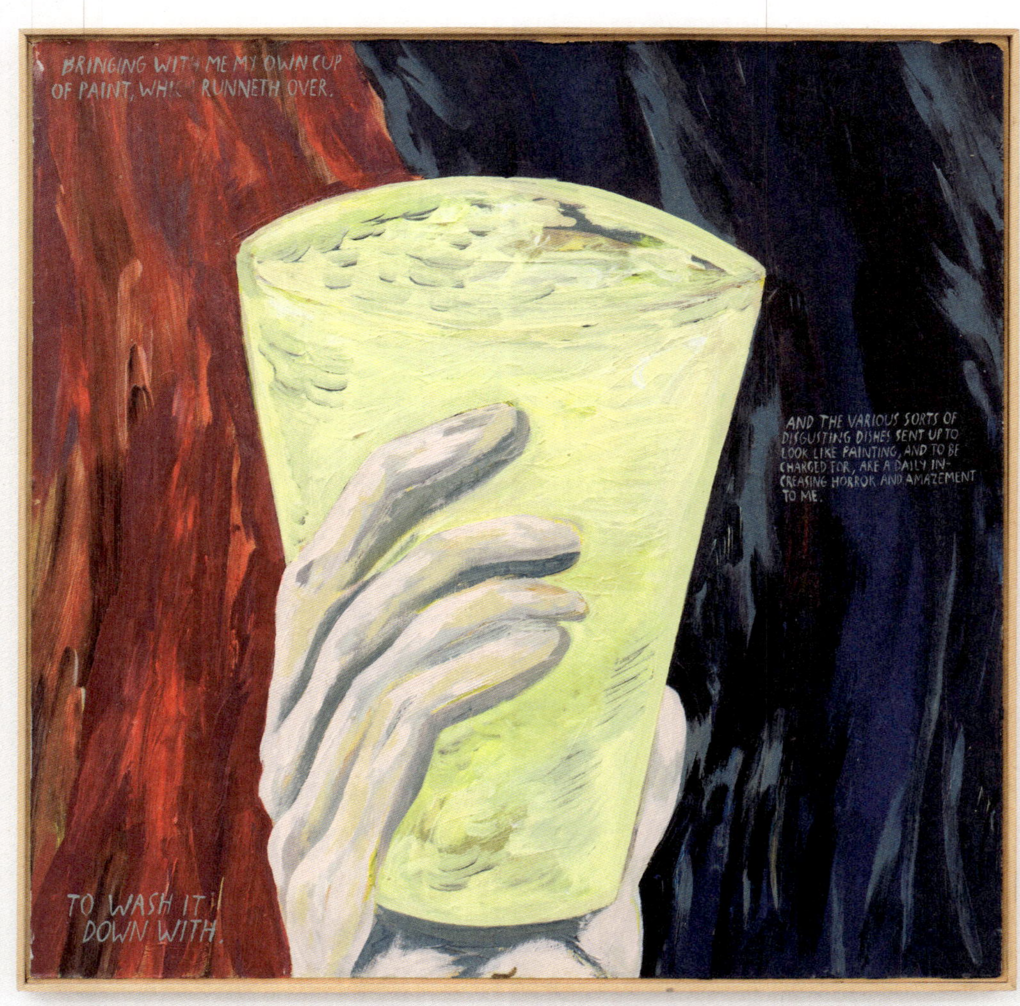

BRINGING WITH ME MY OWN CUP
OF PAINT, WHICH RUNNETH OVER.
AND THE VARIOUS SORTS OF
DISGUSTING DISHES SENT UP TO
LOOK LIKE PAINTING, AND TO BE
CHARGED FOR, ARE A DAILY IN-
CREASING HORROR AND AMAZEMENT
TO ME.
TO WASH IT
DOWN WITH.